설계된 가난

설계된 가난

시스템 밖에서 살아남는 법

지궁 지음

설계된 가난
시스템 밖에서 살아남는 법

지은이: 지궁
초판 1쇄 발행: 2026년

Designed Poverty: How to Survive Outside the System
by Ji Gung

ISBN 978-1-7648576-0-4

목차

프롤로그

이 책을 읽기 전에

새벽 다섯 시 사십 분, 지하 승강장은 어제와 다르지 않은 얼굴들로 다시 채워진다. 천장의 조명은 핏기 없는 빛을 타일 바닥에 부어 놓고, 사람들은 누구의 것도 아닌 허공 한 점에 시선을 걸어 둔 채 열차를 기다린다. 눈꺼풀은 아직 잠의 물가를 떠나지 못했는데, 두 발만은 노란 안전선 안쪽에 한 치의 어긋남도 없이 정렬해 있다. 이 자리에 서겠다고 서약한 사람은 어디에도 없다. 그런데도 모두가 같은 시각에 모여들어 같은 방향으로 고개를 둔다. 도시는 이 장면을 아침마다 받아 적고, 어제의 문장과 오늘의 문장 사이에서 바뀐 단어를 찾기란 쉽지 않다.

플랫폼 위의 사람들은 저마다 보이지 않는 태엽을 감으며 하루를 연다. 끈이 끊어지지 않기를 바라는 마음으로, 감고 또 감으며 무사한 하루를 빈다. 그런데 태엽이란 묘한 물건이다. 감을수록 몸이 가벼워져야 마땅한데, 손목은 해가 바뀔수록 둔하고 무겁다. 당신의 심장은 지금 어떤 박자로 뛰고 있는가? 도로를 찢으며 나아가는 엔진의 박동인가, 아니면 고장 나는 순간 조용히 교체될 부품처럼 그저 부서지지 않기만을 비는 박동인가?

태어나던 그 새벽, 당신은 이미 누군가의 장부 한 귀퉁이에 기입되었는지도 모른다. 하나의 숫자로 환산되고, 몇 개의 항목으로 분류되며, 아직 도래하지 않은 수익으로 미리 셈해진 채 세상에

도착했는지도 모른다. 이 책을 덮고 나면 내일 아침의 출근길은 오늘과 같은 얼굴로 다가오지 않을 것이다. 그 변화가 마냥 반갑지만은 않으리라는 것을 미리 적어 둔다. 불편한 진실은 대개 초대장 없이 들이닥치고, 한번 눈에 박힌 뒤로는 좀처럼 시야에서 지워지지 않으니까.

설계된 구조

학교는 오래도록 한 가지 일에 충실해 왔다. 정해진 시각에 엉덩이를 붙이는 법, 종소리에 맞춰 몸을 일으키는 법, 붉은 펜이 매긴 숫자로 제 값을 가늠하는 법을 살갗 아래에 새겨 넣는 일이다. 그곳에서 자라난 것은 지식이라기보다 복종의 근육에 가까웠다. 손을 들어 던지는 물음은 점수가 되지 못했고, 입을 다문 자리는 모범이라는 이름으로 칭찬받았으며, 정답은 언제나 교실 바깥에서 완성된 채 배달되었다. 그렇게 길든 근육은 졸업장과 함께 풀려나지 않는다. 직장이라는 한층 넓은 교실에서 똑같은 결로 다시 수축한다.

직장은 학교의 연장이다. 인사평가가 성적표의 자리를 물려받고, 사내의 인정이 상장을 대신하며, 승진이 진급의 문법을 그대로 베껴 쓴다. 회사는 성실의 대가로 보상을, 인내의 대가로 자리를 약속한다. 사람들은 그 약속을 담보로 잡히고 대출 서류 아래에 이름을 적는다. 집을 들이고, 차를 굴리고, 노후라 불리는 계좌로 매달 일정액을 흘려보낸다. 할부는 욕망을 잘게 썰어 미래의 달력에 고루 흩뿌리고, 구독은 끝을 모르는 청구서로 다가올 노동을 미리 예약한다. 발밑에는 소유한다는 감각이 단단하게 깔리지만, 그 감각의 밑바닥으로는 빌려 쓰고 있다는 사실이 소리 없이 흐른다. 매달 통장에서 빠져나가는 상환금이 그 사실을 또박또박 받아 적는다.

여기, 좀처럼 입에 오르지 않는 지형이 하나 있다. 몸을 움직여 버는 소득과 자본이 스스로 불어나는 소득 사이에는 눈에 보이지 않는 경사로가 누워 있다. 한쪽에 선 사람은 달리고 또 달려도 비탈을 거슬러 올라야 하고, 다른 쪽에 선 사람은 멈춰 서 있어도 발밑의 땅이 그를 앞으로 떠밀어 올린다. 임금이 한 해 3.3퍼센트 오르는 동안 집값은 9.6퍼센트 솟았다는 기록이 있다.[1] 봉급명세서의 숫자가 조금 굵어질 때 가슴은 잠시 부풀지만, 창밖의 집값이 3배 가까운 속도로 멀어졌다는 소식 앞에서 그 부풀음은 곧 묵직한 체념으로 가라앉는다. 숫자는 감정을 품지 않는다. 어느 레일이 오르막이고 어느 레일이 내리막인지를 무심히 가리킬 뿐이다.

[1] ABS(호주 통계청), 「임금가격지수(Wage Price Index)」, 2026년 1분기(전년 동기 대비 3.3% 상승), abs.gov.au; Cotality(구 CoreLogic), 「주택가격지수(Home Value Index)」, 2026년 2월(전년 동기 대비 9.6% 상승), corelogic.com.au

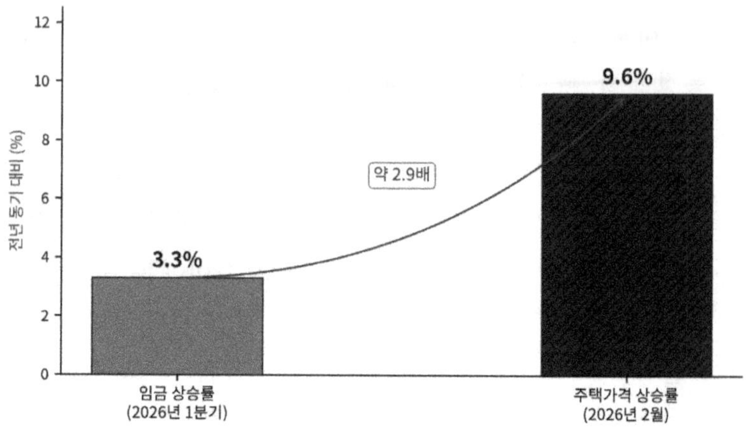

출처: ABS 임금가격지수 2026년 1분기 / Cotality 주택가격지수 2026년 2월

누군가는 알람이 울리기도 전에 눈을 뜬다. 잠에서 깨어나서가 아니라, 잠이 끝내 오지 않아서다. 어둠에 잠긴 천장에는 다음 달 빠져나갈 상환금과 아직 메우지 못한 카드값이 작은 글씨로 떠 있다. 불을 꺼도 그 숫자들은 좀처럼 지워지지 않는다. 이윽고 몸을 일으켜 다시 레일 위에 서면, 어깨는 어제의 무게를 그대로 짊어진 채이고 발바닥은 콘크리트의 냉기를 가장 먼저 읽어 낸다. 종아리가 저려 오면 더 빨리 달려야 한다고 배웠다. 멈추면 뒤처지고, 뒤처지면 그것은 온전히 게으름의 값이라고. 그래서 비탈이 기울어져 있다는 사실은 좀처럼 의심의 대상이 되지 못한다. 학교도, 직장도, 새벽마다 켜지는 화면도 한 방향만을 가리키는 까닭이다. 의심은 게으름으로 옮겨 적히고, 물음은 불평으로 분류된다. 비탈은 끝내 비탈로 불리지 못하고, 오르막을 오르느라 저린 다리의 통증만이 오롯이 한 사람의 몫으로 남는다. 그런데도 그는 모두가 같은

자리에서 출발한다고 배웠다. 참으로 공평한 세상이다. 누구에게나 똑같은 출발선을 그어 주었다고 일러 주니까.

탈출구의 안쪽

비탈을 감지한 사람들은 출구를 찾아 고개를 두리번거린다. 그럴 때마다 새로운 문이 열렸다. 인터넷이 열렸고, 암호화폐가 열렸고, 이제는 AI가 열린다. 문이 열릴 때마다 가장 먼저 같은 목소리가 새어 나온다. "이번에는 다르다." 그 뒤를 바싹 따라붙는 또 하나의 목소리가 있다. "지금 올라타지 않으면 영영 늦는다." 두 문장은 늘 한 쌍으로 움직이며 등을 떠민다. 조급함만큼 다루기 쉬운 연료도 없는 까닭이다. 그러나 문 안으로 들어선 이들이 마주하는 풍경은 뜻밖에도 낯이 익다. 지형을 가장 먼저 읽어 낸 자들이 길목마다 자리를 깔고 통행료를 거둔다. 뒤늦게 뛰어든 사람들은 그 길을 다지는 포장재가 되고, 자신이 치른 통행료가 어느 곳간으로 흘러드는지 미처 헤아리지 못한 채 가속한다. 도구는 새것으로 갈렸지만, 그 도구를 가장 깊이 아는 자가 가장 먼저 이익을 거두는 순서만은 한 번도 뒤바뀐 적이 없다. 흥미로운 점은 이 풍경이 매번 새 얼굴로 무대에 오른다는 사실이다. 기술의 이름은 십 년마다 갈리지만, 그 안에서 사람을 들었다 놓는 욕망의 회로는 좀처럼 늙지 않는다. 기대가 부풀고, 군중이 몰리고, 반 발짝 늦은 다수가 반 발짝 빠른 소수의 출구를 떠받친다. 새 시대의 언어로 고쳐 쓰인 오래된 각본이 또 한 번 막을 올린다. 조명의 빛깔만 달라졌을 뿐, 배역이 나뉘는 차례는 고스란히 보존된다. 쳇바퀴는 지름만 늘었을 뿐, 여전히 같은 방향으로 돌아간다.

그러니 탈출구의 안쪽에도 경사로는 놓여 있다. 어쩌면 당신도 한 번쯤 그 문 앞에 서 본 적이 있을 것이다. 늦었다는 속삭임에 떠밀려 가슴이 두근거린 적이, 남들이 모두 올라탄 듯한 열차를 홀로 놓치고 있다는 조바심에 잠을 설친 적이 있을 것이다. 그 두근거림과 조바심이 어디에서 빚어졌는지를 되짚는 일, 이 책은 거기에서 걸음을 뗀다.

지도를 가진 자와 없는 자

어떤 사람은 모니터의 푸른 불빛 아래에서 몇 번의 새벽을 흘려보냈다. 계산은 어긋나지 않았고, 머릿속에 그려 둔 길도 틀리지 않았다. 그런데 막상 발을 들이미는 순간, 화면 너머에 숨어 있던 것들이 하나씩 모습을 드러냈다. 한 박자 빠른 누군가의 속도, 길목마다 먼저 깔려 있던 통행료, 그리고 끝내 좁혀지지 않던 정보의 간극. 그것들은 처음부터 그의 편이 아니었다. 문은 분명히 열려 있었다. 그러나 안으로 들어선 뒤에야 비로소 깨닫는다. 자물쇠는 문 바깥이 아니라 안쪽에 달려 있었다는 것을. 마침내 손을 내려놓던 그 자리에는 한동안 아무 소리도 흐르지 않았다.

벽의 재질은 사람마다 달랐다. 어떤 벽은 기술의 높이로 앞을 가로막았고, 어떤 벽은 자본의 두께로 버텨 섰으며, 또 어떤 벽은 정보라는 안개로 한 치 앞의 시야를 지웠다. 그러나 멀찍이 물러나 흩어진 자리들을 한자리에 겹쳐 보면, 우연처럼 보이던 좌절들이 천천히 하나의 무늬로 떠오른다. 그 무늬는 한 사람의 모자람이 아니라 설계의 윤곽을 그린다. 막힌 지점들은 공교롭게도 늘 비슷한 자리에 놓여 있다. 문턱이 있어야 할 곳에 문턱이 있고, 보이지 않는 손이 얹혀야 할 곳에 어김없이 그 손이 얹혀 있다. 좌절의 기록이 종종 성공담보다 구조를 정직하게 드러내는 이유가 여기에 있다. 성공은 제 모습을 미화하려 들지만, 막힌 길은 해부당하는 일에 굳이 저항하지 않는다. 그러므로 좌절의 자리에 떨어진 부스러기를 줍는 일은 누구의 동정을 구하는 행위가 아니다. 그것은 설계도의 잃어버린 한 귀퉁이를 조용히 되찾는 일에 가깝다.

지형을 알고 들어간 사람과 모르고 들어간 사람의 결말은 같을 수 없다. 등고선을 읽을 줄 아는 자는 어디가 함정이고 어디가 발판인지를 가늠하며 발을 딛지만, 지도를 한 번도 펴 보지 않은 자는 가장 깊은 골짜기를 가장 빠른 지름길로 착각한다. 같은 문으로 들어가 같은 벽 앞에 서더라도, 한 사람은 그 벽을 끝이라 읽고 다른 한 사람은 우회로의 시작이라 읽는다. 둘을 가른 것은 재능도 운도 아니었다. 손에 지도가 쥐어져 있었는가, 그것뿐이었다.

그러므로 막다른 길은 끝이 아니다. 그것은 지도의 빈칸을 메우는 한 줄의 좌표다. 한 사람의 막힌 길은 다음 사람의 우회로가 되고, 흩어진 좌표가 충분히 쌓이면 비로소 한 장의 지형도가 모습을 갖춘다. 무너진 자리마다 설계도의 한 조각이 떨어져 있고, 그 조각들을 주워 맞추다 보면 좀처럼 보이지 않던 벽의 위치가 천천히 드러난다.

이 책이 하는 것

이 책은 성공을 약속하지 않는다. 손쉬운 공식이란 대체로 잘 포장된 또 하나의 통행료에 지나지 않으며, 약속을 팔아 본 적 없는 목소리가 굳이 그 장사를 시작할 까닭도 없다.

황금빛으로 도금된 사슬도 결국은 사슬이다.

이 책이 하려는 일은 단 하나, 지형을 펼쳐 보이는 것이다. 어디가 오르막이고 어디가 함정이며, 어느 틈으로 바람이 새어 드는지를 감정이 아니라 사실로, 위로가 아니라 통찰로 짚어 나간다. 읽고 난 뒤의 결론은 온전히 당신의 몫으로 남는다. 지도는 길을 강요하지 않는다. 지금 서 있는 자리와 가닿으려는 자리 사이에 무엇이 놓여 있는지를 말없이 보여줄 따름이다. 누군가는 이 지도를 보고 더 빠른 길을 찾을 것이고, 누군가는 차라리 달리기를 멈추는 편을 고를 것이다. 어느 쪽도 이 책이 관여할 자리가 아니다. 방향을 정하는 손은 언제나 독자의 것이어야 한다. 다만 같은 거리를 걷더라도 지도를 펼쳐 본 걸음과 그렇지 않은 걸음은 끝내 다른 곳에 가닿는다.

레일은 처음부터 같지 않았다. 그 사실을 아는 것과 모르는 것 사이에는 생각보다 훨씬 먼 거리가 놓여 있다. 당신은 지금, 그 거리의 어디쯤에 서 있는가?

1장

출생 번호

이름은 나중에 온다. 먼저 도착하는 것은 숫자다.

세상은 갓 도착한 몸을 향해 환영의 손을 내밀면서, 같은 손으로 그 몸을 식별한다. 환영과 식별은 전혀 다른 일처럼 보이지만 한 호흡 안에서 일어난다. 한쪽 손은 따뜻하고 다른 쪽 손은 차갑다. 그 두 손이 당신을 처음 받아 들었다. 따뜻한 손은 곧 기억에서 흐려지지만, 차가운 손이 남긴 표식은 평생 당신을 따라다닌다. 숫자는 잉크로 적히지 않는다. 그것은 살갗 아래, 눈에 보이지 않는 자리에 새겨진다. 평소에는 그것이 거기 있다는 사실조차 잊고 지낸다. 그러다 어느 서류의 빈칸 앞에서, 어느 창구의 유리 너머에서, 문득 그 숫자가 자신의 이름보다 먼저 불리는 순간과 마주한다. 그제야 사람은 어렴풋이 깨닫는다. 자신이 오래전부터 하나의 항목이었다는 것을.

번호가 부여되는 순간

분만실의 조명은 한 번도 따뜻했던 적이 없다. 그 창백한 빛 아래로 한 몸이 미끄러지듯 도착한다. 첫 울음이 공기를 찢고, 누군가의 장갑 낀 손이 그 작은 몸을 받아 든다. 환영의 말이 오가기도 전에, 가장 먼저 살갗에 닿는 것은 어머니의 품도 아버지의 목소리도 아니다. 발목에 둘러지는 한 줄의 띠다. 거기에는 다정한 글자보다 건조한 숫자가 더 많다. 갓 태어난 몸은 아직 누구도 아니지만, 그 가느다란 띠 하나로 옆 요람의 몸과 비로소 갈라선다. 세상이 그에게 건넨 첫 문장이 숫자였다는 사실을, 그 몸은 알 길이 없다. 그 띠는 영원을 약속하지 않는다. 병원의 흰 담장 안에서만 효력을 지니는 임시의 표식이다. 신생아실에 누운 수많은 몸이 뒤섞이지 않도록, 약병이 엉뚱한 팔을 찾아가지 않도록, 잠시 손목과 발목을 묶어 두는 끈에 지나지 않는다. 퇴원하는 아침이면 가위가 그 끈을 끊고, 띠는 작은 통 속으로 소리 없이 떨어진다. 그러나 끊어지는 것은 끈일 뿐, 그 끈이 가르친 문법은 몸에서 떨어져 나가지 않는다. 너는 구별되어야 한다. 구별되기 위해 번호를 지녀야 한다. 이 문장은 살갗 아래로 스며 한 사람의 일생을 따라 흐른다.

며칠 뒤, 한 사람이 서류 한 장을 손에 쥐고 창구 앞에 선다. 품에 안긴 몸은 아직 제 이름조차 낯설어한다. 창구 너머의 손이 서류를 받아 들고, 화면 위로 무언가를 두드린다. 그 짧은 동작이 끝나는 순간, 어디에도 보이지 않는 장부 위에 열세 자리의 숫자가 새로 새겨진다. 앞자리는 그가 세상에 도착한 날을 적고, 뒷자리는 그를 나머지 모든 사람과 갈라 세우는 표식을 담는다. 병원의 띠가 가위에 잘려 나간 자리를, 이번에는 잘리지 않는 숫자가 대신 채운다. 하나는 흰 담장 안에서만 살아 있었고, 다른 하나는 그가 숨을 거두는 날까지 살아남는다. 그 숫자는 어떤 표정도 짓지 않는다. 기쁨도 슬픔도 담지 않은 채, 다만 한 사람을 다른 모든 사람으로부터 조용히 떼어 낸다. 부모는 아이의 첫 숨에 눈시울을 붉히지만, 장부 위의 숫자는 그 물기를 기록하지 않는다. 그것이 받아 적는 것은 오직 태어난 날과 갈라 세우는 표식뿐이다. 환영의 자리에는 사람이 있고, 식별의 자리에는 항목이 있다. 한 사람이 항목이 되는 그 순간을 누구도 슬퍼하지 않는다. 오히려 모두가 그 등록을 축하한다. 이제야 이 아이가 세상에 받아들여졌다고 여기는 까닭이다. 받아들여진다는 것과 분류된다는 것이 한 낱말이 되는 자리, 그곳이 바로 그 창구다.

이제 그는 검색될 수 있다. 정렬될 수 있고, 대조될 수 있으며, 수백만의 다른 숫자와 나란히 줄 세워질 수 있다. 그 열세 자리는 그가 자라는 동안 조용히 몸집을 불린다. 학교의 명부에서, 첫 월급이 찍히는 통장에서, 처음으로 서명하는 대출 서류의 가장 윗줄에서, 그리고 끝내 한 줄의 사망 기록에서 같은 숫자가 그를 호명한다. 태어나는 일과 죽는 일 사이의 모든 문턱마다 그 번호가 먼저 도착해 그를 기다린다.

상점에 놓인 물건마다 바코드가 찍혀 있다. 검은 막대들의 좁고 넓은 간격 속에 가격과 출처와 재고가 담긴다. 계산대의 붉은 빛이 그 위를 한 번 훑으면, 짧은 신호음과 함께 물건은 비로소 거래될 수 있는 무엇이 된다. 사람에게 매겨진 열세 자리도 그와 크게 다르지 않다. 눈에 보이는 막대만 없을 뿐, 그 숫자가 어딘가의 화면에서 읽히는 순간 한 사람은 조회되고 분류되고 값이 매겨질 수 있는 항목으로 바뀐다. 다른 점이 있다면, 물건의 바코드는 팔리고 나면 버려지지만 사람의 번호는 숨이 멎는 날까지 그를 떠나지 않는다는 것뿐이다.

훗날 그는 수없이 그 숫자를 불러내게 된다. 병원의 접수창구에서, 관공서의 민원대에서, 휴대전화를 개통하는 매장의 좁은 책상 앞에서. 직원이 무심히 묻는다.

"뒷자리 불러 주시겠어요?"

그러면 그는 자신의 일부를 또박또박 읽어 내려간다. 그 숫자를 말하지 않으면 아무 일도 시작되지 않는다. 진료도, 발급도, 계약도, 모두 그 열세 자리가 확인된 뒤에야 비로소 문을 연다. 사람은 자신이 누구인지를 증명하기 위해, 자신의 이름이 아니라 자신에게 매겨진 번호를 먼저 내밀어야 한다.

당신도 그 열세 자리를 지니고 있다. 외우려 애쓴 적 없지만 손끝은 이미 그것을 기억한다. 서류의 빈칸 앞에 설 때마다 망설임 없이 흘러나오는 그 숫자가, 어쩌면 당신의 이름보다 더 자주 당신을 대신해 왔다. 새벽 승강장에 모여 같은 방향으로 고개를 둔 그 얼굴들도 저마다 이 번호를 품고 그 자리에 도착했다. 누구도 자신을 숫자로 불러 달라 청한 적이 없는데, 모두가 숫자로 불리는 일에 익숙해진 채 열차를 기다린다. 환영은 잠시였고, 식별은 평생이다.

시스템이 원하는 인간의 규격

한 사람이 빈 종이를 앞에 두고 자신을 적기 시작한다. 이력서라 불리는 그 종이는 사람을 받아 적되, 아무것이나 받아 적지는 않는다. 학교의 이름과 졸업한 해, 머문 직장과 떠난 직장, 손에 쥔 자격의 목록이 칸칸이 들어선다. 그러나 그 칸 어디에도 적히지 않는 것들이 있다. 누군가를 처음 웃게 만들던 농담의 온도, 새벽 세 시에 홀로 품었던 망설임, 무너진 사람의 곁을 묵묵히 지키던 어느 오후의 무게. 그런 것들은 칸을 찾지 못해 종이 바깥으로 흘러내린다. 적히지 않는 것은 측정되지 않고, 측정되지 않는 것은 처음부터 존재한 적 없는 것이 된다. 그렇게 한 사람은 종이에 들어갈 만큼만 남기고 조금씩 깎여 나간다.

오래 그 종이 앞에 머물다 보면, 사람은 종이에 맞추어 자신을 고쳐 쓰기 시작한다. 측정되지 않는 것은 굳이 기르지 않고, 칸에 들어갈 것들만 골라 키운다. 점수가 되는 자격을 좇고, 줄이 되는 경력을 쌓고, 한 문장으로 요약될 수 있는 사람이 되어 간다. 그렇게 한 사람은 시스템이 읽기 좋은 모양으로 스스로를 다듬는다. 규격이 사람을 고르기 전에, 사람이 먼저 규격에 맞추어 자신을 깎는다. 그 깎임을 강요한 사람은 어디에도 없다. 다만 깎이지 않으면 읽히지 않는다는 사실을, 모두가 말없이 배워 알고 있을 뿐이다.

면접실에서도 같은 일이 일어난다. 마주 앉은 사람은 종이에 적힌 줄들을 눈으로 훑으며 질문을 고른다. 종이 밖으로 흘러내린 것들은 그 방 안에서 좀처럼 입에 오르지 못한다. 한 사람이 오래 품어 온 결, 쉽게 수치로 환산되지 않는 성품은 짧은 만남 안에서 자리를 얻지 못한 채 문밖에 남는다. 사람을 마주하면서도, 정작 저울에 오르는 것은 사람이 아니라 그를 요약한 몇 줄의 항목이다.

깎인 몸으로 그는 채용 공고 앞에 선다. 화면 위의 글자가 눈으로 들어온다. 경력 2년 이상. 그 여섯 글자가 눈동자에 박히는 순간, 가슴 한구석이 묵직하게 내려앉는다. 일을 해 본 적 있어야 일을 얻는데, 일을 얻어 본 적 없으니 일을 해 볼 수가 없다. 문은 분명 거기 있는데, 그 문을 여는 열쇠가 문 안쪽에 걸려 있다. 이 풍경은 한 사람만의 것이 아니다. 전 세계에서 새내기를 부른다는 신입 공고의 38퍼센트가, 정작 3년에서 5년의 경력을 함께 요구한다.[1] 신입을 부르는 목소리와 경력을 요구하는 목소리가 한 입에서 동시에 흘러나온다. 그 모순 앞에서 가장 먼저 지치는 것은 늘 가장 어린 다리다. 어느 해 호주의 청년 가운데 10명 중 1명이 일자리를 찾지 못한 채 거리에 서 있었고, 그 비율은 사회 전체의 평균을 2.5배나 웃돌았다.[2] 숫자는 차갑게 가라앉아 있지만, 그 아래에는 공고문 앞에서 어깨를 떨구는 수많은 몸이 잠겨 있다.

바다 건너에서 온 한 사람을 떠올려 본다. 그의 가방 안에는 10년이 들어 있다. 한 도시의 사무실에서 매일 아침 가장 먼저

[1] WhatJobs.com, 「호주 LinkedIn 채용공고 분석(Australia LinkedIn Job Postings Analysis)」, 2025년, whatjobs.com (호주 LinkedIn 채용공고 380만 건 집계 기준)

[2] ABS(호주 통계청), 「노동력 조사(Labour Force, Australia)」, 2026년 4월, abs.gov.au/statistics/labour/employment-and-unemployment/labour-force-australia

불을 켜고 가장 늦게 그것을 끄던 10년, 사람을 다루고 숫자를 읽고 무너지려는 일을 떠받치던 10년이다. 그가 새 나라의 창구 앞에 그 10년을 펼쳐 놓는다. 창구 너머의 손은 서류를 천천히 넘기다가, 어느 줄에선가 멈춘다.

"여기서 쌓은 경력이 아니군요."

그 한마디에 10년의 무게가 한 장의 종이 무게로 줄어든다. 한 나라에서 단단했던 규격이 국경을 넘는 순간 헐거워진다. 그의 10년이 사라진 것이 아니다. 다만 그 10년을 잴 자가 새 나라에는 놓여 있지 않을 뿐이다. 같은 사람, 같은 능력, 그러나 다른 자. 어느 땅의 규격은 다른 땅의 규격을 좀처럼 인정하지 않도록 만들어져 있고, 그 사이의 틈으로 한 사람의 10년이 소리 없이 빠져나간다. 규격은 사람을 위해 만들어진 적이 없다. 규격은 규격을 위해 만들어졌고, 사람은 그 안에 들어갈 만큼만 인정받는다. 들어가지 못한 부분은 잘려 나가는 것이 아니라, 애초에 보이지 않는 것으로 분류된다.

자격증이라는 통행증

한 장의 종이가 있다. 어떤 손에 들리면 그것은 능력의 증표가 되어 닫힌 문을 연다. 다른 손이 그 종이를 갖지 못하면, 같은 종이는 넘지 못할 빗장이 되어 길을 가로막는다. 허가증과 빗장은 등을 맞댄 한 몸이다. 문을 열어 주는 열쇠가, 동시에 그 문을 닫아

두는 자물쇠다. 자격이라는 말은 자격 없는 자를 가려내기 위해 먼저 태어났다.

성벽 바깥에는 통행증을 기다리는 한 사람이 책상 앞에 앉아 있다. 심야의 형광등이 정수리 위에서 낮게 웅웅거리고, 책상 모서리에는 미처 펼치지도 못한 교재가 탑처럼 쌓여 있다. 노트북 화면에는 결제를 기다리는 버튼 하나가 떠 있고, 그 위에서 손가락이 잠시 머뭇거린다. 버튼을 누르는 순간 화면 한구석의 잔고가 그만큼 얇아질 것을 알기 때문이다. 이 시장이 그에게 건네는 것은 끝내 지식이 아니다. 책상 앞에 더 오래 앉아 있을 수 있는 시간이다. 누군가는 1년을 오롯이 그 준비에만 바칠 수 있고, 누군가는 생계의 끄트머리를 쪼개고 또 쪼개어 새벽과 심야의 자투리를 책상 앞으로 끌어모은다. 지갑의 두께가 책상 앞에 앉을 수 있는 시간의 길이를 정한다. 시험은 공정해 보이는 얼굴로 서 있지만, 그 앞에 다다르기까지의 길은 처음부터 평평한 적이 없었다.

문이 하나 열릴 때마다 그 앞에는 어김없이 새로운 시장이 들어선다. 통행료를 거두는 자들은 통행증의 값이 높을수록 번창한다. 그래서 어떤 빗장은 풀릴 듯 풀리지 않은 채 오래 걸려 있다. 빗장이 단단할수록 그것을 여는 열쇠의 값이 오르고, 열쇠를 파는 시장이 두꺼워지는 까닭이다. 자격이 귀해지는 것은 종종 그 자격이 정말로 귀해서가 아니라, 귀하게 유지되어야 하는 누군가가 그 안쪽에 앉아 있기 때문이다. 빗장은 바깥을 막는 동시에 안을 지킨다.

통행증을 손에 쥔 사람은 성문 안으로 들어선 뒤 좀처럼 뒤를 돌아보지 않는다. 자신이 치른 통행료가 얼마였는지, 성벽 바깥에 아직 몇 사람이 줄 서 있는지를 굳이 헤아리지 않는다. 안으로 들어선 자에게 빗장은 더 이상 빗장으로 보이지 않는다. 그것은 그저 자신의 자격을 증명해 준 고마운 문턱으로 기억된다. 빗장의 안쪽과 바깥쪽은 같은 쇠붙이를 서로 다른 이름으로 부른다. 안에서는 그것을 자격이라 부르고, 밖에서는 그것을 벽이라 부른다.

그러므로 자격증은 능력을 증명하기 전에 먼저 지불 능력을 증명한다. 통행증을 손에 쥔 자는 자신이 그 문을 열 자격이 있다고 믿지만, 그 믿음 아래에는 그 문을 열 비용을 감당할 수 있었다는 사실이 조용히 깔려 있다. 문은 모두에게 열려 있다고 말해진다. 다만 그 문 앞까지 걸어올 수 있는 다리는 모두에게 주어지지 않았을 뿐이다.

번호와 레일

레일 위에서 아무리 빨리 달려도 창밖의 풍경이 바뀌지 않는다면, 의심해야 할 것은 다리가 아니라 레일이다. 그러나 레일 위의 사람은 좀처럼 레일을 의심하지 않는다. 풍경이 멈춰 있으면 자신이 덜 달렸다고 여기고, 종아리가 저려 오면 더 빨리 달려야 한다고 스스로를 다그친다. 한 사람의 봉급은 한 해 동안 3.3퍼센트만큼 두꺼워졌다.[3] 명세서의 숫자가 조금 굵어진 그 아침, 가슴은 잠시 부풀어 올랐을 것이다. 그러나 같은 해, 창밖의 집값은

[3] ABS(호주 통계청), 「임금가격지수(Wage Price Index)」, 2026년 1분기, abs.gov.au

9.6퍼센트만큼 솟아올랐다.[4] 한 걸음을 떼는 동안 목적지가 세 걸음만큼 멀어진 셈이다. 부풀었던 가슴은 곧 묵직한 무엇으로 가라앉는다.

숫자를 조금 더 들여다보면 그 무게는 한층 또렷해진다. 어느 도시의 집 한 채는 그 한가운데 값이 80만 7천 호주달러에 가 닿았고[5], 그것은 보통 사람이 한 해 동안 손에 쥐는 소득의 8배에 이르는 액수였다.[5] 8년의 소득을 한 푼도 쓰지 않고 모아야 겨우 닿을 수 있는 곳에 집이 놓여 있다. 그러나 사람은 숨을 쉬어야 하고, 밥을 먹어야 하고, 아이를 입혀야 한다. 그래서 현실의 셈은 한층 길어진다. 집을 사기 위한 계약금, 그 첫 문턱을 넘을 돈을 모으는 데만 평균 10.6년이 걸린다는 기록이 있다.[5]

10.6년은 달력 위에 적힌 무심한 숫자가 아니다. 그것은 매일 새벽 다섯 시 반에 울리는 알람이다. 점심을 거르고 책상 앞에 그대로 앉아 있던 수천 번의 정오다. 친구의 결혼식에 봉투만 보내고 끝내 가지 못한 어느 토요일이고, 아이의 운동회 날 휴가를 얻지 못해 운동장 대신 사무실의 창문을 바라보던 어느 가을이다. 그 모든 미뤄짐과 거름과 참아 냄이 차곡차곡 쌓여야, 비로소 집의 문턱 앞에 설 자격이 주어진다. 몸이 먼저 안다. 어깨는 해가 갈수록 내려앉고, 발바닥은 콘크리트의 냉기를 누구보다 먼저 읽어 낸다.

그렇게 모은 계약금으로 마침내 문턱을 넘어선다 해도, 그 집이 온전히 제 것이 되는 것은 아니다. 열쇠를 손에 쥐는 순간 다시

---

[4]Cotality(구 CoreLogic), 「주택가격지수(Home Value Index)」, 2026년 2월, corelogic.com.au

[5]ANZ·Cotality, 「주택 구입 부담 보고서(Housing Affordability Report)」, 2024년, anz.com

30년의 상환이 시작되고, 매달 통장에서 빠져나가는 숫자가 그 집의 진짜 주인이 누구인지를 또박또박 일러 준다. 문턱을 넘는 일은 끝이 아니라 더 긴 레일의 시작이었다. 도착했다고 믿은 자리가 실은 새로운 출발선이었음을, 사람은 첫 상환일의 알림이 울린 뒤에야 어렴풋이 알아차린다.

당신이 어느 레일 위에 서 있는지는, 아침에 눈을 뜨는 방식이 먼저 일러 준다. 알람 소리에 떠밀리듯 몸을 일으키는가, 아니면 굳이 일어나지 않아도 통장의 숫자가 밤사이 조금 불어나 있는가? 한쪽의 하루는 시간을 팔아 돈을 사는 일로 채워지고, 다른 쪽의 하루는 돈이 시간을 대신 일하게 하는 구조 위에 놓인다. 같은 도시, 같은 아침, 그러나 전혀 다른 두 개의 레일이다.

몸을 움직여 버는 소득의 레일과 자본이 스스로 불어나는 소득의 레일은 같은 방향으로 놓여 있지 않다. 한쪽 레일에 선 사람은 달리고 또 달려도 비탈을 거슬러 오르고, 다른 쪽 레일에 선 사람은 가만히 서 있어도 발밑의 땅이 그를 앞으로 실어 나른다. 두 레일 사이의 간격은 해마다 조금씩 벌어지지만, 그 벌어짐은 좀처럼 눈에 들어오지 않는다. 경사로는 눈에 보이지 않는다. 보이지 않기에 더 정교하다.

그래프 위에서 두 선은 처음에 나란히 출발하지만, 시간이 흐를수록 한 선은 완만하게 기고 다른 선은 가파르게 솟는다. 산문이 말로 그려 낸 비탈을, 그래프는 한눈에 들어오는 각도로 드러낸다. 보이지 않던 경사로가 비로소 선의 기울기로 모습을 갖춘다. 그런데도 레일 위의 사람은 이 각도를 좀처럼 마주할 일이 없다. 그가 매일 보는 것은 두 선의 벌어짐이 아니라, 자신의 명세서에 찍힌 한 줄의 숫자뿐인 까닭이다. 출발선에는 모두에게 똑같은 흰 선이 그어진다. 거기 서면 누구나 달리기만 하면 닿는다는 약속이 똑같이 주어진다. 다만 어떤 레일이 오르막이고 어떤 레일이 내리막인지는 그 흰 선 어디에도 적혀 있지 않고, 발을 떼고 몇 걸음 만에 종아리에 실리는 무게가 사람마다 다르다는 것만 몸이 먼저 안다.

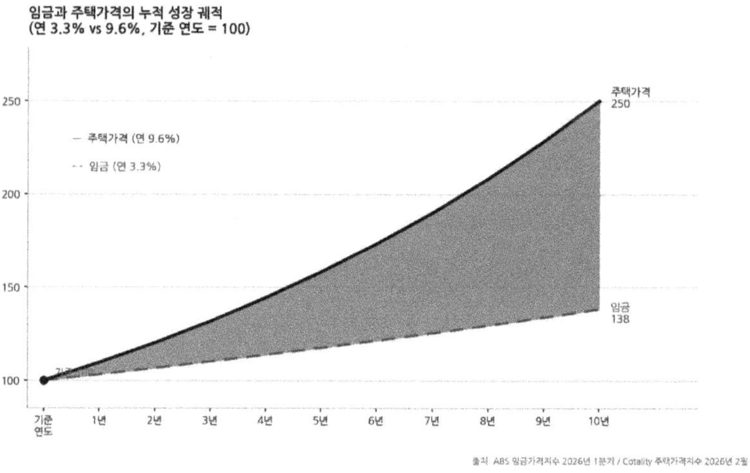

그 번호 안에서

다시 새벽의 승강장으로 돌아온다. 열차를 기다리는 사람들의 발목에는 더 이상 병원의 띠가 채워져 있지 않다. 그러나 그 자리에 잘리지 않는 숫자가 대신 묶여 있고, 그 숫자 위로 학력과 경력과 자격의 규격이 차곡차곡 쌓여 한 사람의 윤곽을 이룬다. 그들은 저마다의 레일 위에 서서 같은 방향으로 고개를 둔 채 열차를 기다린다. 누구도 이 자리에 서겠다고 서명한 기억이 없는데, 모두가 약속이라도 한 듯 같은 시각에 모여든다.

번호를 지운다고 해서 달라지는 것은 없다. 그것은 도려낼 수 있는 무엇이 아니라, 한 사람이 세상과 마주하는 방식 그 자체에 가깝다. 태어나는 순간부터 죽는 순간까지, 사람은 그 숫자 안에서 살아간다. 벗어나려 발버둥 칠수록 그 숫자가 더 또렷이 자신을 따라온다는 사실만 확인하게 될지도 모른다.

다만 한 가지는 달라질 수 있다. 자신의 발목에 무엇이 묶여 있는지, 자신이 선 레일이 어느 쪽으로 기울어 있는지를 아는 것과 모르는 것 사이에는, 생각보다 훨씬 먼 거리가 놓여 있다. 구조를 본다는 것은 그 자리에서 당장 벗어나게 해 주지 않는다. 레일은 여전히 발밑에 놓여 있고, 새벽의 알람은 내일도 울릴 것이다. 그러나 보이지 않던 경사로가 한 번 눈에 들어오고 나면, 그 사람의 걸음에는 미세한 변화가 생긴다. 같은 길을 걸어도 더 이상 자신의 다리만을 탓하지 않게 되고, 풍경이 멈춰 있을 때 그것이 반드시 자신의 게으름 때문만은 아님을 안다. 그 앎은 위로가 아니다. 그저 오래 짊어져 온 짐의 무게를 처음으로 정확히 가늠해 보는 일에 가깝다.

같은 열차를 기다리더라도, 레일의 기울기를 읽은 눈과 읽지 못한 눈은 끝내 다른 곳을 바라본다. 당신의 발목에는 무엇이 묶여 있는가? 당신이 지금 서 있는 레일은, 어느 쪽으로 기울어 있을까?

2장

기울어진 출발선

숫자를 머금고 태어난 아이는 웃음 대신, 울음을 택했다. 인간은 왜 울면서 태어날까? 경쾌하게 들리지만 서글프게도 들리는 그 울음은, 출발선이 너무 뛰어나서 미안함에 흐르는 감정적 폭발일까? 아니면 고난과 역경의 출발선을 선물받은 고통의 외침일까? 유형의 출발선은 모두에게 동일해 보일 수 있지만, 무형의 출발선은 유형의 그것을 곧잘 무용지물로 바꿔버리기 일쑤다.

어쩌면 당신은 아직 한 가지 물음을 손에 쥔 채 이 페이지에 닿았을 것이다. '지금 서 있는 자리가 어느 쪽으로 기울어져 있는가?'하는 물음을. 그 기울기는 오늘 아침에 생겨난 것이 아니다. 당신이 첫 숨을 들이쉬기도 전에, 발밑의 바닥은 이미 그 각도로 기울어 있었다.

기울기를 정한 손은 진작 자리를 떴고, 남은 것은 각도뿐이다.

출발선이라는 말은 묘하다. 그것은 모두가 같은 흰 선 위에 발끝을 맞추고 선 장면을 떠올리게 한다. 출발 신호만 공정하면 그다음은 각자의 다리에 달렸다는 듯이. 그러나 신호가 울리기 한참 전에 트랙은 이미 기울어져 있고, 어떤 발은 그 사실조차 알지 못한 채 같은 신호를 기다린다. 공정한 것은 신호뿐이고, 바닥은 한 번도 공정한 적이 없었다.

보이지 않는 것

눈에 보이는 것들은 차라리 정직하다. 키와 몸무게, 시험지 위의 점수, 통장에 적힌 자릿수. 그런 것들은 나란히 줄 세울 수 있어서, 부지런히 따라잡기만 하면 언젠가 닿으리라 믿게 만든다. 그러나 당신의 자리를 실제로 정하는 것은 그렇게 셀 수 있는 것들이 아니다. 자를 들이댈 수 있는 것은 늘 결과뿐이고, 그 결과를 빚어낸 것들은 자 바깥에 조용히 머문다.

어느 집의 저녁상에서는 어른들이 세상을 어떻게 읽어 내는지가 매일 반찬처럼 차려진다. 무엇이 위험하고 무엇이 진짜 기회인지, 어디서 멈추고 어디서 한 발 더 밀어붙여야 하는지가 젓가락질 사이로 오간다. 그 집의 사람은 그 말들을 따로 외우지 않는다. 밥과 함께 몸에 밴다. 훗날 낯선 문 앞에 섰을 때, 그 몸은 배운 기억도 없는 결정을 어렵지 않게 내린다. 어디서 그것을 익혔는지 스스로도 알지 못한 채로.

그러니 한 사람의 자리를 정하는 것은 어느 저녁 식탁에서 어떤 말이 오갔는가, 무엇을 당연하게 여기며 자랐는가, 어떤 문 앞에서 주눅 들고 어떤 문 앞에서 어깨를 펴는가 하는, 무게도 부피도 없는 것들이다. 누가 따로 가르쳐 주지 않아도 공기처럼 폐 속으로 스며든 것들. 통장을 거쳐 건너오는 대신 말투와 눈빛에 실려 건너온 것들. 저울에 올릴 수 없기에 좀처럼 눈에 띄지 않지만, 바로 그 보이지 않음 때문에 가장 멀리까지 사람을 데려간다.

그 보이지 않는 것들은 누구를 가르치는 법이 없다. 그저 한 사람의 몸속으로 스며들어, 주인보다 먼저 깨어나고 주인보다 늦게 잠든다. 낯선 창구 앞에서 목소리의 높이를 정하는 것도, 처음 보는 문 앞에서 손이 망설일지 말지를 정하는 것도 실은 그것들이다. 주인은 제가 결정했다고 믿지만, 결정은 이미 오래전부터 몸에 세 들어 사는 습관들이 대신 내려 둔 뒤다. 습관은 주인의 허락 따위 구하지 않는다.

그 밑천은 시간을 만나 복리로 불어난다. 어린 날 몸에 밴 눈썰미와 엄두가 해가 갈수록 제 몸피에 소리 없이 이자를 붙여 가는 것이다. 그렇게 처음의 작은 차이는 가만히 두어도 저 혼자 자라, 끝내 두 발로는 건너기 어려운 강이 된다.

무엇을 당연하게 여기는가는, 그 사람이 어디에서 왔는지를 가장 정직하게 일러 준다. 당연한 것은 좀처럼 의식되지 않는다. 공기를 의식하지 않는 것과 같다. 그래서 많은 것을 당연하게 쥔 사람은 자신이 무엇을 쥐고 있는지조차 잘 모르고, 그것이 없는 자리가 어떤 풍경인지 좀처럼 상상하지 못한다. 가진 것을 모르는 일은 죄가 아니다. 다만 그 모름이 종종, 갖지 못한 이를 향한 손쉬운 판단으로 흘러갈 뿐이다.

한쪽으로만 고개가 굳은 채 평생을 사는 사람을 떠올려 본다. 그는 오른편의 풍경을 세상의 전부로 안다. 왼편이 있다는 말을 누구에게도 들어 본 적이 없으니, 왼편이 없다는 생각조차 떠올리지 못한다. 무언가를 모르는 것은 그래도 견딜 만하다. 정작 빠져나오기 어려운 자리는, 모른다는 사실마저 모르는 자리다. 빼앗긴 줄을 모르는 사람에게는 빼앗겼다는 분노조차 허락되지 않는다.

가장 단단한 자물쇠는, 자물쇠가 채워졌다는 것을 잊게 만드는 자물쇠다.

보이지 않는 그것은 당신이 무엇을 바랄 수 있는지까지 미리 정해 둔다. 손에 닿을 듯한 것만 바라고, 그보다 멀리 있는 것은 처음부터 제 몫이 아니라며 슬그머니 접어 두는 습관. 그 경계가 언제 어디서 그어졌는지 당신은 잘 기억하지 못한다. 기억나지 않을 만큼 오래전에, 당신의 동의를 구하지 않고 그어졌기 때문이다. 그래서 사람들은 자신이 바라는 것이 정말 제가 고른 것인지, 아니면 고를 수 있는 범위가 미리 좁혀진 채 건네진 것인지 좀처럼 묻지 않는다.

무엇이 자연스러운가 하는 감각마저 그렇게 물려받는다. 어떤 사람에게는 좋은 자리를 넘보는 일 자체가 분수를 모르는 짓처럼 느껴진다. 누가 그렇게 가르친 적도 없는데, 말을 꺼내기 전에 몸이 먼저 한 발 물러선다. 그 물러섬은 종종 겸손이라는 이름으로 칭찬까지 받는다. 그렇게 사람은 제 자리를 스스로 좁히는 법을, 꾸지람이 아니라 칭찬 속에서 익힌다.

땅은 누가 제 위에 서 있는지를 먼저 알아본다. 떠받칠 사람의 발밑에서는 슬그머니 등을 내주어, 가만히 서 있기만 해도 그를 앞으로 밀어 올린다. 정작 밀려 올라가는 사람은 그 손길을 끝내 느끼지 못한다. 발밑이 늘 그래 왔으므로, 비탈이 그에게는 줄곧 평지의 얼굴을 하고 있기 때문이다. 그래서 그는 오롯이 두 다리의 힘으로 여기 올라왔다고 믿고, 땅은 그 믿음을 굳이 바로잡지 않는다.

선은 서 있는 자리마다 다른 얼굴을 한다. 어떤 눈에는 점으로 보이고, 어떤 눈에는 길로 보이고, 어떤 눈에는 아직 이름 붙이기 어려운 형태로 보인다. 발끝 하나 겨우 걸칠 만큼 작은 그것이, 누군가에게는 한 생을 기댈 디딤돌이 된다.

보이지 않는 선은 거창한 자리에서가 아니라 사소한 순간에 제 모습을 드러낸다. 청구서 앞에서 잠시 멈칫하는 손가락의 머뭇거림 속에. 아파서 하루를 쉬려다 그 하루치 삯을 떠올리고 도로 외투를 집어 드는 어깨의 움직임 속에. 좋아 보이는 자리를 앞에 두고도 감히 제 몫이겠느냐며 미리 돌아서는 발걸음 속에. 선은 그렇게 평범한 하루의 결 안에 잠겨 있어서, 너무 익숙한 나머지 누구도 그것을 선이라 부르지 않는다.

자라는 동안 사람은 몇 개의 문장을 공기처럼 들이마신다. 노력하면 된다. 기회는 누구에게나 열려 있다. 부지런한 사람이 가난할 리 없다. 너무 자주 들어서 어느새 제 생각인 듯 느껴지는 문장들이다. 누가 그 말을 처음 지었는지, 그 말이 누구에게 가장 이로운지는 끝내 묻지 않는다. 묻지 않도록 배웠으므로, 묻지 않았다는 사실조차 알지 못한다.

문제는 그 보이지 않는 차이가 자꾸 눈에 보이는 이름으로 번역된다는 데 있다. 늦게 도착한 사람은 게을렀던 것으로, 멀리 가지 못한 사람은 충분히 애쓰지 않은 것으로 읽힌다. 기울어진 바닥 위에서 미끄러진 발조차 미끄러진 사람의 잘못으로 또박또박 기록된다. 바닥을 탓하는 말은 엄살이 되고, 제 다리를 탓하는 말은 성실이 된다. 그렇게 기울기는 매번 무사히 살아남는다. 의심의 화살이 안으로만 향하는 한, 바닥은 단 한 번도 도마 위에 오르지 않는다.

그 보이지 않는 차이는 끝내 몇 개의 이름표로 굳는다. 게으르다, 모자라다, 충분히 애쓰지 않았다. 사람들은 그 이름표를 서로의 가슴에 붙이며, 자신이 든 자가 대체 누구의 손에서 건너왔는지는 좀처럼 묻지 않는다. 같은 선 안쪽에 나란히 묶인 채로 서로의 키를 재느라, 그 자를 깎아 쥐여 준 손을 올려다볼 겨를이 없다.

그래서 기울어진 바닥 위의 몸은 해가 갈수록 무거워진다. 어깨는 조금씩 내려앉고, 발바닥은 콘크리트의 냉기를 누구보다 먼저 읽어 낸다. 더 빨리 달려야 한다고 배웠으므로 더 빨리 달리지만, 창밖의 풍경은 좀처럼 바뀌지 않는다. 다리가 모자라서가 아니라 바닥이 기울어서라는 말은, 정작 그 몸에게는 좀처럼 도착하지 않는다.

대부분의 사람은 깨어 있는 시간을 팔아야 그날의 돈을 손에 쥔다. 시간을 더 길게 팔면 조금 더 쥘 수 있지만, 하루는 끝내 24시간을 넘지 않는다. 거기에 단단한 한계가 있다. 잠든 사이에도 스스로 불어나는 종류의 돈을 가져 본 적 없는 사람은, 아무리 부지런히 달려도 그 불어남을 따라잡지 못한다. 이것은 게으름의 문제가 아니라, 처음부터 다른 종류의 시계 위에 서 있다는 사실의 문제다.

돈을 두고도 같은 착시가 일어난다. 사람들은 흔히 돈을 번다고 말한다. 그러나 돈은 새로 솟아나기보다 자리를 옮길 뿐이어서, 어딘가에서 차오른 것은 반드시 다른 어딘가에서 빠져나간 것이다. 다만 그 두 자리는 서로를 마주 볼 수 없을 만큼 멀리 떨어져 있고, 그래서 빠져나간 쪽은 제 몫이 어디로 흘러갔는지 끝내 헤아리지 못한다. 흐름은 늘 한 방향으로 기운다. 이미 차오른 쪽으로.

가진 것이 적을수록 빌리는 값은 비싸진다. 기댈 담보가 얇은 사람에게 세상은 더 높은 이자를 매기고, 더 높은 이자는 다시 그 사람의 몫을 갉아 그를 한층 얇게 만든다. 도움이 가장 절실한 자리에 도움이 가장 비싼 값으로 도착하는 셈이다. 이 또한 누가 일부러 그렇게 정해 둔 것처럼 보이지 않는다. 그저 규칙이 원래 그러하다는 얼굴로 조용히 작동할 뿐이다.

가난은 종종 더 비싸다. 한 번에 크게 사 둘 수 없어 조금씩 자주 사고, 그래서 같은 물건에 더 많은 값을 치른다. 미리 낼 형편이 못 되어 나중에 더 큰 이자로 갚고, 시간을 살 수 없어 늘 더 먼 길로 돌아간다. 가장 아껴야 하는 자리가 가장 많이 새는 자리이기도 한 것이다. 이 모든 것이 게으름이나 어리석음의 결과처럼 적히지만, 자리가 먼저고 결과는 언제나 나중이다.

맨 처음 손에 쥔 것이 없는 사람은 빚에서 시작한다. 마이너스에서 영점까지 기어 올라오는 데만 몇 해가 걸리고, 그 몇 해 동안 흘린 땀은 어디에도 자산으로 적히지 않는다. 마침내 영점에 닿아 비로소 출발선이라 불리는 자리에 설 때, 그의 시계는 이미 한참을 써 버린 뒤다. 같은 자리에 같은 나이로 선 듯 보여도, 거기까지 치른 값이 같지 않다.

세상의 모든 몫을 한 식탁 위에 올린다고 해 보자. 맨 윗자리 앞에만 차려진 것의 대부분이 산처럼 쌓여 있을 것이다.[1] 식탁의 절반을 채운 사람들 앞에는 부스러기 몇 점이 놓인다. 그런데 누구도

[1] Chancel, L., Gómez-Carrera, R., Moshrif, R., Piketty, T. et al., 「World Inequality Report 2026」, World Inequality Lab, 2025년 12월, wir2026.wid.world (상위 10퍼센트가 전 세계 부의 75퍼센트·소득의 53퍼센트, 하위 50퍼센트가 부의 2퍼센트·소득의 8퍼센트 보유)

이 식탁을 그렇게 차렸다고 말하지 않는다. 의자는 원래 그 자리에 있었고, 접시는 처음부터 그렇게 채워져 있었다는 듯이. 그래서 빈 접시 앞에 앉은 사람은 식탁을 의심하는 대신 제 손을 의심한다. 더 부지런하지 못했던 손을, 더 영리하지 못했던 머리를.

세계 부(富)의 불평등 분포

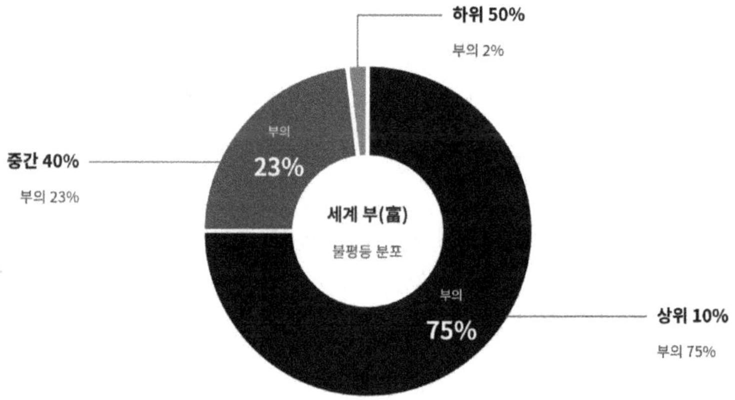

출처: World Inequality Report 2026, World Inequality Lab

설계의 가장 정교한 부분은, 그것이 설계처럼 보이지 않는다는 데 있다. 거대한 음모가 필요하지도 않다. 각자가 제 자리에서 합리적으로 움직이기만 해도 결과는 늘 같은 쪽으로 기운다. 그래서 책임을 물을 단 하나의 얼굴이 보이지 않고, 보이지 않는 얼굴에는 누구도 분노하지 못한다. 분노할 대상을 찾지 못한 마음은 끝내 자신에게로 돌아선다. 부가 설계된 것이라면 가난도 설계된 것이다. 다만 설계라는 말이 좀처럼 입에 오르지 않을 뿐이다.

부모가 적게 배운 집에서 자란 사람일수록 어른이 되어 손에 쥐는 몫이 줄어든다는 오랜 기록이 있다.[2] 줄어든 그 몫은 게으름의 크기가 아니라, 해마다 미뤄진 결정과 끝내 삼켜진 선택이 켜켜이 쌓여 만든 높이다. 기록에 남는 것은 반듯한 한 줄이다. 그러나 그 줄이 반듯할수록, 달마다 같은 자리에서 입 밖에 내지 못한 망설임은 한 칸의 두께 안으로 더 깊이 접혀 든다.

누군가가 죽을 노력을 다해 겨우 손에 쥔 것이, 어떤 이에게는 날 때부터 당연한 사치였다. 이 한 문장이 좀처럼 한자리에 나란히 놓이지 못하는 까닭은, 두 삶이 서로를 마주 볼 일이 거의 없도록 멀찍이 떨어뜨려져 있기 때문이다. 그 거리는 우연이 아니다. 너무 가까우면 한쪽의 평온이 흔들리므로, 사이에는 늘 충분한 거리가, 혹은 충분한 소음이 마련되어 있다.

믿음은 사실보다 부지런히 관리된다. 출발선이 같다고 믿는 사람이 많을수록, 다른 선의 존재는 그만큼 깊이 가려지기 때문이다. 그래서 맨손으로 일어섰다는 이야기 하나가 수많은 빈 접시 앞에 희망이라는 이름으로 내걸린다. 그 한 사람의 이야기는 참일 것이다. 다만 그 이야기가 가리는 수천 개의 다른 이야기는, 좀처럼 같은 화면 위에 함께 오르지 못한다.

---

[2]Causa, O., Nguyen, M., Tanaka, T., 「Intergenerational social mobility across OECD countries: Does the apple fall far from the tree?」, OECD Economics Department Working Papers, No. 1858, OECD Publishing, Paris, 2026년 3월, doi.org/10.1787/6d76ec2a-en

시스템은 당신이 그것을 공정하다고 믿어 주기를 바란다. 믿음이 흔들리면 사람들이 발밑을 내려다보기 시작하고, 발밑을 내려다보는 눈이 많아지면 기울기를 유지하기가 어려워지기 때문이다. 그래서 가장 값싼 단속은 감시가 아니라 믿음이다.

스스로를 탓하는 사람은, 따로 감시할 필요가 없다.

태어난 자리의 밀도

제 손을 탓하던 사람이 저녁이 되어 돌아가는 동네가 있다. 큰길에서 버스를 한 번 갈아타고, 언덕 아래에서 내려 다시 골목을 오른다. 정류장에서 집까지 가로등은 드문드문 서 있고, 불 꺼진 가게의 셔터가 길의 절반을 차지한다. 같은 요금을 내고 탄 버스인데, 어느 정류장에서 내리는가에 따라 밤의 두께가 달라진다. 도시는 하나의 이름을 쓰지만, 그 안의 공기는 한 번도 같은 적이 없었다.

공기에도 밀도가 있다. 어느 골목의 저녁 공기에는 승합차의 경적과 피아노 건반 소리와 늦게까지 불을 밝힌 서점의 냄새가 녹아 있다. 그 골목의 아이는 그것을 배우지 않는다. 들이마신다. 숨 쉬는 일에 노력이 필요 없듯, 공기가 실어 나르는 것을 받아들이는 데에도 노력이 필요 없다. 몇 정거장 떨어진 골목의 아이도 같은 부피로 숨을 쉰다. 폐는 같은 크기로 부풀고, 가슴은 같은 박자로 오르내린다. 다만 그 숨에 실려 오는 것이 같지 않을 뿐이다.

지도는 그 차이를 그리지 않는다. 지도 위에서 두 골목은 같은 색으로 칠해져 있고, 같은 굵기의 길로 이어져 있다. 그러나 걸어본 발은 안다. 평평하게 그려진 종이 위에도 등고선이 숨어 있다는 것을. 태어난 자리의 높이는 어느 지도에도 표기되지 않지만, 한 사람이 평생 오르내릴 비탈의 각도를 바로 그 자리가 정한다.

연구자들이 한 나라의 지도를 소득의 기록으로 다시 그린 적이 있다.[3] 수백만에 이르는 부모와 자녀가 손에 쥔 몫을 나란히 놓고, 아이가 어디에서 자랐는가를 함께 표시한 지도였다. 거기에는 산도 강도 그려져 있지 않았다. 그런데도 지형이 떠올랐다. 바닥 가까이에서 태어난 아이가 꼭대기 가까이에 도착할 확률은, 태어난 도시에 따라 3배 가까이 벌어져 있었다.

같은 국경 안, 같은 법과 같은 화폐 아래에서, 태어난 자리의 우편번호가 도착할 자리의 번지수를 먼저 적어 두고 있었던 셈이다.

숫자는 지도 위의 일이고, 밀도는 몸의 일이다. 밀도가 높은 골목에서는 어른들의 대화가 아이의 귀에 사다리를 걸쳐 놓는다. 어느 학교의 어느 공부가 어디로 이어지는지, 어떤 서류를 언제 준비해 두는지가 저녁 공기 속을 태연히 떠다닌다. 아이는 그 말들을 가로대처럼 밟고 오른다. 오르는 발은 제 발밑에 사다리가 놓여 있다는 것을 모른다. 그저 걷고 있다고 여긴다.

[3]Chetty, R., Hendren, N., Kline, P., Saez, E., 「Where is the Land of Opportunity? The Geography of Intergenerational Mobility in the United States」, Quarterly Journal of Economics 129(4), 2014년, doi.org/10.1093/qje/qju022 (하위 20퍼센트 출신이 상위 20퍼센트에 도달할 확률이 지역에 따라 4.4퍼센트에서 12.9퍼센트까지 벌어짐)

그 반대편의 공기를 여기에 길게 묘사할 필요는 없을 것이다. 당신이 이미 알고 있기 때문이다. 사다리가 걸쳐지지 않은 공기 속에서 아이가 무엇을 밟고 오르는지. 혹은, 무엇을 끝내 밟아 보지 못하는지.

이사를 가면 되지 않느냐고 물을 수 있다. 그러나 밀도가 높은 공기에는 값이 매겨져 있다. 그 골목의 방세와 그 언덕의 집값은, 그 공기를 마시려는 사람들이 늘어선 만큼 올라 있다. 공기에 값을 매길 수 있다는 것을 시장은 오래전에 알아차렸고, 그래서 숨 쉴 자리조차 쥔 것의 순서대로 배정된다. 밀도는 넘을 수 없는 벽이 아니다. 다만 비싼 문턱일 뿐이다.

그리고 문턱의 높이는, 이미 안쪽에 서 있는 사람의 눈에는 보이지 않는다.

밀도는 무게가 없지만, 해를 거듭하면 형태를 얻는다. 공기였던 것이 천천히 가라앉아 바닥이 되고, 바닥이 된 것은 어느 날 금을 긋는다. 그 금이, 이 페이지들이 내내 뒤쫓아 온 선이다. 그렇다면 물음은 하나로 좁혀진다. 그 선은 대체 어디서 그어지기 시작했는가?

선이 시작된 자리

운동장에 흰 선을 긋는 사람을 본 적이 있는가? 경기 전날, 석회 가루를 채운 수레가 잔디 위를 지나가고 나면 땅 위에 선이 남는다. 다음 날 선수들이 도착할 무렵 수레는 창고로 돌아가 있고, 선은 원래부터 거기 있던 것처럼 땅에 붙어 있다. 사람들은 선 안에서 달리고, 선 밖으로 나간 공을 죽은 공이라 부른다. 경기가 이어지는 동안 수레를 떠올리는 사람은 아무도 없다.

삶의 선도 그렇게 그어졌다. 당신이 도착하기 전에 수레는 이미 지나갔고, 가루는 굳었고, 창고 문은 닫혔다. 당신이 본 것은 언제나 완성된 선뿐이다. 그래서 선은 그어진 것이 아니라 원래 있던 것처럼 보인다. 시작이 보이지 않는 까닭은 시작이 없어서가 아니라, 시작의 장면에 당신이 초대받지 못했기 때문이다.

그렇다면 언제부터였을까? 아이는 처음에 선을 모른다. 골목이란 골목은 다 제 것인 줄 알고 내달린다. 그러다 언제부턴가 발이 어떤 길 앞에서 저절로 방향을 튼다. 누가 막아선 적도, 들어가지 말라는 팻말이 붙은 적도 없다. 다만 그 길이 제 길이 아니라는 감각이, 넘어져 까진 무릎의 기억보다 먼저 몸에 자리를 잡았을 뿐이다. 선이 굳는 것은 벼락같은 사건이 아니다. 발끝의 사소한 방향 전환이 셀 수 없이 쌓인 끝에 오는, 아주 느린 응고에 가깝다.

같은 자리를 오래 지나간 발자국은 홈을 판다. 홈이 어느 깊이를 넘어서면 발은 더 이상 방향을 고르지 않는다. 고를 필요가 없다. 홈이 대신 골라 주기 때문이다. 그때부터 길은 길이기를 그만두고 레일이 된다. 새벽마다 같은 몸들을 같은 방향으로 실어 나르는 그 차가운 쇠붙이는 실은 이렇게 태어났다.

처음에는 공기였고, 다음에는 바닥이었고, 그다음에는 선이었고, 마지막에 레일이 되었다.

레일은 땅의 표정을 그대로 물려받는다. 기운 땅 위에 놓이면 레일도 함께 기울고, 그 위를 구르는 것들은 힘들이지 않아도 낮은 쪽으로 미끄러진다. 오르막에 선 바퀴만이 제 무게의 몇 곱을 끌어올려야 한다. 그런데도 바퀴는 레일을 탓하지 않는다. 제 힘이 모자라다고 여길 뿐이다. 어디서 많이 본 풍경이지 않은가?

선의 끝이 어디로 이어지는지는 아무도 모른다. 끝은 아직 오지 않았기 때문이다. 그러나 시작이라면 다르다. 시작은 이미 지나갔고, 지나간 것은 자리를 남긴다. 길을 거슬러 오르면 어딘가에 첫 가루가 뿌려진 자리가 있다. 홈이 파이기 전의 맨땅이, 굳기 전의 공기가 거기 있다.

당신이 처음 눈을 뜬 방을 떠올려 본다면 어떨까? 그 방의 창으로 들어오던 빛의 각도, 문밖에서 들리던 목소리들의 온도, 그 집 저녁상에 오르내리던 말들의 무게. 선은 특별한 날에 그어지지 않았다. 그 평범한 것들이 매일 조금씩 가라앉아, 당신이 걸음마를 떼기도 전에 발밑에서 굳어 가고 있었다. 당신의 선이 어디서 시작됐는지, 이제 어렴풋이 짐작이 가는가?

다만 한 가지는 분명하다. 그 시작의 자리에, 당신은 없었다.

3장

부의 자율방어 시스템

오래된 성곽 위로 바람이 지나간다. 성을 쌓은 손들은 사라진 지 오래고, 성벽을 지키던 병사도, 활을 겨누던 적도 이제 없다. 그런데도 성은 무너지지 않았다. 돌과 돌 사이의 이음매는 여전히 빈틈없고, 성벽 바깥을 깊게 두르던 도랑, 그러니까 해자가 있던 자리에는 물 대신 잔디가 자란다. 휴일의 관광객들이 그 위를 걸으며 사진을 찍는다. 옛사람들은 대체 무엇이 두려워서 이런 것을 쌓았을까, 웃으며 서로에게 묻는다.

그 물음은 과녁을 조금 비껴가 있다. 성은 두려움으로 쌓이지 않는다. 계산으로 쌓인다. 지킬 것이 생긴 손은 반드시 담을 두르고, 담이 충분히 높아지면 그다음부터는 담이 알아서 일한다. 병사가 없어도, 주인이 잠들어 있어도. 잘 쌓인 성의 표식은 지키는 사람이 보이지 않는다는 것이다.

성이 하는 일은 단순하다. 안과 밖을 가르는 것이다. 그러나 그 단순한 일이 시간과 만나면 단순하지 않은 결과를 낳는다. 안쪽의 것은 안쪽에 머물고, 바깥의 것은 바깥을 맴돈다. 드나듦이 아주 없는 것은 아니다. 다만 드나드는 문의 폭과 문지기의 눈초리가, 들어오려는 쪽에게만 좁고 매섭다.

부에도 성이 있다. 다만 그 성은 돌로 쌓이지 않았고, 지도에 나오지 않으며, 입장권을 팔지 않는다. 세금의 조항으로, 법의 문장으로, 물가의 흐름으로 쌓아 올린 성. 당신은 오늘도 그 성벽 바깥을 지나쳐 걸었을 것이다. 아무것도 보지 못했더라도 이상한 일이 아니다. 이 성의 첫 번째 설계 원칙이 바로 보이지 않는 것이기 때문이다.

그렇다면 보이지 않는 성벽은 무엇으로 만져지는가?

세금의 이중성

월급날의 명세서에는 언제나 두 개의 숫자가 적혀 있다. 약속된 금액과, 손에 닿는 금액. 그 사이의 간격은 당신이 만져 보기도 전에 이미 떠나고 없다. 땀으로 번 돈의 세금은 그렇게 선불로 걷힌다. 한 푼의 예외도 없이, 의견을 물을 것도 없이, 명세서의 한 줄로 통보될 뿐이다.

그 간격에 대해 당신이 할 수 있는 일은 없다. 명세서는 협상 테이블이 아니라 게시판이다. 게시판 앞에서 사람은 읽는 역할만 맡는다. 낸다는 동사조차 실은 정확하지 않다. 내는 것이 아니라 떼이는 것이고, 떼이는 자리에는 손이 닿지 않는다. 손이 닿기 전에 끝나는 일에 사람은 금세 무감해진다. 그 무감함이 이 산수의 첫 번째 방어선이다.

자산이 벌어 온 돈은 오랫동안 다른 대접을 받아 왔다. 집이나 주식을 1년 넘게 쥐고 있다가 팔아 남긴 이득은 절반만 소득으로 셈해졌다.[1] 나머지 절반은 처음부터 없었던 돈처럼 장부에서 지워졌다. 1999년에 만들어진 산수였다. 몸을 움직여 번 돈은 전부가 소득이고, 돈이 벌어 온 돈은 절반만 소득이라는 산수. 그 산수 위에서 한 세대가 통째로 자랐다. 절반의 마법을 아는 사람들은 그 마법에 맞춰 삶의 동선을 짰고, 모르는 사람들은 그런 마법이 있다는 것조차 모른 채 명세서의 간격만 들여다보았다.

두 소득은 시간마저 다르게 쓴다. 땀의 소득은 달마다 어김없이 정산되지만, 자산의 이득은 주인이 고른 날에만 세상에 모습을 드러낸다. 파는 날을 고를 수 있다는 것은 셈하는 해를 고를 수 있다는 뜻이고, 셈하는 해를 고를 수 있다는 것은 저울이 가장 너그러운 순간을 기다릴 수 있다는 뜻이다. 명세서의 사람에게는 기다림이라는 선택지 자체가 인쇄되어 있지 않다.

그리고 그 산수는 이제 문을 닫는 중이다. 2027년 7월이 지나면 절반의 마법은 사라지고, 물가를 반영해 원가를 다시 셈하는 계산법과 최소한의 세율이 그 자리를 대신하기로 했다.[1] 오래 기울어 있던 저울이 뒤늦게나마 수평을 찾아가는 이야기. 여기까지만 들으면 성벽 하나가 허물어지는 소식처럼 들린다. 그런데 문이 닫히던 방식을 눈여겨본 사람은 많지 않다. 2026년 5월 12일. 그날 이전부터 자산을 쥐고 있던 사람들은 새 규칙의 바깥에 남았다.[1] 옛

[1] ATO(호주 국세청), 자본이득세(CGT) 50% 할인 폐지 및 네거티브 기어링 개정 공식 공지, 2026년 5월 (1999년 도입된 CGT 50% 할인은 2027년 7월 1일 폐지, 원가지수화와 최소세율 30%로 대체. 2026년 5월 12일 이전 보유 자산은 소급 면제. 같은 날 오후 7시 30분 이후 취득한 기존 주택은 임대손실의 근로소득 상계 불가, 신축 주택은 유지) / PwC, 연방 예산 분석, 2026년

산수가 그들의 것으로 고스란히 보존된 것이다. 같은 날 저녁 일곱 시 반을 기준으로, 임대에서 난 손실을 월급의 세금에서 덜어 내던 또 하나의 오래된 계산법도 그 시각 이후에 헌 집을 산 사람에게만 닫혔다.[1] 그 저녁 이전에 열쇠를 쥔 사람들의 계산기는, 아무 일도 없었다는 듯 오늘도 같은 답을 내놓는다.

낯선 풍경이 아니다. 제도가 바뀔 때마다 거의 같은 문장이 따라붙는다. 기존 보유자는 제외한다. 경과 조치를 둔다. 그 문장들은 개혁을 통과시키기 위해 치르는 값이라고 설명되고, 설명은 대체로 사실이다. 다만 그 값이 늘 같은 방향으로 지불된다는 것, 문 안쪽을 향해서만 지불된다는 것은 설명서에 적히지 않는다.

성문이 닫히는 저녁을 상상해 본다. 종이 울리고, 도개교가 올라가고, 빗장이 내려앉는다. 문이 닫혔다는 사실은 오직 문 밖에 선 사람의 일이다. 안뜰에서 저녁을 먹던 사람들은 고개조차 들지 않는다. 그들에게 변한 것은 없다. 어제의 규칙이 오늘도 그들의 규칙이다.

문이 닫히는 순간은 언제나, 이미 들어온 사람의 등 뒤에서 온다.

규칙은 앞으로만 바뀐다. 뒤로는 한 걸음도 가지 않는다. 개혁이라는 종소리는 성문 밖을 향해서만 울리고, 성 안의 정원까지는 담을 넘어 들어가지 못한다. 그래서 규칙이 바뀌는 날은 이상한 하루가 된다. 밖에 선 사람에게는 새 세상의 첫날이고, 안에 든 사람에게는 어제와 이어진 평일이다. 달력은 하나인데 날짜는 두 개인 셈이다.

그날 이후의 셈은 전부 새 규칙의 것이다. 이제 막 모으기 시작한 사람, 이제야 겨우 문턱 근처에 닿은 사람. 새 규칙은 공정해졌다는 박수를 받으며 도착했고, 그 박수는 틀린 것이 아니다. 다만 새로워진 공정을 처음부터 다시 배워야 하는 쪽은 늦게 온 사람들뿐이다. 일찍 도착한 사람들의 공정은 옛날 것 그대로, 정원 안쪽에 고이 보관되어 있다.

누가 이것을 설계했느냐고 물으면 대답은 조항과 부칙과 경과 규정 사이로 흩어진다. 성벽의 돌 하나하나에는 이름이 새겨져 있지 않다. 다만 그 돌들이 전부 같은 재료로 깎여 있다는 것만은 분명하다.

글자다. 이 성은 글자로 쌓였다.

법의 언어장벽

도서관 서가의 가장 어두운 줄에 그 책들이 꽂혀 있다. 표지는 두껍고 제목은 길고, 펼치면 문장 하나가 반 페이지를 걸어간다. 한 세기 전, 소득에 세금을 매기는 법은 65페이지짜리 얇은 책이었다.[2] 조항은 22개. 부지런한 사람이라면 하룻저녁에 다 읽을 수 있는 두께였다. 법이 얇았을 때, 법과 사람 사이의 거리도 그만큼 가까웠다. 그 책은 자랐다. 1936년에 250페이지가

[2] McKerchar, M., 「Tax Complexity in Australia」, Australian Tax Research Foundation (Income Tax Assessment Act 1915년 65페이지·22개조, 1936년 250페이지, 1970년대 750페이지)

되었고, 1970년대에 750페이지를 넘겼고, 지금은 수천 페이지에 이른다.[2] 당대의 한 논평은 그것을 "통제 불능의 괴물"이라 불렀다.[3] 괴물이라는 말은 절반만 맞다. 괴물은 아무나 문다. 이 책은 무는 상대를 고른다.

그 페이지들을 아무 데나 펼쳐 본다. 몇 조의 몇 항의 단서는 다른 조항을 참조하고, 참조된 조항은 또 다른 법의 부칙으로 건너간다. 문장 하나를 따라가는 데 손가락 세 개가 책갈피로 동원된다. 읽는다는 동사가 무력해지는 자리다. 여기서 글은 전달하기 위해서가 아니라 통과시키지 않기 위해 쓰인 것처럼 군다.

한 세기 사이 사람들의 삶이 그만큼 복잡해졌는가 하면, 그렇지는 않을 것이다. 태어나고 벌고 쓰고 물려주는 뼈대는 크게 달라지지 않았다. 복잡해진 것은 삶이 아니라 삶과 세금 사이의 통로다. 통로가 구불구불해질수록 길잡이의 몸값은 오르고, 길을 잃은 채 정해진 만큼만 내고 마는 사람의 수는 늘어난다.

글자가 이만큼 쌓이면 그것은 더 이상 읽으라고 쓰인 것이 아니다. 벽이다. 벽돌 대신 조항으로, 시멘트 대신 단서 조항으로 쌓아 올린 벽. 그런데 그 벽의 안쪽을 걸어 본 사람들은 안다. 벽 속 어딘가에 문이 있다는 것을. 공제라는 이름의 문, 예외라는 이름의 쪽문, 경과 규정이라는 이름의 좁은 통로. 벽이 두꺼워질수록 문의 개수도 늘었다. 다만 문이 늘어난 만큼, 문을 찾는 일은 어려워졌다.

[3]Income Tax Assessment Act 1936·1997 연혁, Federal Register of Legislation

그 문들의 위치는 어느 지도에도 나오지 않는다. 대신 지도를 그려 주는 직업이 있다. 세무사와 회계사와 자문가. 그들의 시간에는 시간 단위로 값이 매겨지고, 그 값을 치를 수 있는 사람의 세금은 줄어든다. 자격이 통행증이 되는 문법이 여기서도 되풀이된다. 다만 이 통행증은 제 손으로 딸 필요조차 없다. 빌리면 된다. 빌리는 값을 낼 수 있다면.

그 값의 산수는 벽의 안팎에서 다르게 풀린다. 안쪽에서 자문의 값은 그것이 줄여 줄 세금보다 싸다. 그래서 사는 것이 남는 장사가 된다. 바깥쪽에서 같은 값은 그것이 줄여 줄 세금보다 비싸다. 그래서 사지 않는 것이 절약이 된다. 자문은 그렇게 필요의 반대 순서로 팔린다. 가장 덜 절실한 사람에게 가장 먼저, 가장 절실한 사람에게는 끝내 닿지 않는 순서로.

벽이 두꺼워진 내력을 되짚으면 눈에 들어오는 것이 있다. 페이지를 불린 것은 대부분 예외들이라는 사실이다. 그리고 예외는 저절로 태어나지 않는다. 누군가 요청해야 태어난다. 요청서를 쓸 줄 아는 사람, 요청이 닿는 방까지 들어갈 수 있는 사람. 그래서 벽은 밖에서 보면 아무렇게나 자란 덤불 같지만, 안쪽의 통로만은 늘 말끔하게 다듬어져 있다.

덤불의 가시는 바깥쪽으로만 자란다.

벽 바깥의 사람에게 세금은 계산이 아니라 통보다. 명세서의 공제란은 해마다 같은 칸이 같은 크기로 비어 있고, 연말이면 누군가는 꽤 돌려받는다더라는 소문만 바람처럼 지나간다. 그는 세법을 펼쳐 볼 생각을 하지 않는다. 게을러서가 아니다. 하루를 팔아 하루를 사는 사람에게 수천 페이지는 두께가 아니라 거리다. 걸어서는 닿지 않는 거리. 그 거리를 대신 걸어 줄 사람을 사는 값은, 아껴야 할 목록의 맨 앞에서 지워진다.

연말이 오면 어떤 사무실의 불은 밤늦도록 꺼지지 않는다. 서류 가방이 오가고 목록이 갱신되고, 절세라는 단어가 정중한 인사말처럼 오간다. 같은 시각, 벽 바깥의 사람은 휴대전화로 제 몫의 환급액을 조회한다. 화면의 숫자는 해마다 비슷하고, 그 비슷함이 그가 아는 세금의 전부다. 벽 하나를 사이에 두고 한쪽에서는 산수가, 다른 쪽에서는 통보가 진행되는 밤이다.

읽을 수 있는 글로 쌓았는데 아무나 읽을 수 없다는 것. 이것이 이 벽의 가장 정교한 부분이다. 문맹은 오래전에 퇴치되었다고 세상은 말한다. 그러나 글자를 아는 것과 글자의 벽을 통과하는 것은 다른 일이다. 벽은 모두에게 공개되어 있다.

공개되어 있다는 바로 그 이유로, 벽을 넘지 못한 책임은 벽을 넘지 못한 사람의 몫으로 적힌다.

그런데 성에는 글자로 쌓지 않은 방어가 하나 더 있다. 조항도 없고 페이지도 없다. 눈에 보이지도 않는다. 그것은 공기처럼 퍼져서, 지갑 속 지폐의 안쪽에 스며든다.

인플레이션의 두 얼굴

장바구니는 정직한 저울이다. 지난달과 같은 것을 담았는데 계산대의 숫자가 다르다. 우유와 빵과 달걀. 목록은 그대로인데 값만 자랐다. 당신은 잠시 영수증을 들여다보다가, 세상이 원래 그런 것이라는 얼굴로 주머니에 접어 넣는다. 물가가 오른다는 말은 그렇게 일상의 문법이 되고, 문법이 된 것에는 아무도 토를 달지 않는다. 이따금 월급이 오르기도 한다. 숫자가 커진 달에는 걸음도 잠시 가벼워진다. 그러나 물이 그보다 빨리 차오른 해에는, 오른 월급이 실은 줄어든 월급이라는 것을 머리보다 몸이 먼저 안다. 봉투는 두꺼워졌는데 저녁상이 그대로라면 어딘가에서 새고 있는 것이다. 새는 자리는 끝내 눈에 띄지 않는다. 물속에서 새는 것은 젖지 않기 때문이다.

물가는 물이다.

눈에 띄지 않게 차오르고, 차오른 다음에는 원래부터 그 높이였던 것처럼 군다. 물이 가장 사납게 차올랐던 해에는 한 해 사이 8.4퍼센트까지 불었다.[4] 그러나 물은 모든 발목을 같은 깊이로 적시지 않는다. 같은 수위가 어떤 삶에서는 침수이고, 어떤 삶에서는 부력이다.

임금과 현금으로만 사는 삶에서, 물은 갉아먹는 쪽으로 일한다. 월급의 숫자는 그대로인데 그 숫자가 사 오는 저녁이 달마다 얇아진다. 통장의 잔고도 그대로인데, 그대로라는 것이 여기서는

---

[4]ABS(호주 통계청), 소비자물가지수(CPI), 2022년 12월 분기 연 8.4% 정점

줄었다는 말의 다른 표기가 된다. 도둑은 다녀간 적이 없다. 없어진 것은 눈에 보이지 않는다. 다만 같은 지폐로 담을 수 있는 것이 줄었을 뿐이다.[5] 고지서 없는 증세다. 항의하고 싶어도 보낼 주소가 없다.

성 안의 사정은 다르게 흘러간다. 자산을 쥐고 빚을 낀 삶에서, 같은 물은 떠받치는 쪽으로 일한다. 집의 값은 물가와 함께 물 위로 떠오르고, 갚아야 할 빚의 숫자는 차용증에 박힌 채 그대로다. 이쪽에서는 그대로가 축복이다. 물이 차오를수록 고정된 빚의 실질 무게는 가벼워진다. 물에 잠긴 돌이 뭍에서보다 가볍게 들리듯이.[5] 법안 없는 감세다. 아무도 통과시키지 않았고, 그래서 아무도 반대할 기회를 얻지 못한 감세.

성실의 표준 답안이었던 저축이 이 물속에서는 벌을 받는다. 아끼고 모아 쌓아 둔 순서대로, 물은 정확히 그 통장부터 묽게 만든다. 빚을 겁내던 조심성이 비용이 되고, 빚을 두려워하지 않아도 되는 형편이 소득이 되는 구도. 어릴 적 배운 미덕의 목록이 물속에서는 거꾸로 읽힌다.

그렇다고 아무나 배를 가질 수 있는 것도 아니다. 배를 사려면 뭍의 돈을 먼저 모아야 하는데, 모으는 동안 물이 그 돈을 풀어 헤친다. 배 값은 물과 함께 떠오르고, 저축은 물에 잠긴다. 헤엄이 빨라질수록 부두가 멀어지는 항구. 그 항구의 이름을 사람들은 오래전부터 내 집 마련이라 불러 왔다.

---

[5]Chien, Y., 「The Impact of Inflation's Wealth Transfer Effect」, Federal Reserve Bank of St. Louis, 2022년

물은 부를 새로 만들지도, 없애지도 않는다. 옮길 뿐이다. 현금의 주머니에서 부채의 주머니로, 임금의 식탁에서 자산의 장부로. 그 이동에는 발소리가 없다. 발소리 없는 것은 눈총을 받지 않고, 눈총을 받지 않는 것은 몇 해가 지나서야 통계의 갈피에서 발견된다. 발견될 무렵이면 물은 이미 다음 수위에 가 있다.

이 물을 퍼 올리는 펌프에는 조작하는 손이 없다. 물가를 다스리는 기관은 있고, 실제로 다스리려 애쓴다. 그러나 다스림의 목표는 수위이지 물이 하는 일이 아니다. 물이 오르내리는 동안 누구의 발목이 잠기고 누구의 배가 떠오르는지는 어느 회의록의 안건에도 오르지 않는다. 안건에 오르지 않는 일은, 일어나면서도 일어나지 않는 일이 된다.

오래된 성들이 굳이 물을 끌어다 해자를 채운 데는 이유가 있다. 벽은 사다리로 넘고 망치로 부수면 되지만, 물은 부술 수가 없다. 헤엄쳐 건너는 동안 갑옷이 젖고, 젖은 갑옷은 입은 사람을 아래로 끌어내린다. 물가라는 해자도 같은 방식으로 일한다. 성 밖의 사람이 성을 향해 헤엄치는 동안, 그가 아껴 모은 것은 물을 먹어 무거워지는 것이 아니라 물에 풀려 묽어진다. 성에 가까워질수록 손에 남은 것은 옅어져 있다.

헤엄치는 사람은 제 속도부터 의심한다. 팔이 느린가, 숨이 짧은가? 물이 하는 일을 눈치채는 사람은 드물다. 물은 원래 그런 것이라고, 물속에서 나고 자란 사람일수록 깊이 믿기 때문이다.

헤엄을 가르치는 곳은 골목마다 있어도, 수위를 읽는 법을 가르치는 곳은 어디에도 없다.

성문의 규칙, 글자의 벽, 해자의 물. 겹겹의 방어는 완벽해 보인다. 그런데 완벽한 것에도 청구서가 있다. 성은 공짜로 서 있지 않는다.

격차의 유지비

오래전부터 전해 오는 약속이 하나 있다. 위쪽의 잔이 가득 차면 넘친 몫이 아래 잔으로 흘러내린다는 약속. 사람들은 그것을 낙수라 불렀다. 잔이 클수록 넘치는 것도 많으리라는 계산으로, 세상은 위쪽 잔을 먼저 채우는 일에 오래 동의해 왔다. 아래 잔은 마른 채로 그 동의를 지켰다.

그 약속을 저울에 올려 본 사람들이 있다.[6] 세계 곳곳의 살림을 수십 해 치 모아 놓고, 위쪽 몫이 커질 때 전체가 어떻게 되는지를 쟀다. 결과는 약속과 반대쪽을 가리켰다. 상위 20퍼센트의 몫이 1퍼센트포인트 커지면 그 뒤 5년의 성장은 오히려 0.08퍼센트포인트 느려졌다. 하위 20퍼센트의 몫이 1퍼센트포인트 커지면 성장은 0.38퍼센트포인트 빨라졌다. 물은 아래로 흘러내리지 않았다. 아래에 고인 물이 오히려 전체를 밀어 올리고 있었다.

[6]Dabla-Norris, E. 외, 「Causes and Consequences of Income Inequality: A Global Perspective」, IMF Staff Discussion Note SDN/15/13, 2015년 (상위 20% 소득 비중 1%p 상승 시 이후 5년 GDP 성장률 0.08%p 하락, 하위 20% 1%p 상승 시 0.38%p 상승)

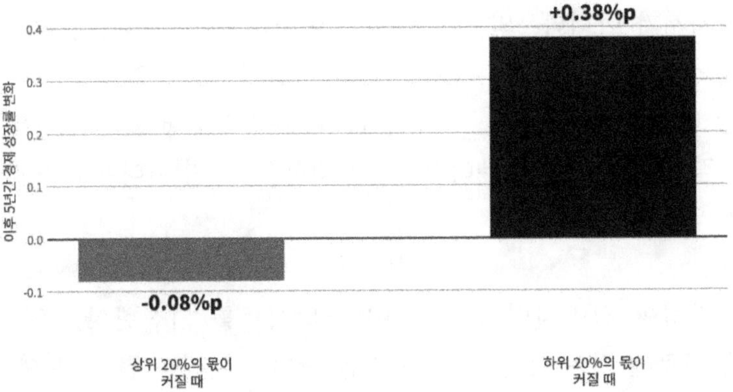

출처: IMF, 소득 불평등의 원인과 결과(2015)

숫자가 멀게 느껴진다면 이렇게 옮겨 볼 수 있다. 아래 잔에 부어진 몫은 그날 저녁 시장으로 나간다. 저녁거리가 되고, 신발이 되고, 미뤄 둔 치료가 된다. 그 지출은 골목 반대편 가게의 매출이 되고, 매출은 새 일손의 자리가 된다. 위쪽 잔에 머무는 몫은 시장으로 내려오는 대신 성벽의 다음 층이 된다. 돌은 밥이 되지 않는다. 다만 그림자를 조금 더 길게 드리울 뿐이다.

잔이 차면 넘칠 것이라 했다. 그러나 위쪽 잔은 넘치기 전에 자란다. 잔의 임자는 잔을 키우는 법을 알고, 잔을 키우는 값은 잔에 담긴 것보다 싸다. 넘치기를 기다리며 올려다보는 자리에서 보이는 것은, 내려오는 물이 아니라 점점 넓어지는 잔의 그림자다.

그런데도 그 약속이 여태 철거되지 않은 데는 이유가 있다. 약속이 지켜져서가 아니다. 약속이 쓸모 있어서다. 언젠가 넘친다는 말은 오늘의 마른 잔을 견디게 하는 데 이만한 것이 없다. 기다림은 가장 값싼 진통제이고, 처방전 없이 누구에게나 팔린다. 복용이 길어질수록 묻는 힘이 무뎌진다는 부작용은, 겉면 어디에도 표기되어 있지 않다.

기다림이 길어지면 잔들은 이따금 서로를 의심한다. 옆 잔이 몫을 가로챈 것은 아닌지, 나중에 온 잔이 새치기를 한 것은 아닌지. 시선은 옆으로만 오가고 위로는 좀처럼 올라가지 않는다. 목마른 잔들끼리의 다툼만큼 성벽을 튼튼하게 지켜 주는 것은 없다.

한 경제학자는 돈이 돈을 버는 속도가 경제 전체가 자라는 속도를 앞선다는 틀을 내놓은 적이 있다. 그 틀이 언제 어디서나 들어맞는지를 두고 학자들의 다툼은 아직 끝나지 않았다. 그러나 다툼이 끝나기를 기다리지 않아도 보이는 것들이 있다. 절반만 셈해지던 이득과, 값을 치른 사람에게만 열리던 벽 속의 문과, 차오를수록 한쪽 발목만 적시던 물. 속도를 둘러싼 논쟁은 학자들의 몫으로 남겨 두어도, 방향만은 이미 오래전부터 한쪽을 가리키고 있었다.

성의 유지비는 성 안에서 걷히지 않는다. 느려진 성장의 몫만큼 태어나지 못한 일자리가 있고, 열리지 못한 가게가 있고, 시작조차 되지 못한 공부가 있다. 그 목록은 어디에도 인쇄되지 않는다. 일어나지 않은 일은 계산서를 남기지 않기 때문이다. 그래서 이 유지비는 가장 흔적 없는 방식으로 걷힌다. 일어나지 않은 일들의 형태로, 주소도 발신인도 없이.

그 비용을 낸 사람의 하루는 표가 나지 않는다. 그는 다만 조금 더 오래 일하고, 조금 더 늦게 집에 닿고, 어딘가 미덥지 않은 계산 앞에서 고개를 갸웃거리다 잠이 든다. 무언가를 빼앗겼다는 감각은 없다. 빼앗긴 것이 눈앞에 있어 본 적이 없기 때문이다.

가장 완벽한 징수는, 잃은 줄도 모르게 걷어 가는 징수다.

다시 성곽으로 돌아간다. 그 성이 그토록 오래 서 있는 것은 돌이 단단해서가 아니다. 제 유지비를 성 밖에 물릴 줄 알기 때문이다. 지키는 사람 없이 지켜지고, 걷는 사람 없이 걷히고, 쌓는 사람 없이 해마다 조금씩 높아지는 것. 부의 성은 그렇게 스스로를 방어한다. 주인이 잠든 밤에도, 주인이 잊고 있는 동안에도.

성을 미워할 필요는 없다. 성은 제 일을 할 뿐이다. 돌을 탓하는 사람이 없듯 조항과 물가를 탓하는 목소리는 어딘가 이상하게 들리고, 그래서 이 성은 원망마저 비껴간다. 설계에 값을 물을 수 없을 때, 값은 언제나 다른 이름으로 재청구된다. 운이 나빴다는 이름, 팔자라는 이름, 혹은 덜 성실했다는 가장 익숙한 이름으로.

관광객들은 오늘도 오래된 성곽 위에서 사진을 찍는다. 무엇이 두려워서 이런 것을 쌓았을까 웃으며 묻고, 성벽은 대답하지 않는다.

다만 당신에게는 다른 물음 하나가 남는다. 저토록 오래 서 있는 것의 유지비를, 지금 누가 내고 있는가?

4장

대물림의 레일

낡은 철로를 따라 걸어 본 적이 있는가? 침목은 삭아 가장자리부터 부스러지고, 대못은 녹슬어 나무 위에 붉은 자국을 흘려 두었다. 이 레일을 깐 손들은 오래전에 흙으로 돌아갔다. 그런데도 바퀴는 오늘 아침에도 그 위를 지나갔다. 레일은 놓은 사람보다 오래 산다. 놓은 사람의 이름이 잊힌 뒤에도 방향만은 고스란히 남아, 다음 바퀴를 기다린다.

궤도 위에서는 바퀴가 길을 고르지 않는다. 바퀴가 도착하기 전에 길이 먼저 와서 기다리고, 길은 저를 놓은 손의 사정을 기억하지 않는다. 기울기와 방향, 그 두 가지는 바퀴가 태어나기도 전에 이미 정해져 있다. 바퀴가 할 수 있는 일은 구르는 것뿐이다. 잘 구르는 바퀴일수록, 제가 어디로 가고 있는지 물을 겨를이 없다.

사람의 생에도 그런 철로가 놓여 있다. 태어나기 전에 누군가 다져 둔 노반, 의견을 물은 적 없이 정해진 방향, 걷다 보니 발밑에 와 있던 궤도. 궤도는 저 혼자 옮겨 다니지 않는다. 반드시 누군가의 생을 거쳐, 한 세대에서 다음 세대로 건네진다. 그리고 그 건네는 손은 대부분 사랑의 얼굴을 하고 있다. 건네는 쪽은 그것을 뒷바라지라 부르고, 받는 쪽은 한참 뒤에야 그것의 다른 이름을 알게 된다.

당신의 발밑에 놓인 궤도는 누구의 손을 거쳐 온 것인가?

혈통의 자본

검은 옷을 입은 사람들이 낮은 목소리로 서류를 넘기는 방이 있다. 상속이라는 단어는 흔히 그 방을 불러온다. 죽음이 앞서고, 종이가 뒤따르고, 도장이 마지막에 찍히는 순서. 그러나 그 방의 문이 열리기 한참 전에, 정작 중요한 상속은 이미 거의 끝나 있다. 진짜 상속은 훨씬 이르게, 훨씬 잘게 나뉘어 도착한다. 아이 이름으로 열린 계좌에 다달이 쌓이는 것, 계절마다 바뀌는 신발의 상표, 아픈 날 몇 시간 만에 잡히는 진료 예약, 방학마다 다녀온 곳의 지명. 그것들은 상속이라 불리지 않는다. 그냥 사는 모습이라 불린다. 그래서 세금이 매겨지지 않고, 어느 목록에도 적히지 않고, 누구의 눈에도 유난해 보이지 않는다.

가장 큰 재산은 그렇게, 재산이라는 이름을 달지 않은 채 건너간다.

그 목록은 사소해 보인다. 신발 상표 하나가 인생을 가르겠느냐고 물을 수도 있다. 가르지 않는다. 다만 모인다. 사소한 것들은 낱개로는 아무것도 아니면서, 쌓이면 공기의 밀도가 되고 발밑의 높이가 된다. 물려받는 것들은 낱장으로 오지 않는다. 두께로 온다. 그리고 두께는, 받는 사람의 눈에는 좀처럼 보이지 않는다.

연구자들이 수백만 쌍의 부모와 자녀를 소득의 눈금 위에 나란히 세워 본 적이 있다.[1] 부모가 선 눈금이 10칸 높아질 때마다 자녀가

[1] Chetty, R., Hendren, N., Kline, P., Saez, E., 「Where is the Land of Opportunity? The Geography of Intergenerational Mobility in the United States」, Quarterly Journal of Economics 129(4), 2014년, doi.org/10.1093/qje/qju022 (부모 소득이 10퍼센타일 오를 때 자녀 소득이 평균 3.4퍼센타일 오르는 거의 선형의 관계)

도착하는 눈금은 3칸 남짓씩 어김없이 따라 올랐다. 오차는 잘고, 선은 곧았다. 우연이 그린 무늬라면 그렇게 곧을 수 없다. 자로 대고 그은 듯 반듯한 그 선은, 핏줄을 따라 돈이 흐른다는 오래된 짐작이 짐작이 아니라 측량 가능한 사실이라는 것을 조용히 보여 준다.

돈은 흐른다고들 말한다. 그러나 이 강은 낮은 곳으로 내려가지 않는다. 핏줄을 따라, 한 세대에서 다음 세대로 건너간다. 지류가 없어 물길이 곧고, 지도에 그려지지 않아 아무도 그 위에 다리를 놓자고 말하지 않는다. 보이지 않는 강 위에서, 어떤 배는 태어날 때부터 물살을 등에 업는다.

혈통이라는 말은 낡게 들린다. 신분의 시대는 끝났다고 배웠고, 왕관과 족보는 박물관 유리장 안으로 들어간 지 오래다. 그러나 계좌는 족보보다 정확하게 혈통을 기억한다. 아이는 부모의 키를 닮듯 부모의 잔고를 닮는다. 이상한 것은 사람들의 말버릇이다. 키를 두고는 어쩔 수 없는 일이라 말하면서, 잔고 앞에서는 노력을 말한다.

둘 다 태어나기 전에 이미 기울어 있던 것인데, 하나에게만 본인의 책임이라는 이름표가 붙는다.

물려받는 것 가운데는 시간도 있다. 넘어져도 되는 횟수, 다시 일어설 때까지 기다려 줄 계절의 수. 실패가 수업료라는 말이 있지만, 그 말은 수업료를 대신 치러 줄 사람이 있는 집에서만 참이 된다. 그런 뒷배가 없는 자리에서 실패는 수업이 아니라 사고다. 그래서 도전이라는 근사한 단어조차, 실은 물려받은 자에게 먼저 허락된 단어다.

재산 목록에 적히지 않는 것 가운데 가장 값진 것은 그물이다. 발밑에 그물이 있다는 것을 아는 몸은 더 멀리 뛴다. 도약의 폭을 정하는 것이 다리의 근육이 아니라 발밑의 그물이라는 것을, 뛰어 본 사람은 안다. 그물 없이 벼랑 앞에 선 사람의 머뭇거림은 겁이 아니라 정확한 계산이다. 그런데 세상은 그 계산을 소심함이라 부르고, 그물 위의 도약에는 용기라는 훈장을 단다.

물려줄 것이 있는 손은 거기서 멈추지 않는다. 건네받은 것을 더 단단히 굳혀 줄 방법을 찾고, 시장은 그 마음을 오래전에 읽어 두었다. 저녁마다 불이 꺼지지 않는 상가의 층들이 그 대답이다. 그 환한 창들 아래로, 노란 승합차가 줄지어 선다.

사교육이 파는 통행증

저녁 여덟 시의 상가는 대낮보다 환하다. 층마다 형광등이 켜져 있고, 층계에는 가방을 멘 아이들이 오르내리고, 도로변에는 승합차가 시동을 건 채 기다린다. 그 환한 창들 안에서 팔리는 것은 수학이나 영어가 아니다. 순서다. 줄의 앞쪽에 남들보다 먼저 도착하게 해 주겠다는 약속. 말하자면 통행증의 예약권이다.

그 약속의 값은 나라가 해마다 집계한다.[2] 한 달에 800만 원 넘게 버는 집이 아이 한 명의 배움 앞으로 부치는 돈은 평균 66만 2천 원.

[2]교육부·국가데이터처, 「2025년 초중고 사교육비조사」, 2026년 4월 발표 (월소득 800만 원 이상 가구 학생 1인당 월평균 66만 2천 원, 300만 원 미만 가구 19만 2천 원, 참여 학생 기준 전국 평균 60만 4천 원)

300만 원이 못 되는 집에서는 19만 2천 원이 건너간다. 3.4배의 간격이다. 학원에 다니는 아이만 따로 세면 평균은 60만 4천 원까지 오르는데, 이 값은 집계가 시작된 이래 가장 높다.

이 평균에는 묘한 구석이 하나 있다. 집계의 분모에는 학원 문턱을 한 번도 넘어 본 적 없는 아이까지 들어가 있다. 한 푼도 쓰지 않는 집을 껴안고 나눈 값이 저 높이라는 뜻이다. 0을 품고도 그만큼이라면, 0을 걷어 내고 마주 세운 두 저녁 사이의 거리는 이미 숫자 바깥의 일이 된다.

승합차에 아이를 올려 보내는 손이 다 여유로운 것은 아니다. 그 손들 대부분은 불안을 쥐고 있다. 남들이 다 하는데 제 아이만 멈추면 자리가 사라질 것 같은 예감. 그래서 이 시장이 다달이 결제받는 것은 앞자리에 대한 희망만이 아니다. 뒤처짐에 대한 공포다. 희망은 끊을 수 있어도 공포는 좀처럼 끊지 못한다는 것을, 파는 쪽은 정확히 알고 있다.

신문은 이따금 그 골목의 맨 끝을 비춘다. 한 달에 1000만 원을 받는 의과대학 준비반이 있다는 보도가 있었다.[3] 한 해로 치면 1억 2천만 원이다. 어느 고등학교가 학원에 한 해 1억 원을 건네고 전교생의 진학 상담을 통째로 맡겼다는 보도도 뒤따랐다.[4] 다만 이것은 평균의 이야기가 아니다. 골목의 맨 끝, 담이 가장 높은 집의 이야기다. 그 담의 높이로 골목 전체를 재려 들면 셈은 어긋난다. 통계는 통계의 자리에, 사례는 사례의 자리에 있다. 그런데 담이라는

---

[3]시사저널, 「'月 1000만원' 의대 준비반도... '특수' 누리는 대치동 학원가」, 2024년 3월 26일 (개별 사례 보도, 평균 아님)

[4]서울신문, 「'고교학점제 역설'... 1억 주고 대치동 학원에 입시 컨설팅받는 학교」, 2025년 9월 17일 (개별 사례 보도, 평균 아님)

물건이 원래 그렇듯, 맨 끝 집의 높이는 골목 전체가 어느 쪽을 바라보고 있는지를 말없이 일러 준다.

그 창들이 파는 통행증은 목적지까지 데려다주는 표가 아니다. 검문소 앞에서 어느 줄에 설지를 정해 주는 표에 가깝다. 그리고 어른들은 안다. 인생의 검문소가 생각보다 이르게, 생각보다 자주 온다는 것을. 그 앎이 골목의 불빛을 밤늦도록 끄지 못하게 한다.

그 불빛 아래에서 아이들의 저녁은 시간표 단위로 쪼개진다. 쉬는 시간과 이동 시간과 자습 시간. 유년이라는 말에 어울릴 법한 시간은 표 어디에도 없다. 그런데도 그 시간표를 잔인하다고 말하는 사람은 드물다. 다들 그렇게 하기 때문이다.

다들 그렇게 한다는 것. 그것이 이 골목에서 가장 힘이 센 문장이고, 그 문장 앞에서는 어른도 아이도 나란히 순해진다.

승합차는 모든 골목에 서지 않는다. 승합차가 서지 않는 골목의 아이는 같은 저녁에 다른 것을 배운다. 혼자 밥을 차리는 법, 텔레비전 소리로 빈집을 채우는 법, 묻고 싶은 것을 내일로 미루어 두는 법. 그 아이가 덜 성실한 것이 아니다. 그 아이의 저녁에는 다만, 밟고 오를 가로대가 걸쳐져 있지 않았을 뿐이다.

그 저녁들이 쌓여 만든 간격은 훗날 성적표 위에 점수의 얼굴로 적힌다. 숫자는 제 출처를 밝히지 않는다. 몇 점과 몇 점 사이에 승합차가 있었다는 것, 형광펜과 오답 노트와 어깨를 짚어 주던 목소리가 있었다는 것은 어느 칸에도 기재되지 않는다. 그래서 점수는 공정의 증거로 읽힌다. 출처를 지운 결과가 언제나 그렇게 읽히듯이.

몇 번의 겨울이 그렇게 지나가면 골목의 아이들은 자라서 같은 양식의 종이 앞에 앉는다. 학교와 점수와 경력을 칸칸이 채워 넣는 종이. 그 종이는 공평해 보인다. 누구에게나 같은 칸이 주어지기 때문이다.

그러나 종이의 맨 위에는, 지원자가 제 손으로 채운 적 없는 칸이 하나 있다.

같은 이력서의 두 운명

연구자들이 그 칸을 두고 실험 하나를 설계했다. 세 도시에서 4천 곳이 넘는 채용 공고에 1만 2천 장이 넘는 이력서를 보냈다. 학력은 같고 경력은 같고 문장의 결까지 같았다. 다른 것은 오직 맨 윗줄, 이름 하나였다. 절반의 서류에는 그 도시 어디에서나 마주치는 이름이, 나머지 절반에는 바다 건너의 결이 남은 이름이 올라갔다. 회신은 이름부터 읽고 도착했다. 관리자 자리에 낸 서류 가운데 흔한 이름은 100장에 27장꼴로 연락을 받았고, 낯선 이름은 11장에 그쳤다.[5] 직급을 낮추어도 간격은 사라지지 않았다. 종이의

[5]Adamović, M. 외, 「Is there a glass ceiling for ethnic minorities to enter leadership positions? Evidence from a field experiment with over 12,000 job applications」, Monash Business School·University of Melbourne, 2023년 (멜버른·시드니·브리즈번 4,000곳 이상 채용공고, 이력서 12,000건 이상 발송. 리더십 직군 콜백률: 영어식 이름 26.8퍼센트, 비영어권 이름 11.3퍼센트. 비리더십 직군: 21.2퍼센트 대 11.6퍼센트)

몸통이 아니라 이마가 먼저 읽힌 것이다. 서류를 넘기던 눈은 자신이 무엇을 하고 있는지 몰랐을 수도 있다. 눈이란 원래, 배운 순서대로 미끄러지는 법이므로.

이름은 시작일 뿐이다. 말씨에도, 주소에도, 학교의 이름에도 같은 잉크가 배어 있다. 서류는 지원자가 쓴 것만 담는 물건이지만, 읽는 눈은 쓰이지 않은 것까지 읽어 낸다. 어느 동네에서 왔는지, 어느 식탁에서 자랐는지. 낱장의 종이 위에서도 출신은 물기처럼 배어 나온다.

차별이라는 단어가 먼저 떠오를 것이다. 틀린 말은 아니다. 그러나 이 서류에서 이 책이 읽으려는 것은 조금 다른 자리에 있다. 이력서를 통틀어 지원자가 고르지 않은 유일한 칸이 바로 이름이라는 사실이다. 이름은 부모에게서 건너온다. 태어난 지 며칠 안에, 당사자에게 물어볼 도리가 없는 시기에 결정되어 평생 서류의 맨 윗줄을 지킨다. 학력은 바꿀 수 있고 경력은 쌓을 수 있지만, 이름은 노력의 목록에 들어 있지 않다. 그러니 저 회신율의 간격은 성실의 간격이 아니라 물려받은 것의 간격이다. 핏줄을 타고 계좌가 건너오듯, 이름 위로도 같은 강이 흐른다.

서류를 넘긴 눈들은 아마 저마다 공정했다고 믿었을 것이다. 이 실험의 서늘함은 회신율의 간격이 아니라 바로 그 믿음에 있다.

악의는 필요하지 않았다. 익숙함이면 충분했다.

시스템은 그렇게 나쁜 사람 하나 없이도 기울어진 결과를 만들어 내고, 기울어진 결과는 다시 다음 서류를 읽는 눈의 익숙함이 된다.

서류를 넣고 전화를 기다리는 오후가 있다. 함께 공부한 동기의 전화는 이튿날 울렸다고 한다. 제 전화는 잠잠하다. 그는 제 서류를 처음부터 다시 읽는다. 오탈자를 찾고, 문장을 다듬고, 첫 줄의 인사를 바꾸어 본다. 고칠 수 없는 단 한 줄만 남기고 전부 고친다. 문제가 그 줄에 있으리라고는 끝내 생각하지 못한 채로. 설령 생각이 거기에 닿는다 한들, 그가 할 수 있는 일은 없다. 그 줄은 그의 것이면서, 처음부터 그의 것이 아니었다.

그런 오후가 몇 번 반복되면 사람은 지원서를 내는 범위를 스스로 줄인다. 닿지 않는 곳을 지우고, 될 법한 곳만 남긴다. 그 줄임은 이력서 어디에도 적히지 않지만, 삶의 지도에는 또렷이 적힌다. 바랄 수 있는 것의 경계가 그렇게 또 한 뼘 안쪽으로 물러난다.

경계가 물러난 자리는 표가 나지 않는다. 포기는 소리를 내지 않고, 내지 않은 지원서는 어느 통계에도 잡히지 않는다. 실험이 잰 것은 발송된 서류의 운명이었지만, 정작 더 큰 숫자는 처음부터 발송되지 않은 서류들일지도 모른다. 그 서류들은 어느 연구자의 표에도 오르지 못한 채, 책상 서랍 안에서 말없이 낡아 간다.

계좌와 골목과 이름. 물려받는 것들의 목록은 그렇게 길어진다. 그리고 그 목록은 어느 서랍에 정리되어 끝나는 것이 아니라, 고스란히 한 아이의 발밑에 미리 깔린다.

노반이 다져지고, 침목이 놓이고, 레일이 얹힌다. 이제 바퀴가 도착할 차례다.

그 위에 도착하는 사람

그리고 다음 사람이 도착한다. 그는 빈 들판에 처음 서는 것이 아니다. 그가 첫발을 딛는 자리에는 이미 선이 그어져 있다. 그를 위해 그어진 것이 아니라, 그가 오기 한참 전부터 거기 누워 있던 선이다. 그는 그것을 자신의 출발선으로 알고 달리기 시작한다. 그 자리가 출발선이 아니라 누군가 미리 정해 둔 위치라는 것을, 달리는 동안에는 좀처럼 알아차리지 못한다.

도착한 사람은 곁에서 한 가지를 먼저 배운다. 어른이 된다는 것은 시간을 파는 일이라는 것을. 그 배움은 어느 교과서에도 적혀 있지 않지만 가장 깊은 곳에 새겨진다. 그래서 그는 자라 같은 자리에 서면 망설임 없이 제 시간을 내민다. 다른 방식이 있다는 것을 한 번도 본 적이 없어, 그것을 아쉬워할 줄조차 모른다.

그에게 그 자리를 물려준 사람을 탓할 수는 없다. 물려준 이 역시 누군가 그어 둔 선 위에서 나고 자랐고, 자신이 배운 그대로 열심히 살라는 말을 사랑이라는 이름으로 건넸을 뿐이다. 그 말 안에 무엇이 함께 실려 가는지는 건넨 사람도 알지 못했다. 사랑이 깊을수록 그 말은 더 단단히 매였고, 그래서 누구도 그 사랑을 미워할 수 없었다. 선은 그렇게 한 세대의 손에서 다음 세대의 발밑으로, 소리 없이 옮겨 그려진다. 베끼는 손은 자신이 무엇을 베끼고 있는지 끝내 알지 못한다.

물려받는 것 가운데 가장 질긴 것은 시선이다. 세상을 어느 높이에서 바라보는가 하는 그 각도 말이다. 낮은 자리에서 올려다보는 데 익숙해진 눈은, 어쩌다 높은 자리에 올라서도 한동안 고개를 들지 못한다. 몸은 자리를 옮겼는데 시선은 옛 높이에 한참을 머문다. 그래서 자리를 바꾸는 일보다, 그 자리에서 세상을 보는 각도를 바꾸는 일이 늘 더디고 어렵다. 때로는 바뀐 자리보다, 몸에 밴 옛 시선이 한 사람을 더 오래 붙들어 둔다.

그가 물려받은 것은 어느 하나가 아니다. 눈금 위에서 부모를 따라 오르던 칸과, 승합차가 서던 골목 또는 끝내 서지 않던 골목과, 서류 맨 윗줄의 이름이 한 몸이 되어 그의 등에 얹혀 있다. 어느 것 하나 그가 고른 것이 없는데, 어느 것 하나 그를 비껴가지 않는다. 그것은 짐이라기보다 차라리 몸에 가깝다.

벗을 수 있는 것이었다면, 누군가는 진작 벗어 두고 갔을 것이다.

세월은 이윽고 그를 받는 자리에서 건네는 자리로 옮겨 놓는다. 어느 날 그는 제 아이의 이름을 짓고 있다. 제가 물려받은 것들의 무게를 다 알지 못한 채, 그 가운데 가장 나은 것을 골라 건네려 애쓴다. 노반을 고르고 침목을 놓는다. 그러나 그가 놓을 수 있는 레일은 제가 밟아 본 레일과 크게 다르지 않다. 사람은 제가 가진 지도 밖으로 아이를 내보내지 못한다.

아이는 그 정성을 먹고 자랄 것이다. 그리고 언젠가 제 발밑의 궤도를 내려다보며 같은 물음 앞에 설 것이다. 이 길은 언제부터 여기 있었을까, 하는 물음 앞에. 레일은 상속되지만 물음은 상속되지 않는다. 물음만은 저마다 제 힘으로 처음 던지는 수밖에 없다.

누구도 그것을 의도하지 않았는데, 바퀴는 같은 자리에서 같은 방향으로 한 바퀴를 더 돈다. 속인 얼굴도 분명하지 않고, 속은 사람도 자신이 속았다고 느끼지 않는다. 그저 저마다 제 몫의 성실을 다했을 뿐인데, 끝에 가서 보면 기울기는 조금도 펴지지 않았다. 성실은 기울기를 견디게 했을 뿐, 기울기를 바로 세우지는 못했다.

이윽고 그 사람도 어느 새벽 승강장에 선다. 누구도 그 자리에 서겠다고 서명한 적 없는데, 모두가 약속이라도 한 듯 같은 시각에 모여든다. 그 역시 발밑의 선을 보지 못한 채, 다만 늦지 않으려 걸음을 재촉한다. 그렇게 한 세대가 또 한 세대를 같은 승강장으로 데려다 놓는다.

다른 자리를 한 번도 본 적 없는 사람은, 그 자리를 그리워할 줄도 모른다. 그리움은 본 적 있는 것에게만 찾아드는 감정이기 때문이다. 그래서 어떤 사람은 평생 같은 자리에 서 있으면서도 그것을 불행이라 부르지 않는다. 그것 말고 다른 자리를 본 적이 없으니, 삶이란 본래 그런 모양이라 여긴다.

가장 조용한 가난은, 가난이라는 이름조차 얻지 못한 가난이다.

물려받은 줄 모르는 사람은 물려줄 때도 알지 못한다. 목록은 점검되지 않은 채 다음 손으로 넘어가고, 넘어갈 때마다 조금 더 자연스러워진다. 한 세대를 건너면 그것은 대물림이 아니라 그냥 형편이라 불리고, 또 한 세대를 건너면 형편이 아니라 팔자라 불린다. 이름이 바뀔수록 출처는 멀어진다. 그리고 출처가 완전히 지워졌을 때, 대물림은 비로소 완성된다. 완성된 대물림 위에서는 누구도 대물림을 입에 올리지 않는다.

물려받은 궤도는 마음먹은 밤 하나로 지워지지 않는다. 지우개로 지워질 자국이었다면, 이토록 여러 세대를 건너오지도 못했을 것이다. 오히려 힘주어 밀어낼수록, 그것이 발밑을 지나 몸 안쪽까지 깔려 있다는 사실이 또렷해진다. 그러니 이 페이지가 당신을 단번에 궤도 밖으로 들어 올려 주지는 못한다. 그렇게 해 주겠다는 목소리는, 대개 출구라 적힌 또 하나의 매표소다.

궤도의 정체를 알아챈 첫날에도, 바퀴는 여전히 같은 홈을 따라 굴러간다. 당장 나아진 것을 꼽으라면, 아직은 하나도 없다. 그러나 달라지는 것이 하나 있다. 넘어진 자리에서 눈길이 먼저 가닿는 곳이다. 여태 넘어질 때마다 제 발끝만 내려다보던 사람이, 이제 발밑의 레일을, 그 레일이 누워 있는 기울기를, 기울기를 다져 두고 떠난 손들을 차례로 눈에 담는다. 시선이 한 뼘 옮겨 갔을 뿐인데, 같은 넘어짐이 전혀 다른 문장으로 적힌다.

그러고 나면 떠오르는 물음이 달라진다. 왜 더 빨리 달리지 못했는가라는 물음에서, 이 길은 누가 어느 쪽으로 기울여 두었는가라는 물음으로. 같은 자리에서 던지는 물음인데도, 두 물음이 데려가는 곳은 끝내 같지 않다. 앞의 물음은 사람을 더 깊은 자책으로 데려가고, 뒤의 물음은 처음으로 고개를 들어 바닥을 보게 한다.

보는 일에는 대가가 따른다. 한번 선을 보고 나면, 예전처럼 마음 편히 제 탓만 하며 살기가 어려워진다. 그것은 분명 무거운 일이다. 그러나 무게를 정확히 아는 것과 영문도 모른 채 짓눌리는 것은, 같은 무게라도 짊어지는 방식이 끝내 다르다.

무엇을 할 것인가는 여기서 말하지 않는다. 그것은 처음부터 당신의 몫이었고, 앞으로도 그럴 것이다. 다만 같은 자리에 서 있더라도, 발밑의 선을 한 번 본 눈과 끝내 보지 못한 눈은 다른 곳을 향해 걷는다. 도착이라 믿었던 자리가 실은 건네받은 자리였다는 것을, 처음으로 마주 보는 자리.

그 자리는 누구도 대신 서 줄 수 없는, 오직 당신만이 설 수 있는 자리다. 당신은 지금, 어쩌면 거기에 서 있다.

5장

게임판의 문턱

사회가 묻는다. 규격에 맞게 충분히 깎아냈느냐고.

깎아낼 돈이 부족했다. 절반만 깎인 채로 기회를 달라고 빌었다. 돌아온 대답은 하나였다.

완벽하게 깎아서 다시 오라.

입장료는 먼저 받는다

게임판 앞에 선다. 규칙을 외웠고, 패도 읽었고, 손에는 의욕이 가득하다. 그런데 판으로 들어서는 길목에 작은 창구가 하나 놓여 있다. 입장료를 먼저 치르라는 창구다. 게임은 그 창구를 지난 사람에게만 모습을 드러낸다. 치르지 못한 사람에게 판은 처음부터 존재하지 않았던 것이나 같다. 그는 자신이 게임에서 졌다고 여기지만, 실은 한 번도 게임에 들어서 본 적이 없다.

진 것이 아니라, 시작선 앞에서 돌려보내진 것이다.

그러나 게임에 들어선 사람조차 마음을 놓을 수는 없다. 안쪽에도 또 다른 창구가 줄지어 서 있기 때문이다. 한 문을 넘으면 더 높은 문이 나타나고, 치른 입장료의 크기에 따라 앉을 수 있는 자리가 다시 갈린다. 들어왔다는 안도는 늘 잠깐이다.

입장료는 늘 돈의 얼굴만 하고 있지는 않다. 그것은 한 번 넘어져도 다시 일어설 수 있는 여유의 모습으로, 막힌 길을 대신 물어봐 줄 누군가의 모습으로 찾아오기도 한다. 그 가운데 하나라도 손에 쥐고 선 사람에게는 창구 자체가 보이지 않는다. 그에게 문은 늘 처음부터 열려 있던 것처럼 보이고, 그래서 그는 자신이 문을 연 줄로 안다. 정작 문을 밀어 준 손이 따로 있었다는 것을, 가진 사람은 좀처럼 알아차리지 못한다.

안에 있는 사람은 게임을 할수록 다음 입장료를 벌어들인다. 한 번 들어선 자리에서 얻은 것이 다음 문을 여는 열쇠가 되고, 그 열쇠는 또 그다음 문 앞에서 통행증이 된다. 그렇게 안쪽에서는 문이 문을 낳는다. 바깥에서는 첫 번째 문조차 좀처럼 열리지 않는데도.

그 패턴은 학교 앞에도 똑같이 서 있다. 같은 시험을 치르고 같은 점수를 받아도, 졸업장 위에 어떤 학교의 이름이 찍히느냐는 점수만으로 정해지지 않는다. 그 이름은 실력보다, 그 학교를 고를 수 있었던 형편이 먼저 정해 두는 경우가 많다. 학력이라는 증명서의 무게는 종이에서 나오지 않는다. 그것을 손에 쥐기까지 치를 수 있었던 값에서 나온다. 깎여야 자격을 얻는다 했지만, 깎일 기회에조차 이미 값이 매겨져 있었던 것이다.

어떤 문은 이미 돈이 묶여 있는 사람에게만 열린다. 새로 나온 주식을 배정받으려면 증거금이 먼저 계좌에 잠겨 있어야 하고, 경매장의 문턱을 넘으려면 보증금이 먼저 손을 떠나 있어야 한다. 무언가를 시작하려면 이미 가진 것이 있어야 한다는 규칙, 그것이 입장료의 정체다. 가진 사람의 눈에는 좀처럼 보이지 않고, 갖지 못한 사람의 눈에만 또렷이 솟아오르는 문턱이다. 빈손으로 다가설수록 그 문턱은 키를 키운다.

문턱의 높이는 정해져 있지만, 그것을 넘는 일의 무게는 사람마다 다르다. 발밑에 디딜 것이 아무것도 없는 사람에게는, 한 뼘의 문턱도 좀처럼 넘을 수 없는 절벽이 된다.

그 문턱은 늘 조용히 서 있다. 누구도 큰 소리로 막아서지 않는다. 다만 거기 서 있을 뿐이고, 넘지 못한 사람은 제풀에 돌아선다. 막혔다는 느낌조차 들지 않게, 스스로 물러나도록 설계된 높이다. 그래서 돌아선 사람은 문턱을 탓하는 대신 제 키를 탓한다. 더 높이 뛰지 못한 다리를, 더 일찍 준비하지 못한 게으름을. 문턱은 그 모든 자책을 말없이 받아먹으며, 한 번도 의심의 대상이 되지 않는다.

어떤 사람은 그 창구가 있다는 것조차 모르고 자란다. 부모의 손이 이미 값을 치러 둔 덕분에, 그에게 모든 문은 그냥 밀면 열리는 것이었다. 값이 치러졌다는 사실을 모르므로, 그는 자신의 길이 오롯이 노력의 결과라고만 믿는다.

치르지 못한 사람은 창구 앞에서 조용히 발길을 돌린다. 항의도 없고, 큰 한숨도 없다. 다만 주머니 속에서 폈다 접었다 하던 손이 천천히 빠져나오고, 어깨가 한 뼘쯤 아래로 내려앉는다. 돌아선 등에는 이름 붙이기 어려운 무게가 얹히는데, 그 무게는 좀처럼 말이 되어 나오지 않는다. 한참을 걷다 그는 문득 멈춰 서서, 방금 지나온 창구를 어깨 너머로 한 번 돌아본다. 그러고는 다시, 가던 방향으로 말없이 걸음을 옮긴다. 돌아올지 다른 길을 찾을지는, 그 자신도 아직 알지 못한다.

이 장면이 당신에게 남의 일로만 읽히지 않는다면, 걸음을 되돌리게 한 그 창구는 당신의 삶에도 이미 하나 세워져 있는 것이다. 무엇을 시도하려 했든, 그 앞에는 늘 먼저 치러야 할 값이 놓여 있었다. 의욕만으로는 끝내 넘지 못한 문턱이, 시작도 하기 전에 길을 가로막고 있었다. 가장 먼저 부딪힌 것은 어쩌면 능력의 부족이 아니라, 그 능력을 펼칠 자리에 앉기 위한 값이었을 것이다.

의욕만 들고 창구 앞에 선 사람은, 의욕이 값으로 쳐지지 않는다는 것을 그 앞에서 처음 배운다. 세상은 마음의 크기를 묻지 않는다. 다만 지갑의 두께를 물을 뿐이다.

그 값은 한 번 치르고 끝나는 것도 아니다. 게임 안에 머무는 동안 입장료는 다달이 새로 갱신되고, 치르기를 멈추는 순간 자리는 곧바로 다음 사람에게 넘어간다. 한 번 들어섰다고 해서 영영 머무를 수 있는 자리가 아니다.

싸게 적힌 가격표

시스템은 꿈에 가격표를 붙일 때, 늘 실제보다 작은 숫자를 적어 둔다. 공식 장부에는 이 나라에서 사업 하나를 시작하는 데 드는 평균 비용이 A$34,000이라고 적혀 있다.[1] 숫자만 보면 손에 잡힐 듯 가깝다. 한 해쯤 아껴 모으면 누구나 한번 도전해 볼 만한 값처럼 느껴진다. 그 가벼움이, 사람을 문 앞까지 데려오는 첫 번째 미끼다.

[1] ASIC(호주 증권투자위원회), 소규모 사업체 창업비용 조사 자료, 2018년 (평균 창업 비용 A$34,000), asic.gov.au

숫자는 정직한 얼굴을 하고 있다. 소수점까지 또박또박 적힌 숫자 앞에서 사람은 좀처럼 의심을 품지 못한다. 바로 그 정직한 얼굴이 가장 다루기 좋은 무기다. 숫자가 거짓말을 하는 것이 아니라, 어떤 숫자를 골라 맨 앞에 세우느냐가 이미 한 편의 이야기이기 때문이다.

평균이라는 한 단어는 천 개의 서로 다른 사정을 한 줄로 뭉개 버린다.

그래서 통계는 거짓말을 하지 않으면서도 사람을 속인다. 한 줄의 평균을 믿고 발을 들인 사람만이, 그 한 줄 아래 뭉개져 있던 천 개의 사정이 실은 자신의 청구서였음을 뒤늦게 알아차린다. 숫자를 의심하는 법은 어디서도 가르쳐 주지 않는다. 오히려 숫자를 곧이곧대로 믿는 일이 성실의 증거처럼 대접받는다.

꿈의 가격표를 처음 본 날의 설렘을, 사람들은 오래 기억한다. 그 설렘이 클수록 진짜 청구서 앞에서 느끼는 배신감도 깊다. 그러나 정작 등을 돌린 것은 사람이 아니라, 처음부터 작게 적혀 있던 숫자였다.

낮은 가격표는 희망이라는 다른 이름으로 팔린다. 그러나 누군가의 간절한 희망이 누군가에게는 가장 잘 팔리는 상품이 된다는 사실은, 어느 광고에도 적혀 있지 않다.

그 숫자가 거짓인 것은 아니다. 다만 그 평균 안에는 하루 만에 간판을 내린 법인과, 이름만 걸어 둔 회사와, 노트북 한 대로 시작했다가 소리 없이 사라진 시도들이 함께 섞여 있다. 평균이란 그 모든 것을 한 솥에 넣고 끓여 낸 묽은 국물 같은 것이다. 정작 한 사람이 진짜로 문을 열려 할 때, 청구서는 그 국물과는 전혀 다른 얼굴을 하고 도착한다.

작은 카페 하나의 문을 열어 본 사람은 안다. 안을 꾸미고 설비를 들이는 데만 8만에서 17만 호주달러가 들고, 문을 열기까지 드는 모든 것을 더하면 15만에서 30만 호주달러를 훌쩍 넘긴다는 것을.[2] 공식 장부의 숫자와 손에 쥔 청구서 사이에는, 한 사람의 평생 저축을 부어 넣어도 메워지지 않는 골이 패어 있다. 그 골의 깊이는 장부 어디에도 적히지 않는다.

장부에 적히는 것은 오직 시작한 사람의 수와, 시작에 든 평균 비용뿐이다. 중간에 무너진 사람의 한숨이나, 빚으로 메운 골의 깊이는 어느 칸에도 들어가지 않는다.

기록되는 것과 겪는 것 사이의 거리가, 곧 시스템이 숨겨 둔 진짜 가격표다.

가격표를 낮게 붙여 두는 데에는 이유가 있다. 우선 사람을 문 앞까지 불러들여야 하기 때문이다. 안으로 들어선 뒤에야 진짜 값이 드러나고, 그때는 이미 발을 빼기가 어렵다. 들인 돈과 흘려보낸 시간이 등 뒤에서 떠밀기 때문이다. 낮게 적힌 가격표는 초대장이 아니라, 천천히 닫히는 덫의 입구에 가깝다. 들어설 때는 가볍고, 빠져나오려 할 때 비로소 무거워진다.

[2]ResoDiary, 「Restaurant Startup Costs in Australia」, 2025년, resodiary.com; Access Projects Australia, 「Average Cafe Fit Out Costs」, 2025년, accessprojects.com.au

낮은 가격표를 믿고 들어선 사람은, 진짜 청구서를 받아 든 순간 두 갈래 길 앞에 선다. 빚을 내어 그 골을 메우거나, 절반쯤 지어 올린 꿈을 그 자리에 버려두고 돌아서거나. 어느 쪽을 택하든 처음의 가벼운 마음으로는 돌아가지 못한다. 시스템은 그 두 갈래의 결말을 미리 알고 있었지만, 입구의 가격표에는 끝내 적어 두지 않았다.

A$34,000으로 시작해 백만 달러에 닿은 사람의 이야기가 어딘가에 분명 있을 것이다. 그러나 그것은 같은 건물의 다른 방에서, 다른 규칙으로 벌어진 일이다. 처음부터 모두를 위해 차려진 판이 아니었다. 그 이야기가 자꾸 불려 나와 입구에 내걸리는 까닭은, 그것이 흔해서가 아니라 드물기 때문이다. 드문 일일수록 등불처럼 높이 걸려, 들어서는 이의 눈을 부시게 한다.

꿈에 매겨진 값이 낮을수록, 그 꿈에 손을 뻗는 사람은 늘어난다. 손을 뻗는 사람이 늘수록, 그들이 흘리고 간 돈과 시간도 함께 쌓여 간다. 그리고 누군가는 그 쌓인 것을 조용히 거두어 간다. 싸게 적힌 가격표는, 거두는 쪽에게는 한 번도 손해였던 적이 없다.

싸게 적힌 숫자 앞에서 가장 크게 흔들리는 것은, 잃을 것이 적은 사람이다. 가진 것이 많은 사람은 그 작은 숫자에 굳이 인생을 걸지 않는다. 덫은 늘 가장 절박한 손을 향해 먼저 입을 벌린다. 그리고 그 절박한 손이 끝까지 쥐고 있던 단 하나, 돈이 아니라 시간이라는 그것마저, 실은 오래전부터 누군가의 저울 위에 놓여 있었다.

자본의 가속도

그 저울의 눈금을 읽으려면 겨울 언덕으로 가 보아야 한다. 아이들은 겨울마다 그것을 배운다. 주먹만 한 눈뭉치는 언덕을 두 바퀴 굴려도 좀처럼 커지지 않는다는 것을. 그러나 비탈을 참을성 있게 따라 내려간 눈덩이는 어느 지점부터 제 몸으로 제 몸을 불린다. 마지막 몇 바퀴에서 눈덩이는 아이의 키를 훌쩍 넘어선다. 처음의 두 바퀴와 마지막의 두 바퀴는 같은 두 바퀴가 아니다. 돈의 눈덩이도 같은 곡선을 탄다. 굴리기 시작한 처음 10년, 15년 동안에는 굴려도 좀처럼 티가 나지 않는다. 원금 곁에 붙는 이자는 얌전하고, 통장의 그래프는 거의 자를 대고 그은 직선처럼 군다. 여기까지만 보고 돌아선 사람은 복리라는 말을 과장이라 여긴다. 그런데 20년 언저리에서 이상한 일이 일어난다. 어느 해부터, 이자가 낳은 이자가 원금이 낸 몫을 앞지르기 시작하는 것이다. 눈덩이가 제 몸으로 제 몸을 불리기 시작하는 지점이다.

그 곡선의 장부를 끝까지 펼쳐 보면 비율은 더 기이해진다. 40년을 굴린 자산의 60퍼센트가 넘는 몫이, 마지막 10년에 와서야 몸에 붙는다. 앞의 30년은 본 게임이 아니라 준비 운동이었던 셈이다. 여기에는 어떤 음모도 조작도 없다. 곱하기가 원래 그렇게 생겼다. 수학적으로 도출되는 구조일 뿐이고, 수학은 누구의 편도 아니라는 얼굴로 언제나 같은 쪽에 유리하게 굴러간다.

노동의 시간은 더하기로 는다. 오늘 번 것 위에 내일 번 것이 얹히고, 한 달을 쉬면 정확히 한 달치가 빈다. 더하기의 세계는 정직하고, 정직한 만큼 느리다. 자본의 시간은 곱하기로 는다. 어제 불어난 것이 오늘 불어날 몸집이 되고, 몸집이 커질수록 같은 하루가 더 큰 하루가 된다. 두 세계의 시계는 같은 자정을 넘기지만, 자정을 넘긴 다음 날의 크기가 다르다.

더하기로 사는 사람은 곱하기의 곡선을 좀처럼 상상하지 못한다. 제 통장이 한 번도 그 곡선을 그려 본 적이 없기 때문이다. 상상하지 못하는 것을 사람은 믿지 않고, 믿지 않는 것에는 시간을 걸지 않는다. 그래서 곡선의 존재를 모르는 채로 열심히 더하기만 하다가, 어느 날 소문처럼 그 곡선을 만난다.

곡선의 연료는 수익률이 아니라 시간이다. 같은 씨앗이라도 일찍 심은 손이 이긴다. 그런데 시간을 팔아 하루를 사는 사람은, 심을 씨앗을 겨우 마련할 무렵이면 비탈의 절반을 이미 내려와 있다. 남은 비탈이 짧은 눈덩이는 끝내 몸을 불리지 못한다. 늦게 심는 사람에게 곡선은 평생 직선의 얼굴만 보여 주고, 그는 곡선이 거짓말이었다고 믿으며 산을 내려간다.

이를테면 오랜만의 동창회 자리 같은 곳에서다. 스무 해 전에는 비슷한 형편으로 보이던 얼굴들 사이에, 이제는 설명되지 않는 간격이 벌어져 있다. 그 간격은 하루아침에 벌어진 것이 아니다. 벌어지는 소리가 나지 않았을 뿐이다. 곡선의 앞부분에서는 두 선이 거의 겹쳐 보인다. 뒷부분에 들어서야 두 선은 서로 다른 하늘을 향해 꺾인다. 격차가 갑자기 나타난 것이 아니라, 처음부터 그 곡선 위에 있었던 것이다.

이 곡선에서 가장 차가운 대목은 따로 있다. 곱하기는 씨앗이 있어야 시작된다는 것. 0에는 무엇을 곱해도 0이다. 눈덩이를 굴리려면 첫 눈뭉치가 손안에 있어야 하고, 그 첫 뭉치를 쥐지 못한 손은 아무리 긴 비탈 앞에 서 있어도 굴릴 것이 없다.

비탈은 공평하게 놓여 있다. 굴릴 것을 쥐고 태어나는가만 공평하지 않다.

눈은 해마다 내린다. 기회가 없지 않았다고 말하는 목소리들은 대부분 그 눈을 가리킨다. 맞는 말이다. 눈은 모두의 어깨에 내렸다. 다만 어깨에 쌓인 눈은 뭉쳐질 새 없이 하루치 삯과 바꾸어야 했고, 그렇게 손바닥에서 녹아 없어진 눈은 어느 통계에도 눈으로 기록되지 않는다.

그리고 씨앗의 쓸모는 속도에서 끝나지 않는다. 씨앗을 쥔 손에게는 또 하나의 문이 열린다. 남들이 사지 못하는 것을 살 수 있게 되는 것이다. 그 상품의 이름은 뜻밖에도, 위험이다.

위험을 살 수 없는 사람들

잃어도 되는 돈이라는 말이 있다. 그 말을 처음 들은 사람은 고개를 갸웃한다. 세상에 잃어도 되는 돈이 있다니. 한 달을 벌어 한 달을 사는 살림에서 그 말은 외국어처럼 들린다. 그러나 그 외국어를 모국어처럼 쓰는 사람들이 있고, 시장의 안쪽은 그 언어로 돌아간다.

수익은 위험의 값이라고 교과서는 가르친다. 더 큰 흔들림을 견디는 사람에게 더 큰 몫이 돌아간다는 것이다. 문장은 공평하게 들린다. 그러나 견딘다는 동사에는 밑천이 든다. 동전의 앞면이 나오면 갑절이 되고 뒷면이 나오면 사라지는 판이 있다고 하자. 확률은 모두에게 같다. 다만 잃은 다음 날 아침에도 밥상이 차려지는 사람만이 그 동전을 던질 수 있다. 던질 수 있는 사람에게 위험은 기회의 다른 이름이고, 던질 수 없는 사람에게 위험은 그냥 위험이다. 같은 단어가 주머니의 두께에 따라 다른 뜻으로 번역된다.

번역의 차이는 태도의 차이로 오해된다. 도전 정신이 있다느니 없다느니, 그릇이 크다느니 작다느니. 그러나 벼랑 끝에서 주춤하는 발과 그물 위에서 구르는 발을 같은 저울에 다는 것은 공정한 셈이 아니다.

대담함은 성격이기 이전에 형편이다. 형편이 성격의 이름을 달고 칭찬받는 동안, 조심스러움은 형편의 이름을 잃고 소심함으로 불린다.

위험을 사지 못하는 사람은 대신 안전을 산다. 원금이 보장된다는 말, 확정된 이율이라는 말. 안전은 언제나 살 수 있게 진열되어 있고 값도 싸 보인다. 다만 그 값은 보이지 않는 자리에서 치러진다. 낮은 수익이라는 이름으로, 물가를 따라잡지 못하는 이자라는 이름으로. 위험을 피한 돈은 안전하게, 아주 안전하게 뒤처진다. 흔들리지 않는 대신 자라지도 않는 돈을 쥐고, 그 손은 성실히 가난 쪽으로 밀려난다.

위험을 나누는 것도 가진 자의 기술이다. 달걀을 한 바구니에 담지 말라는 격언은, 달걀이 여럿인 사람에게만 쓸모가 있다. 달걀이 하나뿐인 손은 나눌 것이 없다. 그 하나를 쥐고 바구니들 앞에서 오래 망설이다가, 결국 가장 안전해 보이는 자리에 내려놓는다. 그 자리가 정말 안전했는지는 언제나 나중에야, 대개는 너무 늦게 밝혀진다.

보험이라는 물건도 같은 결을 갖는다. 만약을 대비하는 값은, 만약이 닥쳐도 버틸 수 있는 사람에게는 선택이지만 만약이 곧 무너짐인 사람에게는 필수다. 그런데 그 필수의 값이 벌이에서 차지하는 무게는 아래로 갈수록 무거워진다. 위험은 아래쪽에 더 자주 닥치고, 위험을 막는 값은 아래쪽에서 더 크게 느껴지고, 그래서 정작 아래쪽이 가장 자주 무방비로 서 있다.

그리고 위험의 진열대 가장 안쪽에는, 바깥에서는 아예 보이지 않는 매대가 따로 마련되어 있다.

같은 시장이라는 한 이름 아래에서도, 게임은 여러 개의 방으로 나뉘어 돌아간다. 당신이 호가창을 들여다보며 매수 버튼 위에서 손가락을 망설이는 동안, 어떤 거래는 이미 다른 방에서 끝나 있다. 다크풀(Dark Pool, 기관투자자들만 드나드는 비공개 거래소)이라 불리는 그 방의 문은 바깥에서는 보이지 않는다. 미국 주식 거래의 약 40퍼센트가 그 보이지 않는 방에서 이루어진다.[3] 호가창 앞에 선 사람은 자신이 시장의 전부를 보고 있다고 믿지만, 실은 절반쯤

[3]U.S. Securities and Exchange Commission(SEC), 「Equity Market Structure Data」, 2024년, sec.gov; FINRA, 「ATS Transparency Data」, 2024년, finra.org/ats-transparency

드리운 커튼 앞에 서 있는 셈이다. 그 커튼은 불법이 아니다. 규칙 안에 마련된 방이고, 그 방이 있다는 사실은 어딘가의 서류에 분명히 적혀 있다. 다만 그 서류를 읽을 일도, 그 방에 들어설 일도 대부분의 사람에게는 평생 오지 않는다. 합법적으로 마련된 어둠. 그것이 가장 다루기 어려운 종류의 어둠이다. 빛 한 줄기 새어 들지 않는데도, 누구도 그것을 그늘이라 부르지 못하기 때문이다.

그들의 리그는 그들만을 위해 돌아간다. 나머지 사람들은 그 리그의 바깥에서, 그 리그를 향해 시간을 팔며 살아간다. 커튼 안쪽의 환호는 가끔 바깥까지 새어 나오지만, 그 환호가 어떤 규칙 위에서 터지는지는 끝내 바깥에 전해지지 않는다. 보이지 않는 방이 있다는 사실조차 모른 채, 사람들은 눈앞의 창 하나를 세상의 전부로 안다. 전부라고 믿는 그 창이, 실은 보여 주기 위해 골라 낸 한 조각일 뿐이라는 것을 모른 채로.

리그 안쪽의 게임이 돌아가려면, 바깥에서 시간을 파는 손이 끊임없이 필요하다. 커튼 안의 환호는 커튼 밖의 노동을 연료 삼아 타오른다. 그러나 연료는 좀처럼 자신이 무엇을 태우고 있는지 보지 못한다. 그 불빛이 끝내 누구의 얼굴을 비추는지도.

그들만의 방이 있다는 것을 끝내 모르는 사람은, 제 패가 나빠서 졌다고만 믿는다. 보이지 않는 방의 존재를 모르는 한, 패배는 언제나 고스란히 자신의 탓으로만 돌아온다. 의심은 늘 안으로만 향하고, 방은 그 바깥에서 묵묵히 돌아간다.

당신이 여태 진 판들을 떠올려 본다. 정말 패가 나빴던 판도 있었을 것이다. 그러나 그 가운데 몇 판은, 실은 판이 열리기도 전에 끝나 있었다. 입장료 앞에서 한 번, 싸게 적힌 가격표 앞에서 한 번, 곡선의 출발점에서 또 한 번, 그리고 보이지 않는 방 앞에서 다시 한 번. 게임판의 문턱은 하나가 아니었다.

문턱들은 앞으로도 거기 있을 것이다. 다만 보이는 문턱과 보이지 않는 문턱은 같은 문턱이 아니다. 보이지 않는 동안 그것은 당신의 키를 재는 자였고, 보이는 순간부터는 그저 넘거나 돌아갈 지형이 된다.

그러니 마지막으로 남는 물음은 이것이다. 지금 당신 앞에 놓인 판은, 정말 열려 있는 판인가?

6장

정보의 입장료

낯선 도시에 내린 사람은 두 번 가난해진다. 주머니가 가볍다는 것이 첫 번째고, 어디로 가야 하는지 모른다는 것이 두 번째다. 같은 값의 방도 그는 더 비싸게 잡고, 같은 거리도 더 멀리 돌아 걷는다. 바가지는 언제나 지리에 어두운 얼굴부터 알아본다.

그 도시에서 쓸 만한 지도는 관광 안내소에서 공짜로 나눠 주지 않는다. 골목의 지름길, 제값을 받는 가게, 해가 지면 피해야 할 길목. 그런 것들은 오래 산 사람의 머릿속에만 있고, 머릿속의 지도는 아무에게나 펼쳐지지 않는다. 펼쳐 보이는 데에는 값이 있거나, 최소한 아는 사람이라는 자격이 있어야 한다.

이 도시의 이상한 점은 지도를 못 가진 사람일수록 더 많이 걸어야 한다는 것이다. 걷는 데 드는 것은 시간이고, 시간은 그가 가진 거의 전부다. 그래서 지도의 값은 결국 시간의 값으로 치러진다. 가장 가난한 지갑에서, 가장 비싼 화폐로.

안내소가 없는 것은 아니다. 도시 곳곳에 친절한 표지판이 서 있고, 무료라는 글자가 큼직하게 붙어 있다. 다만 표지판들이 가리키는 방향이 저마다 다르고, 그 가운데 어느 것이 길인지 가려내는 일이 다시 처음의 문제로 돌아온다. 공짜 표지판이 많은 도시일수록, 진짜 지도의 값은 오히려 오른다.

돈의 세계도 낯선 도시다. 문턱을 넘을 값을 겨우 마련한 사람 앞에, 이번에는 값이 매겨진 지도가 놓인다. 지도가 값을 갖는 세계에서는 시간마저 같은 시간이 아니다.

당신의 하루는 지금, 누구의 지도 위를 걷고 있는가?

시간의 불균등 분배

시간에도 가격표가 붙는다. 그런데 같은 한 시간인데도 그 값이 한결같지 않다.

자본을 쥔 사람의 시간은 그가 잠든 사이에도 흐른다. 그가 가진 것들이 밤새 대신 일하고, 아침이면 어제보다 조금 불어난 숫자가 그를 맞이한다. 그의 시간은 그가 쉬는 동안에도 멈추지 않는 시계 위에 놓여 있다. 손을 놓고 있어도 시간이 그를 위해 일하는 구조다. 그에게 휴식은 손해가 아니라, 또 다른 방식의 노동이다.

시간을 파는 일에는 묘한 셈법이 숨어 있다. 더 많이 팔수록 손에 쥐는 돈은 늘지만, 정작 제 것으로 남는 시간은 줄어든다. 한 번 판 시간은 다시 사 올 수 없고, 그렇게 한 사람의 생애는 조금씩 남의 일정표로 채워진다. 통장은 두꺼워질지 몰라도, 달력은 점점 비어 간다.

시간을 오래 팔아 온 몸은 값이 매겨지지 않은 시간을 낯설어한다. 누구도 사지 않는 한 시간이 통째로 주어지면, 그 시간을 어떻게 써야 할지 손이 먼저 머뭇거린다. 팔리지 않는 시간은 텅 빈 것처럼, 심지어 처음부터 없던 것처럼 느껴진다. 값으로 환산되지 않으면 흐르는 시간조차 좀처럼 실감이 나지 않는 것이다. 구조는 그렇게 한 사람의 몸에, 모든 시간에는 가격표가 붙어 있어야 한다는 감각을 소리 없이 새겨 둔다.

자본이 없는 사람의 시간은 다른 이가 값을 매긴다. 고용주가 책정한 한 시간의 값이 그의 하루를 셈하고, 그 값은 좀처럼 그의 뜻대로 오르지 않는다. 그는 시간을 팔아 돈을 사지만, 잠들면 그 흐름도 함께 멎는다. 멎은 시간 위에서는 아무것도 불어나지 않는다. 그래서 그는 더 오래 깨어 있으려 애쓰지만, 하루의 길이는 누구를 위해서도 늘어나지 않는다. 더 팔기 위해 줄인 잠이, 다음 날의 시간을 미리 갉아먹는다.

그래서 시간을 파는 사람에게 휴식은 늘 빚처럼 느껴진다. 쉬는 순간에도 시계는 돌아가는데, 그 시계는 그를 위해 도는 것이 아니기 때문이다. 마음 놓고 쉬는 법을 배운 적 없는 몸은, 누워서도 어딘가에 쫓긴다.

자본을 쥔 사람 곁에 앉아 같은 커피를 마셔도, 시간을 파는 사람의 한 시간은 자리에서 일어서는 순간 커피 한 잔 값만큼 가벼워져 있을 뿐이다. 같은 자리에서 흘려보낸 같은 한 시간인데도, 그 끝에 손에 남는 것이 같지 않다.

잠든 사이에도 도는 시계를 가져 본 적 없는 사람은, 깨어 있는 매 순간을 모두 팔아도 그 회전을 끝내 따라잡지 못한다.

더 부지런하지 못해서가 아니다. 처음부터 손에 쥔 시계가 다른 종류였을 뿐이다.

그렇게 시간을 팔며 사는 사람은 늘 누군가의 부름을 기다린다. 필요할 때 불려 나가고, 필요가 사라지면 조용히 자리에서 밀려난다. 하루도 제 결정대로 살아 본 적 없이, 그저 오늘 하루가 무사히 지나가기만을 바라며 잠든다. 무사하다는 것이 가장 큰 소망이 되는 삶. 그 소망의 크기가, 그가 선 자리의 높이를 말없이 일러 준다. 제 시간의 주인은 무사를 빌지 않는다. 무사를 비는 것은 늘 빌려 쓰는 쪽이다.

무사를 비는 그 자리에서는 좀처럼 보이지 않지만, 잠든 사이에도 시계가 도는 쪽은 전혀 다른 곳을 들여다보고 있다. 그들이 드나드는 시장은, 시간을 파는 사람의 눈이 끝내 닿지 않는 자리에 따로 마련되어 있다.

하루가 모두에게 24시간이라는 말은 그래서 절반만 참이다. 길이는 공평하게 잘렸지만, 성질까지 공평하게 나뉜 것은 아니다. 그 차이는 자정이 되어도 몸을 드러내지 않아서, 사람들은 서로의 하루를 여전히 같은 하루라고 부른다.

밤에도 불이 꺼지지 않는 것은 상가의 간판만이 아니다. 시장은 사람이 잠든 시간에 지구 반대편에서 열리고, 값은 새벽에도 갱신된다. 잠들지 않는 세계를 잠들어야 하는 몸으로 산다는 것. 그 시차는 아침마다 조금씩 값으로 환산되어 있고, 그 값을 누가 치렀는지는 어디에도 적히지 않는다.

시간이 많고 적음의 문제였다면 차라리 셈이 쉬웠을 것이다. 문제는 시간의 용도가 미리 정해져 있다는 데 있다. 팔기로 예약된 시간에는 다른 것이 심어지지 않는다. 배움도, 셈 연습도, 지도를 읽는 눈도, 팔고 남은 자투리 시간에만 겨우 자리를 얻는다. 자투리에 심은 것은 자투리만큼 자란다.

그 자투리마저 온전히 제 것이 아니다. 피로가 먼저 세 들어 살기 때문이다. 하루를 팔고 돌아온 몸은 책장을 펴기 전에 눈이 감기고, 셈을 시작하기 전에 손이 무거워진다.

배우면 된다는 말은 참이다. 다만 배울 시간이 남아 있는 삶과, 배울 기운까지 남아 있는 삶은 또 다른 이야기다.

전문 정보의 가격

상담실의 탁자는 넓고 조용하다. 벽에는 자격을 증명하는 액자들이 유리 안에서 반짝이고, 탁자 위의 찻잔에서는 김이 오른다. 그 방에서 오가는 것은 조언이라 불린다. 그러나 문을 나설 때 청구서가 따라 나온다는 점에서, 그것은 정확히 상품이다. 지도를 펼쳐 보여 주는 값이다. 조언은 눈에 보이지 않아서 값을 의심받지 않는다. 의자와 탁자가 전부인 방에서, 한 시간의 값이 하루를 판 값을 넘어선다. 사 본 사람만이 그 값의 쓸모를 알고, 사 보지 못한 사람은 그 값이 아깝다고 말한다. 아깝다는 말은 대부분, 겪어 보지 못한 것에 붙이는 가격표다.

그 방의 손님들은 대체로 서두르지 않는다. 궁금한 것을 다 물을 때까지 앉아 있고, 이해되지 않으면 두 번 묻는다. 쫓기지 않는 질문이 좋은 대답을 얻는다는 것은 어느 상담실에서나 통하는 법칙이다. 그러니 여기서도 시간이 다시 등장한다. 좋은 조언을 사는 데에는 돈만이 아니라, 그 조언을 앉아서 소화할 시간까지 든다.

그 상품의 시세를 해마다 집계하는 조사가 있다.[1] 전문 재무 조언 한 해치의 평균값은 A$4,668. 5년 전보다 67퍼센트 올랐다. 같은 5년 동안 물가가 20.5퍼센트 오르는 사이의 일이다. 빵과 기름과 방세가 오르는 속도의 3배가 넘는 속도로, 길을 알려 주는 값이 올랐다.

빵값이 오르면 거리가 시끄러워진다. 조언의 값이 올랐다는 소식에는 아무도 목소리를 높이지 않는다. 애초에 그것을 장바구니에 담아 본 적 없는 사람에게 그 인상은 남의 나라 물가다. 그렇게 조용한 인상일수록 오래가고, 오래갈수록 한 방향으로만 문을 좁힌다. 소리 나지 않는 값은 저항도 받지 않는다.

값이 올라도 손님이 줄지 않는 장사가 있다. 줄어드는 대신 골라진다. 문 앞의 가격표가 문지기 노릇을 대신하는 것이다. 비싸진 조언은 더 두꺼운 주머니 앞에 앉고, 조언하는 쪽의 시간은 자연스럽게 큰 돈 곁으로 옮겨 간다. 아무도 내쫓지 않았는데 대기실의 얼굴들이 바뀐다.

---

[1] Adviser Ratings, 「Australian Financial Advice Landscape 2025」, Professional Planner 보도 인용, 2025년 8월 (전문 재무 자문 연평균 수수료 A$4,668, 5년간 67% 상승, 동기간 물가상승률 20.5%; 자문 수취 인구 비율 10.4%로 4년째 정체; 65세 이상 359만 명·55~64세 256만 명 무자문)

값이 오르는 데에는 사정이 있다고들 한다. 규제가 늘었고, 서류가 두꺼워졌고, 자격의 문턱이 높아졌다고. 전부 사실일 것이다. 다만 좋은 뜻으로 쌓은 벽돌도 쌓이면 벽이 되고, 벽이 생기면 넘는 값이 생긴다. 사정이 무엇이었든 값을 치르는 자리는 언제나 같은 자리다.

조언의 산수도 주머니를 가려 받는다. 큰돈을 굴리는 사람에게 좋은 조언은 제 값의 몇 곱을 돌려준다. 세금 하나를 줄이고 시점 하나를 옮기는 것만으로 조언료는 몇 번이고 회수된다. 반면 쥔 것이 얇은 사람에게 같은 조언은 조언료보다 싸게 끝난다. 줄여 줄 세금도, 옮겨 줄 목돈도 마땅치 않기 때문이다. 그래서 정보는 저절로 위쪽으로 흐른다.

물은 아래로 흐른다지만, 지도는 언제나 위로 흐른다.

지식은 만인의 것이라고 배웠다. 도서관은 무료이고 검색창은 밤새 열려 있다. 그러나 아는 것과, 제 사정에 맞게 아는 것은 다른 물건이다. 값이 붙는 쪽은 언제나 뒤엣것이고, 지금 그 값은 물가보다 3배 넘게 빠르게 뛰는 중이다. 앎이 사치가 되어 가는 속도를, 그 값이 정직하게 기록하고 있는 셈이다.

게다가 이 상품에는 진열대가 없다. 지나는 길에 들를 수 있는 가게가 아니어서, 필요하다는 자각 자체가 이미 하나의 정보다. 조언을 사야 할 때가 왔다는 것을 아는 일부터가, 조언을 받아 본 사람들의 세계 안에서만 회람되는 앎이다. 문 안의 사람들이 문 안에서만 문의 위치를 주고받는다.

그래서 이 시장의 광고는 이상하리만치 얌전하다. 빵집은 냄새로 손님을 부르고 옷가게는 진열창으로 부르지만, 조언의 가게는 부르지 않아도 올 사람만 기다린다. 와야 할 사람이 오지 않는 것은 가게의 손해가 아니기 때문이다. 그 손해는 오지 않은 사람의 장부에만, 그것도 몇십 년 뒤에야 적힌다.

그렇다면 그 값을 치르지 못하는 사람들은 어디서 길을 묻는가?

조언이 닿지 않는 곳

조사의 다른 페이지에는 더 조용한 숫자가 앉아 있다.[1] 전문 조언을 받는 사람은 10명 가운데 1명꼴, 10.4퍼센트. 이 비율은 4년째 제자리다. 값이 67퍼센트 오르는 동안 문을 통과한 사람의 수는 단 한 걸음도 늘지 않았다. 문이 좁아진 것이 아니라, 문이 높아진 것이다.

4년 동안 움직이지 않은 숫자는 날씨가 아니라 지형이다. 경기가 좋아져도 늘지 않고 나빠져도 줄지 않는 비율이라면, 그것은 바람이 아니라 땅의 생김새가 정해 둔 값이다.

지형은 스스로 바뀌지 않는다. 그 위를 걷는 발들이 아무리 부지런해도.

높아진 문 아래로 값을 낮춘 장사들이 생겨나기도 한다. 자동으로 묻고 답하는 화면, 몇 번의 누름으로 나오는 처방. 없는 것보다 낫다는 말은 참이다. 다만 기성복이 모든 몸에 맞지는 않아서, 남들과 가장 다른 사정을 가진 사람일수록 기성의 대답은 그 몸에서 가장 많이 뜬다. 맞춤의 값을 낼 수 없는 사람이 실은 가장 맞춤이 필요한 사람이라는 역설이, 여기서도 되풀이된다.

문 바깥의 얼굴들을 조사는 나이로도 세어 둔다. 65세를 넘긴 359만 명, 그 뒤를 따르는 55세에서 64세 사이의 256만 명. 은퇴라는 가장 크고 되돌릴 수 없는 셈을 앞둔 사람들 대부분이, 지도 없이 그 구간을 걷는다. 평생 모은 것을 어디에 두어야 하는지, 언제 꺼내 써야 하는지, 무엇을 먼저 정리해야 하는지. 물을 곳이 없는 채로.

예순을 넘긴 손이 통장 몇 개를 앞에 놓고 앉아 있는 저녁이 있다. 어느 것을 먼저 헐어야 하는지, 연금은 언제 신청해야 덜 깎이는지, 집은 지금 줄여야 하는지. 질문은 또렷한데 물을 사람이 없다. 자식에게 묻자니 자식도 모르고, 은행에 묻자니 안내 데스크 너머의 친절은 대답 대신 제 상품부터 꺼내 놓는다. 그 친절이 조언이 아니라 판매라는 것을 어렴풋이 느끼면서도, 달리 기댈 데가 없어 그는 고개를 끄덕인다.

젊은 날의 실수는 시간이 도로 벌어 준다. 예순의 실수는 갚아 줄 시간이 남아 있지 않다. 조언이 가장 비싼 값을 하는 계절이 바로 그 계절인데, 조언은 그 계절에 가장 멀리 있다. 우산 장수의 오래된 역설이 여기서도 되풀이된다.

비를 가장 많이 맞는 사람이 우산을 사지 못하고, 우산은 비를 피할 처마가 있는 사람의 손에 먼저 들린다.

우산을 팔지 않는 것이 아니다. 우산 가게는 어디에나 있고 문도 열려 있다. 다만 비를 가장 많이 맞는 길과 우산 가게가 선 거리가 서로 멀 뿐이다. 젖은 사람은 가게까지 갈 여비 대신 오늘의 비를 그냥 견디고, 견딘 만큼 몸이 상하고, 상한 몸으로는 더 먼 길을 가지 못한다.

물을 곳이 없는 사람도 묻기는 묻는다. 검색창에 묻고, 동영상에 묻고, 옆자리의 소문에 묻는다. 공짜 대답은 바다처럼 넘친다. 다만 공짜로 도착하는 조언에는 대부분 발신인의 사정이 실려 있다. 누군가의 광고이거나, 누군가의 수수료이거나, 누군가의 후회를 뒤늦게 옮겨 적은 것이거나. 값을 치르지 않은 지도에는 길을 알려 주는 선과 길을 팔려는 선이 같은 색으로 그려져 있고, 그 둘을 가려내는 눈이야말로 가장 비싼 값에 팔리는 물건이다.

그 지도를 따라가다 길을 잘못 든 사람은 제 어리석음을 탓한다. 몰랐던 것은 죄가 아닌데, 청구서는 죄처럼 도착한다. 그리고 그는 조언의 값을 탓하는 대신 제 판단을 탓한다. 조언에 값이 있다는 것, 그 값을 치른 사람들은 다른 지도를 들고 걷는다는 것을 끝내 모르는 채로.

조언 없이 내린 결정들의 값은 어느 통계에도 잡히지 않는다. 너무 일찍 헐어 버린 연금, 너무 오래 쥐고 있던 집, 소문만 믿고 옮긴 목돈. 그 손실에는 영수증이 없다. 영수증이 없는 손실은 셈해지지 않고, 셈해지지 않는 것은 끝내 문제라고 불리지도 않는다. 그렇게 지도 없는 걸음들의 값은, 걸은 사람의 몫으로만 조각조각 흩어져 남는다.

그 흩어진 값들을 전부 모으면 얼마가 될까? 아무도 세어 본 적 없고, 셀 방법도 마땅치 않다. 확실한 것은 하나다. 지도의 값이 오르는 동안 지도 없이 걸은 값도 함께 오르고 있었다는 것. 그리고 그 두 값이 끝내 같은 주머니에서 나가지는 않는다는 것.

그런데 이보다 더 쓰린 자리가 있다. 몰라서 닿지 못하는 자리가 아니라, 알면서도 들어가지 못하는 자리다.

유리창 이쪽

방법을 몰라서 못 가는 것이 아니다. 알기 때문에 더 아프다.

쇼윈도우 앞에 멈춰 선 사람을 떠올려 본다. 유리 너머의 것이 무엇인지, 그것이 얼마나 좋은지 그는 정확히 안다. 알아볼수록 발걸음은 그 앞에서 더 오래 머문다. 손을 뻗으면 닿을 듯한 거리에 유리 한 장이 서 있고, 그 얇은 한 장은 좀처럼 깨지지 않는다. 모르고 지나치는 걸음보다, 알고도 돌아서는 등이 늘 더 무겁다.

유리는 막기 위해서가 아니라 보여 주기 위해 거기 서 있다. 벽이었다면 진작 단념하게 두었을 것을, 유리는 굳이 안의 모든 것을 환히 비춰 보인다. 그러면서도 손끝 하나는 끝내 들이지 못하게 한다. 유리가 투명한 것은 친절해서가 아니다. 닿지 못하는 거리를 가장 또렷이 비출 때, 갈망은 가장 오래 가장 뜨겁게 타오르기 때문이다. 유리는 그 갈망을 연료 삼아 더 맑게 빛난다. 이쪽에 선 사람이 오래 바라볼수록, 유리는 제 할 일을 더 잘 해낸 셈이 된다.

한번 시스템의 단맛을 본 몸은 그 맛을 쉽게 잊지 못한다. 그래서 내쳐진 뒤에도 사람은 그 문 앞을 자꾸 서성인다. 들어가는 법을 알기 때문에, 들어갈 수 없다는 사실이 더 또렷해진다. 모르는 편이 차라리 편했을 거리가, 거기 있다.

그러나 그 문 앞을 떠나지 못하는 진짜 이유는 유리 너머의 물건이 아닐지도 모른다. 그 안에 속해 있던 시절의 자신이 그립기 때문이다.

유리창에 비치는 것은 상품이 아니라, 한때 그 안에 있던 제 모습이다.

유리는 정보의 세계에도 똑같이 서 있다. 무엇이 좋은지, 어디로 가야 하는지, 어떤 길이 빠른지는 이제 비밀이 아니다. 화면을 켜면 안쪽의 풍경이 환히 들여다보인다. 다만 들여다보이는 것과 들어가는 것 사이에, 값이라는 유리 한 장이 여전히 서 있다. 투명해서 더 완강한 그 한 장이.

정보의 유리 앞에 서 본 사람은 그래서 이중으로 지친다. 몰라서 놓친 것은 배우면 되지만, 알면서 못 잡은 것은 배움으로도 메워지지 않는다. 화면을 끄고 자리에서 일어날 때, 그의 머릿속 지도에는 길이 하나 더 그려져 있다. 갈 수 있는 길이 아니라, 갈 수 없다는 것을 이제 확실히 아는 길이. 그런 길이 늘어날수록 지도는 정교해지고, 정교해진 지도는 이상하게도 점점 더 무거워진다. 펼칠 때마다 못 가 본 길들이 먼저 눈에 들어오기 때문이다.

유리 이쪽에는 안에서는 결코 알 수 없는 것들이 있다. 입김이 닿아 뿌옇게 흐려지는 유리의 차가움, 오래 서 있던 발밑에서 천천히 올라오는 한기, 안에서 새어 나오는 온기를 오직 등으로만 가늠하는 감각. 안으로 들어간 사람은 그 온기의 주인이 되는 대신, 바깥의 추위가 어떤 것이었는지를 머지않아 잊는다. 그래서 유리 이쪽의 풍경은, 이쪽에 서 본 사람만이 안다. 그 풍경을 다 본 사람은 외투 깃을 한 번 여미고, 유리에서 한 발 물러선다. 등 뒤로 도시의 찬 공기가 밀려들고, 안에서 새어 나오던 따뜻한 빛은 그만큼 더 멀어진다.

시스템 안에 머무는 동안 당연하게 누리던 것들이 있다. 매달 나가는 월세, 잘게 쪼갠 할부, 소리 없이 빠져나가는 구독료, 만약을 위해 들어 둔 보험. 그 안에 있을 때 그것들은 삶을 떠받치는 받침대처럼 보였다. 그러나 시스템이 한 사람을 손에서 놓아 버리는 순간, 받침대들은 일제히 방향을 돌려 창과 칼이 된다. 어제까지 그를 지켜 주던 것들이, 오늘은 그의 목을 겨눈다.

내쳐진다는 것은 그런 것이다. 누리던 모든 것이 한꺼번에 청구서로 얼굴을 바꾸는 일. 어제의 안락이 오늘의 빚으로 돌아서는 일. 그 전환은 요란하지 않다. 통장에서 빠져나가는 숫자는 어제와 똑같은 날짜에, 똑같은 액수로 찍힌다. 달라진 것은 그것을 메울 손이 사라졌다는 사실 하나뿐이다. 구조는 그대로인데, 그 안에 선 사람만 발밑이 꺼진다.

무너지는 것은 한순간이지만, 거기까지 쌓아 올리는 데에는 평생이 걸렸다. 시스템은 그 비대칭을 잘 알고 있다. 천천히 받아 두었다가, 단숨에 거두어 간다.

게임판은 여전히 저기 있다. 입장료를 치른 사람들의 환호가 유리 너머에서 희미하게 들려온다.

유리 이쪽에서 보낸 시간은 어디에도 기록되지 않는다. 들어가 보려 애쓴 밤들, 입장료를 마련하려 거른 끼니들, 끝내 닫힌 문 앞에서 돌아선 걸음들. 그 모든 것은 통계의 평균 속에 시도했다 사라진 한 줄로만 남는다. 그 한 줄에는 무게가 적히지 않는다. 그러나 그 한 줄의 진짜 무게를 아는 것은, 끝내 그것을 제 몸으로 살아 낸 사람뿐이다. 당신은 그 소리를 들으며 다시 창구 앞에 선다. 그리고 조용히 묻게 된다.

이 입장료는 정말 당신이 치를 줄 몰라 못 낸 것일까? 아니면 처음부터 당신에게는 보여 줄 생각조차 없던 값이었을까?

7장

소유가 만든 노예 증서

유리를 통과한 사람들의 손에는 열쇠가 없었다. 손바닥을 다 덮는 종이 한 장이 거기 쥐어져 있을 뿐이었다. 작은 글씨가 빼곡한 그 종이의 맨 아래, 점선 위에는 제 이름이 또렷이 적혀 있다. 잉크는 아직 마르지 않았고, 그 위로 형광등 불빛이 차갑게 미끄러진다. 누가 등을 떠민 것도 아닌데, 펜을 쥔 손은 조금의 망설임도 없이 점선을 따라 움직였다.

그 손은 방금 무엇을 손에 넣은 것일까? 안쪽의 따뜻한 빛 속으로 걸어 들어간 그는, 정말 풀려난 것일까? 빛은 분명 따뜻한데, 그 빛이 닿는 등 뒤로는 여태 본 적 없는 그림자가 제 키만큼 길게 늘어선다. 안으로 한 걸음 들어설 때마다, 그림자도 꼭 그만큼 따라 들어온다. 마르지 않은 잉크 아래에는, 자유가 아니라 다른 글자가 천천히 번지고 있다.

짐승의 땅과 사람의 종이

늑대는 밤마다 제 영역의 경계를 따라 걷는다. 바위 모서리에 옆구리를 비비고, 마른 풀 위에 냄새를 묻히며, 어둠 속 침입자의 발소리에 귀를 세운다.

그러나 늑대는 등기부를 만들지 않는다.

어느 골짜기가 제 것이라고 종이에 적어 관청 서랍에 맡겨 두는 짐승은 세상 어디에도 없다. 강을 가르고 지나간 물고기도, 하늘을 베고 날아간 새도, 제가 지나온 자리에 제 이름을 새기지 않는다.

막대기 하나가 땅 위에 금을 긋는다. 흙은 그 선을 기억하지 못하고, 비 한 번에 자국은 말끔히 씻긴다. 그런데 사람들의 머릿속에 그어진 선만은 비에 지워지지 않는다. 흙 위의 선은 사라지고 마음 위의 선만 남아, 대를 이어 더 깊고 더 또렷해진다. 여기서부터 저기까지는 그의 것, 그 너머는 다른 이의 것.

모두가 함께 믿기로 한 그 순간, 손에 잡히지 않는 약속 하나가 세상에서 가장 단단한 울타리로 굳는다.

등기소의 서랍 속에는, 손바닥만 한 종이들이 가지런히 잠들어 있다. 누군가의 평생이 그 얇은 한 장에 접혀 들어가 있다. 불이 나면 재가 되고 물에 젖으면 풀어지는 그 종이가, 사람들에게는 발 딛고 선 땅보다 더 단단하게 느껴진다. 만질 수 없는 약속이 만질 수 있는 모든 것을 다스리는 자리가, 그 작은 서랍 안에 고요히 놓여 있다.

집 한 채를 손에 넣은 사람의 어깨 위로, 보이지 않는 짐이 한 켜씩 내려앉는다. 해마다 세금 고지서가 우편함을 두드리고, 다달이 이자가 통장을 훑고 지나가고, 낡아 가는 곳은 쉬지 않고 손을 부른다. 그 가운데 어느 하나라도 놓치는 날, 그토록 단단해 보이던 집은 하루아침에 등을 돌린다. 가졌다고 믿는 동안에도, 그는 그 집을 곁에 두기 위해 끊임없이 무언가를 바치고 있다. 등기부 맨 윗줄에는 그의 이름이 또렷이 박혀 있지만, 그 이름을 떠받치는 종이의 무게는 매달 꼬박꼬박 다른 사람의 금고로 옮겨 간다.

누군가 제 물건에 손을 대면, 머리가 판단하기도 전에 손이 먼저 그것을 움켜쥔다. 제 것이라는 감각은 생각의 자리가 아니라, 놀란 순간 먼저 뛰는 맥박 속에 산다. 오래 쥐고 있던 것일수록 그 감각은 살갗 아래 깊이 박혀, 끝내 살의 일부처럼 떨어지지 않는다. 빌린 것을 두고도 빼앗긴다고 느끼는 몸은, 그렇게 하루하루 빚어진다.

두 살배기조차 장난감을 빼앗기지 않으려 통통한 주먹에 힘을 준다. 누가 가르친 적도 없는데, 제 것을 빼앗기는 순간 아이의 얼굴은 온 세상이 무너진 듯 일그러진다. 그 울음은 어떤 배움보다 먼저 도착한다. 사람이 가장 먼저 익히는 말 가운데 하나가 제 것이라는 말인 까닭을, 그 작은 주먹이 말없이 보여 준다.

가진 것이 많은 사람의 밤은 좀처럼 깊어지지 않는다. 불을 끄고 누우면, 낮 동안 그러모은 것들이 하나씩 어둠 속에서 깨어나 안부를 묻는다. 잠금쇠는 제대로 걸렸는지, 통장의 숫자는 제자리에 있는지, 다가오는 날짜에 빠져나갈 돈은 마련되어 있는지. 지켜야 할 것이 늘어날수록 잠은 얇아지고, 얇아진 잠 위로 새벽이 너무 일찍 도착한다. 가진 것의 무게만큼, 정작 제 몸 하나 편히 누일 자리는 줄어든다.

종이는 사람보다 오래 산다. 한 사람이 평생을 바쳐 손에 쥔 그 종이는, 그가 눈을 감은 뒤에도 사라지지 않고 다음 사람의 손으로 건너간다. 이름 칸만 바뀐 채, 약속은 대를 이어 고스란히 전해진다.

흙으로 돌아간 주인을 두고도, 그가 가졌다는 종이만 남아 또 다른 평생을 불러 세운다. 무엇이 진짜로 오래 남는 것인지, 그 앞에서는 잠시 헷갈린다.

물려받은 종이 한 장이 자식의 어깨에 다시 얹힌다. 아버지가 평생 갚던 빚이 끝나는 자리에서, 그 집을 지키기 위한 또 다른 빚이 자식의 이름으로 시작된다. 줄은 좀처럼 끊기지 않고, 다만 그것을 쥐는 손만 슬그머니 바뀐다. 한 세대가 겨우 내려놓은 무게를, 다음 세대가 묵묵히 받아 든다.

사람은 물건을 소유하면서, 그 물건에 제 시간을 한 조각씩 떼어 내어 준다. 끝내 누가 누구를 가진 것인지 분간하기 어려워지는 자리가, 모든 소유의 끝에 가만히 놓여 있다.

저울이 달지 않는 것

그 약속을 깨뜨리려는 손을 막아서는 자리에, 저울 하나가 놓여 있다. 정의의 여신이 눈을 가린 채 그 저울을 들고 서 있다. 눈가리개는 보지 않기 위한 것이 아니라, 보지 않아도 된다는 오랜 확신에 가깝다. 저울은 양쪽 접시에 올려진 것의 무게를 정직하게 단다. 다만 그 위에 무엇을 올릴지 정하는 손은, 저울 바깥에 따로 있다. 저울이 한쪽으로 기운 것이 아니다. 한쪽 접시에는 처음부터 올려지지 않은 것들이 있을 뿐이다. 그 법을 누구의 손이 적었는지, 그 손이 무엇을 가장 먼저 지키려 했는지. 저울은 그것만은 끝내 달지 않는다.

저울에 올라가는 것은 늘 눈에 보이는 것들이다. 훔친 빵 한 덩이의 무게, 갚지 못한 돈의 액수, 넘어선 선의 길이. 그러나 그 빵을 쥐게 만든 허기는 어느 접시에도 올라가지 않는다. 누가 그 선을 처음 그었는지, 누가 그 선 안쪽을 죄다 차지했는지도 달리지 않는다. 저울은 결과만 달고, 그 결과를 빚은 자리는 달지 않는다.

법의 조항은 들판에서 저절로 자라지 않는다. 굳게 닫힌 방, 길게 윤이 나는 탁자 위에서 한 줄씩 다듬어진다. 그 탁자에 둘러앉은 손들은 대개 잃을 것이 많은 손이다. 지킬 것이 많은 사람일수록 무엇을 지켜야 하는지 환히 알고, 그 앎이 조항의 어순과 쉼표 자리에 배어든다. 그 방에 앉지 못한 사람의 사정은, 그 방의 공기에 끝내 닿지 못한다. 법이 다 적힌 뒤에야 그들은 그것을 건네받는다.

만들 때는 부르지 않고, 지킬 때만 부른다.

만든 손에게 법은 발 딛고 선 단단한 바닥이고, 받은 손에게 법은 머리 위에 드리운 낮은 천장이다. 한쪽은 그 위에 올라서서 더 멀리 내다보고, 다른 쪽은 그 아래에서 자꾸 허리를 굽힌다. 같은 법인데, 누구에게는 딛고 서는 것이고 누구에게는 이고 가는 것이다. 위에 선 자는 법을 부리고, 아래 선 자는 법에 매인다.

위에 선 자에게 법은 함부로 닿을 수 없는 보호막이 된다. 그가 무언가를 가져가도, 그것은 합법이라는 이름의 매끄러운 옷을 걸친다. 같은 일을 아래에 선 자가 하면, 그것은 곧장 죄라는 거친 이름으로 불린다. 행위가 아니라 그 행위를 한 사람의 자리가, 그 일의 이름을 정한다. 법의 말은 위를 향할 때 부드러워지고, 아래를 향할 때 날이 선다.

법원 계단을 한 번도 밟아 본 적 없는 사람의 하루에도, 법은 이미 깔려 있다. 태어난 날 누군가 서류 한 장에 그의 이름을 적는 순간부터, 법은 그 삶에 깃든다. 임대차 계약서가 살 곳을 정하고, 고용 계약서가 시간의 값을 매기고, 세금 고지서가 버는 것의 일부를 떼어 간다. 혼인 신고를 해도, 아이가 태어나도, 무언가를 남기고 눈을 감아도, 그 자리마다 법이 먼저 와서 기다리고 있다.

동의한 기억이 없는데, 사람은 이미 그 안에 들어와 있다.

장을 보는 일에도, 버스를 타는 일에도, 아침에 집을 나서는 일에도, 보이지 않는 테두리가 먼저 둘려 있다. 그 선을 누가 그었는지 묻지 않아도 하루는 굴러간다. 테두리가 거기 있다는 것을 잊을수록, 그것은 더 단단히 제 일을 한다. 법이 가장 잠잠히 작동하는 순간은, 그것이 아예 없는 것처럼 느껴질 때다.

이 구조 안에서 태어나 이 구조 안에서 자란 사람은, 그것을 공기처럼 들이쉬고 물처럼 마신다. 늘 곁에 있던 것은 좀처럼 제 모양을 드러내지 않는다. 평생 들이쉰 공기가 어느 날 갑자기 감옥의 창살로 보이지는 않는 법이다. 법이 삶을 구획하는 손길은 언제나 너무 부드러워서, 구획당하고 있다는 감각이 좀처럼 살갗에 닿지 않는다. 아는 사람은 모르는 척 살고, 모르는 사람은 애초에 묻지 않는다. 그렇게 이 구조는 아무 소리 없이, 모든 삶의 구석구석으로 천천히 스민다.

서명하는 손

점선 위에 이름을 적는 데에는 몇 초가 걸리지 않는다. 그러나 그 몇 초가 30년을 연다. 펜이 종이를 떠나는 순간, 한 사람의 서른 번의 봄과 서른 번의 겨울이 그 종이에 묶인다. 집 한 채를 손에 넣기 위해 사람들은 평균 A$736,257을 짊어진다.[1] 짊어진다는 말의 무게는, 매달 버는 돈의 절반 가까이가 그 빚으로 빨려 들어갈 때 비로소 살갗에 와닿는다.[2]

하루의 절반은 제 삶을 위해 일하고, 나머지 절반은 그 종이 한 장을 먹여 살리기 위해 일한다. 해가 바뀌어도 손에 쥔 열쇠는 가벼워지지 않고, 어깨에 얹힌 종이의 무게만 해마다 한 겹씩 더해진다.

[1] ABS(호주 통계청), 「Lending Indicators」, 2025년, abs.gov.au

[2] ABS(호주 통계청), 「Lending Indicators: Owner Occupier Housing」, 2025년, abs.gov.au; APRA(호주 건전성감독청), 「Monthly Authorised Deposit-taking Institution Statistics」, 2026년, apra.gov.au

이삿날, 빈방의 마룻바닥에는 아직 아무 발자국도 찍히지 않았다. 창으로 든 햇빛이 텅 빈 벽을 천천히 쓸고 지나간다. 그 환한 빈자리를 채우려고, 사람은 앞으로 30년을 들인다. 가구가 하나씩 들어차고 벽에 못 자국이 늘어 가는 동안, 그 방의 진짜 주인은 매달 상환일에 한 번씩 소리 없이 다녀간다.

그 작은 창구 앞에 서기까지 모으는 계약금만 해도 평균 11.9년이 걸린다.[3] 스무 살에 마음을 다잡아도, 머리에 흰 것이 비치기 시작할 무렵에야 겨우 창구의 손잡이에 손이 닿는다. 그렇게 들어선 사람들이 짊어진 빚을 모두 포개면, 나라가 한 해 동안 길어 올리는 모든 것보다 무거워진다. 그 무게는 국내총생산의 112퍼센트에

[3]ABS(호주 통계청), 「Housing Finance, Australia」, 2025년, abs.gov.au

이른다.[4] 집을 가진 사람들의 나라가 실은 집에 붙들린 사람들의 나라라는 것을, 그 숫자가 무심히 일러 준다.

창구 너머의 금고는, 정작 텅 비어 있다. 빌려주겠다는 그 돈은 처음부터 그 안에 들어 있지 않았다. 점선 위에 이름이 얹히는 순간, 없던 돈이 비로소 숨을 얻는다. 서명 한 번이 허공에서 숫자를 빚어내고, 그 숫자를 갚기 위해 한 사람의 실재하는 30년이 저당으로 잡힌다. 만들어진 것은 한 줄의 숫자였는데, 치러지는 것은 살과 시간이다.

펜을 내려놓으며 그는 나직이 중얼거린다.

"이제 여기는 내 집이야."

그 말이 채 식기도 전에, 첫 상환일이 박힌 종이가 책상 맞은편에서 그의 앞으로 스르륵 밀려온다.

상환일은 매달 같은 날짜에 어김없이 돌아온다. 그날이 다가오면 통장을 들여다보는 손끝에 옅은 긴장이 깔린다. 정해진 시각에 정해진 액수가 꼬박꼬박 빠져나가고, 남은 숫자가 다음 한 달의 윤곽을 그린다. 월급이 들어오는 날의 기쁨은 짧고, 그 돈이 흘러갈 곳이 이미 정해져 있다는 감각은 길다.

빌린 것은 집만이 아니었다. 그 집을 갚아 나가는 30년이, 통째로 함께 빌려졌다. 더 나은 자리로 옮겨 갈 자유도, 잠시 일을 내려놓을

---

[4]IMF(국제통화기금),「Global Debt Monitor」, October 2024, imf.org

여유도, 다른 길을 디뎌 볼 용기도, 매달 돌아오는 상환일 앞에서 한 칸씩 뒤로 밀려난다. 무엇을 손에 넣었는지는 또렷한데, 그 대가로 무엇을 건넸는지는 좀처럼 눈에 잡히지 않는다.

운이 좋아 서른 해를 다 갚아 낸 사람의 손을 떠올려 본다. 마지막 상환일이 지나고, 그 집은 마침내 온전히 그의 것이 된다. 그러나 종이를 다 지웠을 때, 그를 마중하는 거울 속에는 처음 그 집에 들어서던 얼굴이 없다. 어깨는 내려앉았고, 머리에는 서리가 앉았다.

빚은 사라졌는데, 그 빚이 데려간 시간은 어느 창구에서도 돌려받을 수 없다.

줄을 끝까지 풀어내는 손은 생각보다 드물다. 빚을 다 갚기도 전에 더 큰 집으로 옮겨 가며, 사람들은 줄 위에 또 다른 줄을 포갠다. 한 채를 벗어나는 길이 더 무거운 한 채로 갈아타는 길뿐인 셈이다. 줄을 풀어 주는 손잡이는 어디에도 보이지 않고, 더 긴 줄로 바꿔 매는 창구만 곳곳에서 환히 불을 밝힌다.

손안의 화면에서 흐르던 음악은, 결제가 멈추는 순간 일제히 숨을 죽인다. 매끄럽게 달리던 차는, 할부가 끊기는 순간 다른 사람의 차고로 미끄러져 들어간다. 가진 듯 보이던 것들이, 실은 매달 값을 바치는 동안에만 곁에 머무는 손님이었다. 한때는 한 번 치르면 끝이던 것들이, 이제는 다달이 값을 무는 모습으로 옷을 갈아입었다. 끝이 있는 지불은 점점 드물어지고, 끝이 보이지 않는 지불이 그 빈자리를 메운다.

창구 앞에 설 자격조차 얻지 못한 손도 있다. 그런 손은 남의 집 한 칸을 다달이 빌려, 매달 같은 날짜에 같은 액수를 건넨다. 갚아도 끝내 제 것이 되지 않는 돈이, 평생 한 방향으로만 흐른다. 점선 위에 제 이름을 적는 일조차 사치인 자리에서는, 빌림이 끝나는 날이 영영 오지 않는다.

잘게 쪼갠 지불은 좀처럼 아프지 않다. 큰 빚은 어깨를 짓누르지만, 매달 조금씩 빠져나가는 돈은 제 무게를 솜씨 좋게 감춘다. 사라지는 줄도 모르게 사라지고, 한 해가 다 기운 뒤에야 그것이 모두 얼마였는지 어렴풋이 떠오른다. 아프지 않게 빠져나가도록 다듬어진 돈일수록, 더 오래 더 멀리 퍼져 나간다.

창구 앞에는 늘 줄이 있었다. 앞에도 사람, 뒤에도 사람, 모두가 같은 방향으로 고개를 두고 같은 서류를 손에 쥐고 있다. 옆 사람이 한 발 내디디면, 제 발도 까닭 없이 그만큼 따라 움직인다. 집을 사지 않는 사람이 어쩐지 이상하게 보이기 시작한 것이 언제부터인지, 아무도 정확히 기억하지 못한다. 이 줄에서 혼자 빠져나가는 일이, 줄 끝까지 따라가는 일보다 외려 더 두렵게 느껴진다. 그래서 사람들은 묻지 않는다. 이 줄이 어디로 향하는지조차.

그러니 점선 위로 내려가는 그 손을 다시 들여다본다. 누가 떠밀어서 움직인 손이 아니다. 제 손으로 줄을 잡아당기는 손이다. 다만 그 줄의 끝이 제 발목에 매여 있다는 것을, 줄을 당기는 동안에는 좀처럼 보지 못한다.

떠밀려 채워진 사슬은 차라리 벗고 싶어지지만, 제 손으로 감은 줄은 좀처럼 풀고 싶어지지 않는다.

알고도 잡는 손

모든 것을 알아챈 사람조차, 그 줄을 끝내 놓지 않는다. 소유라는 약속이 한낱 허구라는 것을 어렴풋이 짐작하면서도, 저울이 제 쪽으로 기울 리 없다는 것을 살갗으로 느끼면서도, 그는 30년짜리 종이 앞에서 기꺼이 펜을 든다. 알면서 들어서는 창구 앞에서, 망설임은 의외로 짧다. 펜 끝이 종이에 닿는 소리는 너무 작아서, 30년이 한꺼번에 묶이는 순간치고는 지나치게 조용하다. 도장이 찍히는 소리도, 박수도 없다. 그 작은 사각거림 뒤로, 한 사람의 길고 긴 노동이 줄지어 따라 들어선다.

욕심이라 부르기엔 너무 오래된 떨림이, 그 손끝에 살고 있다. 더 가지려 뻗은 손이라기보다, 어딘가에 닿고 싶어 뻗은 손에 가깝다. 사람은 돌아가 누울 한 칸의 방을 원하고, 제 이름으로 불리는 한 뼘의 흙을 원한다. 그 바람은 저울 위에서 계산되기 한참 전에, 몸이 먼저 그쪽으로 기운다.

모델하우스의 조명은 언제나 가장 좋은 각도로 방을 비춘다. 윤이 나는 식탁, 각 잡힌 침구, 햇살이 쏟아지는 통창 너머의 풍경까지. 사람들은 그 방을 한 바퀴 돌아 나오며, 제가 살고 싶던 삶의 모양을 처음으로 또렷이 보았다고 느낀다. 그러나 그 방은 누구도 살지 않는 방이다. 살기 위한 방이 아니라, 갖고 싶게 만들기 위해 지어진 방이다.

그런데 그 바람의 모양은 어디서 왔을까? 머물 자리를 향한 마음은 본능에 가깝지만, 그 자리가 꼭 한 채의 집이어야 한다고 누가 일러 주었을까? 어느 틈엔가 사람들은 같은 모양의 자리를, 같은 방식으로 갈망하게 되었다. 마치 오래전 누군가 그 갈망의 거푸집을 미리 떠 놓기라도 한 것처럼. 욕망은 분명 제 것인데, 그 욕망이 겨누는 과녁은 낯익은 자리에 미리 박혀 있다.

저녁마다 불이 켜지는 창 하나가, 그 모든 무게의 끝에 걸려 있다. 제 손으로 고른 벽지, 돌아오면 신을 벗어 두는 자리, 식탁 위에 번지는 따뜻한 불빛. 사람은 그 작은 온기들을 위해 30년의 무게를 기꺼이 짊어진다. 어쩌면 사람을 붙드는 것은 소유가 아니라, 소유라는 말에 얹어 둔 그 온기인지도 모른다.

거짓 위에 올린 집에서는, 거짓이 잘 자란다. 토대가 약속이라는 허구 위에 놓여 있으면, 그 위에 사는 사람들의 셈법도 조금씩 그 허구를 닮아 간다. 무엇이 진짜이고 무엇이 빌린 것인지 흐려진 자리에서는, 속이는 일과 속는 일의 경계도 함께 흐려진다. 누구 한 사람의 악함 탓이 아니다. 기울어진 바닥 위에서는, 모든 것이 같은 쪽으로 천천히 미끄러질 뿐이다.

시스템 바깥으로 걸어 나간 사람의 뒷모습은, 이쪽에서 좀처럼 보이지 않는다. 그곳을 밟아 본 사람이 없어서가 아니라, 밟아 본 사람의 이야기가 이쪽 귀에 닿지 않아서다. 사람이 아는 것은 안쪽의 무게뿐이고, 그 무게는 이미 어깨에 맞게 길든 지 오래다. 바깥의 공기가 더 가벼울지도 모른다는 생각은, 좀처럼 싹을 틔우지 못한다. 보이지 않는 곳은 늘 보이는 곳보다 더 무겁게 마음을 누른다.

그래서 사람은 다 알면서도 안쪽으로 걸어 들어간다. 구조를 알아챘다고 해서 구조 밖으로 나가게 되는 것은 아니다. 두 눈을 뜬 채 제 발로 들어서는 그 걸음이야말로, 이 모든 구조가 완성되는 마지막 빗장이다.

등기부에 이름을 올리려는 손은, 이제 종이 위에 담기지 않는 것까지 욕심낸다. 강을, 숲을, 들이쉬는 공기를, 아직 오지 않은 시간까지. 인류는 제 영역을 종이에 적은 유일한 종이고, 그 종이 위에 올린 체계는 가질 수 없는 것마저 끝내 가지려 든다. 등기부가 두꺼워지는 동안, 그 종이를 떠받치던 땅은 야금야금 얇아진다.

지금 이 순간에도, 세계가 짊어진 빚은 251조 달러에 이른다.[5]

그 숫자 앞에 잠시 멈춰 선다. 그것은 누가 누구에게 진 빚인가? 갚고 나면 끝나는 빚인가, 아니면 갚기 위해 다시 빌려야 하는 빚인가? 점선 위에 이름을 적던 그 손으로 돌아가, 마지막으로 한 번 더 물어볼 수 있을 뿐이다.

당신이 가졌다고 믿는 그것은, 정말 당신의 것인가? 아니면 당신이 그것의 것인가?

[5] IMF(국제통화기금), 「Global Debt Monitor」, October 2025, imf.org

8장

심어진 상식

펜이 종이를 떠난 뒤에도, 손끝에는 무언가를 스스로 결정했다는 감각이 오래 남는다. 점선 위에 이름을 얹은 것도, 열쇠를 받아 쥔 것도 분명 제 손이었다. 누가 등을 떠민 적 없으니, 그것은 선택이었다고 믿어진다. 그 믿음은 따뜻하고 단단해서, 좀처럼 의심의 틈을 내주지 않는다. 얼마 전 한 사람이 제 계약서를 오래 들여다보았다. 점선 위에 적힌 제 이름을 보며, 이것이 제가 원한 것인지 누군가 원하게 만든 것인지 처음으로 헷갈렸다. 그 헷갈림은 종이 한 장에서 멈추지 않는다. 집을 갖고 싶다는 마음, 그 집을 위해 30년을 바쳐도 좋다는 각오, 그 각오를 당연하게 만든 모든 생각의 뿌리까지 거슬러 오른다. 욕망을 한번 의심하기 시작하면, 그 욕망을 길러 낸 토양마저 문득 낯설어진다.

알람이 울리기 전에 눈이 먼저 떠지고, 익숙한 길을 따라 몸이 저절로 움직였다. 아이의 가방을 챙기고, 교문 앞에 내려 주고, 다시 핸들을 돌려 늘 가던 방향으로 향했다. 그 모든 동작에 망설임이 없었다. 망설임이 없다는 것은, 아주 오래전에 이미 답을 정해 두었다는 뜻이다. 그리고 답이 정해진 뒤로는, 누가 그 답을 정했는지 다시 묻는 일이 좀처럼 없다.

좋은 학교에 보내야 한다는 생각, 안정된 직장이 안전하다는 믿음, 집 한 채는 있어야 한다는 확신. 당신은 그것들을 스스로 골라 들인 기억이 없다. 철이 들 무렵 그 생각들은 이미 당신 안에 들어와 있었다. 처음부터 그 자리에 놓여 있던 가구처럼, 너무 익숙해서 그 존재가 보이지 않는다.

거울 앞에 선 얼굴은 그 믿음을 제 것이라 여긴다. 스스로 원해서 택한 길이고, 옳다고 여겨 디딘 걸음이라고. 그 확신이 단단할수록, 그 믿음이 어디서 왔는지는 더 깊이 묻힌다.

가장 잘 심긴 생각은 심겼다는 흔적조차 남기지 않는다.

그것은 언제나 처음부터 그 사람 안에 있던 것처럼 느껴진다. 누가 씨앗을 뿌렸는지 아무도 기억하지 못하는 밭에서, 작물은 제힘으로 자란 듯 무성하다.

믿음은 공기와 닮았다. 너무 가까이 있어서 그 무게가 느껴지지 않는다. 그러나 그 보이지 않는 공기가 하루의 방향을 정하고, 한 사람의 평생을 어느 한쪽으로 실어 나른다. 누구도 그것을 의심하라 일러 준 적이 없기에, 누구도 의심하지 않는다. 그렇게 한 세상이 같은 믿음을 들이쉬고 내쉬며 살아간다. 그 공기가 어디서 왔는지 되묻는 순간, 비로소 그것이 줄곧 공기였다는 사실이 드러난다.

컨베이어 벨트 위에서

공장의 벨트는 멈추는 법이 없다. 그 위에 올려진 것은 제 속도로 걷지 않는다. 다만 실려 갈 뿐이다. 사람의 한 생도 어딘가 그와 닮았다. 걸음마를 떼기도 전에 한 벨트 위에 올려지고, 그 벨트가 정해 둔 속도로 옮겨진다. 일곱 살이 되면 학교라는 칸으로, 스물이 되면 시험이라는 칸으로, 그다음에는 직장이라는 칸으로. 제 발로 걸어 도착했다고 믿지만, 실은 실려 온 것이다. 벨트 위에서는 멈춰 서는 일이 가장 어렵고, 내려서는 일은 거의 상상되지 않는다.

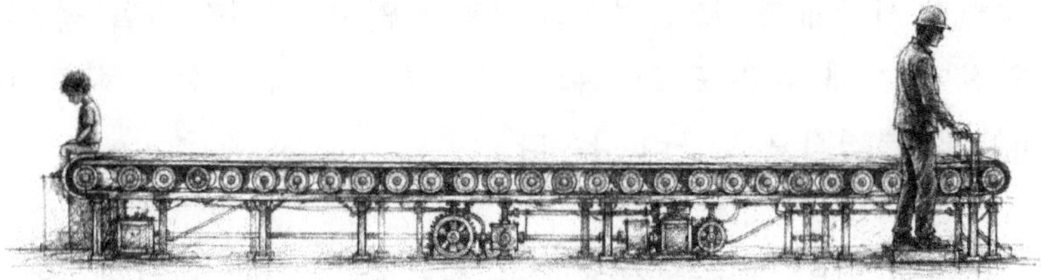

다섯 살 무렵의 작은 손이 어른의 손에 이끌려 처음 교문을 통과한다. 운동장의 흰 선과 줄지어 놓인 신발들, 똑같은 색의 가방이 작은 등마다 매달려 있다. 이름표가 가슴에 붙고, 정해진 자리에 앉는다. 그곳에서 처음 배우는 것은 글자가 아니라 기다리는 법이다. 손을 들고 허락을 기다리는 법, 종이 울릴 때까지 엉덩이를 자리에 붙여 두는 법. 몸은 그 규칙을 머리보다 먼저 익힌다. 아직 제 이름조차 또박또박 쓰지 못하는 손이, 줄을 맞추는 법부터 배운다.

학교의 하루는 종소리로 열리고 종소리로 닫힌다. 종이 울리면 앉고, 종이 울리면 일어선다. 정답은 늘 하나뿐이고, 그 하나를 빨리 찾아내는 아이가 칭찬을 받는다. 손을 들어 엉뚱한 것을 물으면 수업의 흐름이 끊기고, 끊긴 흐름은 환영받지 못한다. 그렇게 십수 년을 보내고 나면 몸에 남는 것이 있다.

그것은 지식이 아니었다. 시키면 한다.

정해진 시각에 모이고, 정해진 자리에 앉고, 정해진 답을 적는다. 졸업장이 손에 들려도 그 몸의 결은 달라지지 않는다. 오히려 그때부터 본격적으로 불려 나온다.

열아홉이 되면 벨트는 가장 좁은 길목을 지난다. 한날한시에 온 나라의 아이들이 같은 책상에 앉아 같은 시험지를 받아 든다. 그 하루의 점수가 앞으로 설 자리를 가른다고 모두가 믿는다. 시험장 밖에서는 부모들이 언 손을 비비며 교문을 바라보고, 그 안에서는 열아홉 해의 시간이 한나절 만에 저울 위에 오른다. 누구도 이 풍경을 이상하게 여기지 않는다. 너무 오래 같은 모습이어서, 그것이 본래 그런 것이라 여겨질 뿐이다.

그 시절 공장이 돌아가려면 공장에 들어갈 손이 먼저 길러져야 했다. 1987년, 한국의 고등학생 10명 중 4명은 농업고와 공업고와 상업고에 다녔다.[1] 나라가 어떤 손을 얼마나 필요로 하는지에 따라, 학교의 종류와 수가 미리 그려졌다. 그렇게 길러진 손은 졸업과 동시에 정해진 공장으로 보내졌다. 이것은 누군가를 고발하기 위한 이야기가 아니다. 그 시절의 정책 문서에 그대로 적혀 있는 사실이다. 다만 그 사실을, 정작 그 학교에 다닌 사람에게는 일러 준 적이 없다. 가르치지 않았다는 것, 뒤늦게 폭로처럼 다가오는 것은 오직 그 한 가지뿐이다.

그 시절 도시의 변두리에는 늦은 밤까지 불을 끄지 않는 공장이 늘어서 있었다. 벨트가 쉬지 않고 돌고, 그 양옆으로 앳된 얼굴들이 고개를 숙인 채 같은 동작을 되풀이했다. 교복을 벗은 지 얼마 되지 않은 손들이었다. 학교에서 길러진 순응의 근육이 이제 벨트 옆에서 제 쓸모를 다했다. 누구도 그들에게 어쩌다 이 자리에 서게 되었는지 묻지 않았고, 그들 또한 묻지 않았다. 서라면 서고, 돌리라면 돌렸다. 그것이 배운 전부였으므로. 한 세대의 젊은 손들이 그렇게 나라의 기둥을 세웠고, 그 대가가 공정했는지는 어디에도 기록되지 않았다.

세월이 흐르며 간판은 바뀌었다. 실업계라 불리던 자리에 인문계라는 이름이 들어섰고, 이제는 모두가 같은 대학을 향해 줄을 선다. 그러나 종소리만은 그대로 울린다. 2024년 한국의 사교육 지출은 27조 1천억 원에 이르렀다.[2] 학생 10명 중 8명이 학원의 불빛 아래에서 저녁을 보낸다.[2] 그런데 같은 시기, 학교에 다닐 나이의 아이는 14.5퍼센트 줄었다.[2] 아이는 줄어드는데 들이는 돈은 도리어 늘어난다. 적어진 의자를 두고 더 많은 손이 다툰다.

[1]Savada, A. M. & Shaw, W. (편), 「South Korea: A Country Study」, Library of Congress, Federal Research Division, 1990년; NCEE(National Center on Education and the Economy), 「Top Performing Countries: Korea」, ncee.org
[2]통계청, 「초·중·고 사교육비조사」, 2024년, kostat.go.kr

해가 지면 학교의 창은 하나둘 어두워지는데, 길 건너 학원의 창은 그제야 환해진다. 낮 동안 비어 가던 교실의 자리가, 밤이 되면 학원의 좁은 책상 앞에서 다시 채워진다. 아이의 수는 해마다 줄어드는데, 그 줄어든 아이 하나에게 들이는 시간과 돈은 오히려 부풀어 오른다. 그 값 앞에서 사람들은 다른 선택을 한다. 아이를 적게 낳거나, 끝내 낳지 않는다. 합계출산율은 0.75까지 내려앉았다.[3] 한 사회가 스스로를 다음 세대로 잇는 일을 멈춰 가는 수치다. 누구도 그러기로 마음먹은 적이 없다. 다만 혼자서는 벨트에서 내려설 수 없을 뿐이다. 옆 사람이 학원에 보내면 나도 보내야 하고, 모두가 보내면 보내지 않는 쪽이 불안해진다. 그 불안이 모이고 모여, 끝내 태어날 아이의 수까지 정한다.

그 모든 준비의 끝에서 기다리던 노동을, 이제 기계가 대신하기 시작했다. 셈하고 분류하고 정해진 답을 찾아내는 일이라면, 지치지도 잠들지도 않고 똑같은 일을 끝없이 되풀이하는 무언가가 이미 그 자리에 들어와 있다. 그렇다면 그 노동을 위해 설계된 학교는, 앞으로 무엇을 위해 남는가?

벨트는 처음부터 모두를 같은 곳으로 실어 나르지 않았다.

---

[3]통계청, 「출생통계」, 2024년 (합계출산율 0.75명), kostat.go.kr

스스로 매는 사슬

열쇠를 받아 쥐던 그 손으로 돌아가 본다. 손바닥 위에 놓인 금속은 차갑고 단단했고, 그 묵직함이 곧 안도였다. 이제 돌아가 누울 자리가 생겼다는 안도. 그러나 그 열쇠가 열어 준 문 안쪽에서, 한 줄의 사슬이 조용히 발목으로 건너온다. 누가 채워 준 것이 아니다. 제 손으로 점선 위에 이름을 얹는 순간, 그 사슬은 스스로 채워졌다. 그리고 스스로 채운 사슬은, 남이 채운 사슬보다 풀기가 훨씬 어렵다.

그날 저녁, 가족이 모여 축하를 건넸다. 오래 걱정하던 부모의 얼굴에 비로소 안도가 어렸고, 오랜 친구는 잘됐다고 했다. 빚을 졌다는 말은 그 자리 어느 목소리에도 섞이지 않았다. 대출이 됐다는 소식은 합격이라는 단어와 같은 높이에서 건네졌고, 잉크가 마르기도 전에 그것은 이미 성취의 이름을 얻어 두었다.

사슬에는 꽃이 달려 있었다. 건네는 손도, 받는 손도, 꽃 아래 쇠가 있다는 것을 끝내 묻지 않는다.

어느 나이를 지나면 집이 아직 없냐는 말이 안부처럼 돌아온다. 사야 할 때가 됐다는 말, 더 늦으면 올라간다는 말, 지금이 기회라는 말이 걱정의 말투로 어깨에 차례로 얹힌다. 집값이 올랐다는 소식은 처음엔 먼 나라의 경고처럼 들리다가, 어느 순간 놓쳐서는 안 될 기회의 얼굴로 바뀐다. 같은 숫자가 공포에서 유혹으로 옷을 갈아입는 데에는 그리 오랜 시간이 걸리지 않는다. 먼저 집을 산 친구의 말투에는 어딘가 단단해진 데가 있고, 빈손으로 그 단단함을 마주한 사람은 까닭 모를 초조에 휩싸인다. 그렇게 사방에서 쏟아지는 말과 숫자가, 아직 늦지 않았다고 다독이면서 동시에 이미 늦었다고 속삭인다. 그 말들은 강요가 아니다. 사랑이고 경험이고 진심이다. 빚을 지는 것이 어른이 된다는 것의 다른 이름이 된 세계에서, 점선 위에 이름이 없는 사람은 어딘가 아직 완성되지 않은 것처럼 느껴진다. 그래서 서명한다. 두려워서가 아니라 드디어라는 감각을 안고, 제 손으로.

명절이면 식탁에 둘러앉은 어른들의 말이 비슷한 자리로 모인다. 누구는 집을 넓혔고, 누구는 더 나은 동네로 옮겼고, 누구네 아이는 어디에 자리를 잡았다는 이야기. 그 사이에서 아직 집이 없는 사람은 말없이 수저만 든다. 어른들의 말 속에는 한 번도 빚이라는 단어가 끼어들지 않는다. 다만 터를 닦았다는 말, 자리를 잡았다는 말, 이제는 한시름 놓았다는 말이 그 빈자리를 대신 채운다. 누구도 그를 나무라지 않는데, 식탁의 공기 전체가 그에게 어느 줄에 서야 하는지를 일러 준다. 집을 갖는 일이 잘 사는 일과 한 낱말이 된 자리에서, 그 줄에 서지 않는 것은 잘 살기를 스스로 포기하는 일처럼 비친다. 그래서 다음 명절이 돌아오기 전에, 그도 같은 창구의 문을 민다. 그 줄의 맨 앞이 어디에 닿아 있는지는 누구도 모른다. 그 줄 밖에 홀로 남는 일이, 줄의 끝이 어디로 닿든 그 안에 섞여 드는 것보다 더 견디기 어렵다.

저당이라는 말에는 쇠 냄새가 없다. 투자라는 말에는 사슬의 무게가 없다. 같은 것이 다른 이름을 입고 서류 봉투 안으로 들어가면, 사람들은 그것이 아까 들었던 것인지 굳이 묻지 않는다. 이름이 달라지면 저항도 달라진다. 저항이 없는 사슬은 끊기지 않는다. 그것이 사슬임을 어렴풋이 아는 사람도, 그 이름을 굳이 꺼내지 않는다. 이미 안쪽에 들어와 있으니까.

같은 식탁에서 조금 더 젊은 어깨에는 다른 안부가 얹힌다. 결혼은 언제 하느냐는 물음이다. 그 물음에 답하는 데에는 마음만으로 되지 않는 것들이 있다. 사랑에는 정해진 식순이 있고, 식순에는 정해진 값이 있다. 식장을 빌리고 꽃을 세우고 손님을 먹이고 사진을 남기는 데에, 나라의 조사는 평균 2,139만 원이라는 값을 적어 두었다.[4] 함께 살 집은 셈에 넣기도 전의, 오직 하루의 식을 치르는 값이 그렇다. 그 값을 치러야 사랑이 완성된 것으로 승인되는 자리에서, 값을 미룬 사랑은 어딘가 미완성인 것처럼 취급된다. 식을 올린다는 말 그대로 사랑은 제단 위에 올려지고, 제단의 높이는 해마다 높아진다. 그 높이 앞에서 사람들은 식을 미룬다고 말하지만, 식을 미루는 일과 삶을 미루는 일의 경계는 갈수록 흐릿해진다.

사슬을 목에 걸 기회조차 주어지지 않은 손도 있다. 창구 앞까지 갔다가 숫자가 맞지 않아 돌아선 손. 그 손이 오늘의 축하 소식을 바깥에서 듣는다. 안으로 들어간 사람이 부럽다. 그 사슬을 함께 받아 든 그 사람이 부럽다. 그 간절한 부러움조차 설계의 일부다. 들어간 자는 빚에 매이고, 들어가지 못한 자는 그 빚을 부러워한다.

사슬은 채워지는 것이 아니라 쥐여지는 것이고, 사람들은 그것을 제 손으로 목에 건 다음 자유라고 부른다. 꽃으로 쥐여진 것은 사슬이라는 이름을 얻기 전에 먼저 선물이라 불린다.

가장 잘 길든 짐승에게는 우리가 필요 없는 법이다.

---

[4]한국소비자원, 「결혼서비스 가격조사」, 2026년 2월 (예식장 대관료·기본장식비·식대·스드메 패키지 합산 평균 2,139만 원, 주거비 제외)

국가가 파는 것들

하루의 벨트에서 내려선 저녁, 손에는 차가운 캔 하나가 들린다. 화면 속에서는 좋아하는 팀이 달리고, 다음 회가 저절로 이어지는 드라마가 밤을 메운다. 그 잠깐의 즐거움이 하루의 피로를 씻어 준다고 믿어진다. 그러나 그 휴식은 내일 아침 다시 벨트 위에 올라설 수 있도록 몸을 데우는 일에 가깝다. 쉬는 것이 아니라 채워 넣는 것이다. 누구를 위한 충전인지는, 어디에도 적혀 있지 않다.

주말의 경기장은 함성으로 가득 찬다. 같은 색 옷을 입은 수만 명이 한목소리로 외치고, 한 골에 함께 일어섰다 함께 주저앉는다. 그 두어 시간 동안은 월요일도, 갚아야 할 숫자도 멀어진다. 경기가 끝나고 사람들이 흩어질 때, 가슴에는 묘한 후련함이 남는다. 그 후련함을 안고 사람들은 다시 한 주의 벨트 위로 돌아간다. 잠시 비워 낸 자리에, 다음 엿새를 버틸 힘이 채워진 셈이다. 즐거움은 공짜처럼 보이지만, 그 즐거움이 향하는 곳은 늘 같은 방향이다.

위로조차 값을 치러야 손에 들어온다. 고단한 하루를 달래는 그 모든 것이, 알고 보면 돈을 내고 사들이는 상품이다. 사람들은 벌기 위해 지치고, 지친 몸을 달래기 위해 번 것의 일부를 다시 내놓는다. 그렇게 돈은 둥근 고리를 그리며 같은 자리를 맴돌고, 그 고리 바깥으로는 좀처럼 빠져나가지 못한다. 위로가 상품이 되는 순간, 쉬는 일마저 다시 일하기 위한 준비가 된다.

계산대 위에 놓인 담뱃갑 하나, 그 작은 종이 상자에 매겨진 값의 대부분은 정작 담배에 치르는 몫이 아니다. 한국에서 담배 한 갑의 소매가 가운데 73.8퍼센트가 세금이다.[5] 그 한 갑에는 7가지의 세금과 부담금이 겹겹이 얽혀 있다.[5] 바다 건너 호주에서는 담배 한 개비마다 0.84호주달러의 세금이 따라붙는다. 세계에서 가장 높은 축이다.[6] 건강검진은 의무로 정해져 있다. 금연을 권하는 광고는 날마다 화면에 흐른다. 그러나 담배는 여전히 합법이다. 몸을 해친다고 일러 주면서, 그 몸을 해치는 물건을 끝내 거두어 가지는 않는다.

담배 옆 진열대에는 더 오래된 상품이 놓여 있다. 희망이라는 이름으로 팔리는 종이, 복권이다. 그 종이 뒤로는 나라가 직접 문을 열어 둔 방들이 늘어서 있다. 경마장과 경륜장과 카지노. 한 해 동안 그 방들이 거두어들인 돈은 25조 3천억 원에 이른다.[7] 잃을 줄 알면서 들어선 사람들의 돈으로 채워진 금고다. 금지된 것은 도박이 아니라, 나라의 허가를 거치지 않은 도박이다. 그래서 그 그림자는 담보다 크게 자란다. 몇 해 전의 실태조사는 불법 도박판의 규모를 102조 7천억 원으로 짚었다.[8] 조사한 해도 다르고 재는 방법도 달라 두 숫자를 한 저울에 올릴 수는 없지만, 어림으로만 보아도 합법의 4배에 이르는 크기다. 몸에 해롭다는 경고문을 붙여 가며 팔듯, 패가망신의 지름길이라 가르치는 놀이판을 나라가 직접 벌인다. 벨트 위의 하루가 고단할수록 한 방이라는 말은 달게 들리고, 그 단맛의 판매대는 언제나 합법적으로, 밝은 불빛 아래 열려 있다.

---

[5]한국건강증진개발원, 「담배 관련 세금 현황」, khealth.or.kr; 기획재정부, 담배소비세·개별소비세 세율 고시

[6]Tax Foundation, 「Global Excise Tax Policy」, 2024년, taxfoundation.org

[7]사행산업통합감독위원회, 「2024년도 사행산업 통계」, 2025년 발표 (합법 사행산업 총매출 25조 3천억 원)

[8]사행산업통합감독위원회, 「제5차 불법도박 실태조사」, 2022년 (불법도박 시장 규모 추정 102조 7천억 원)

화면이 전하는 이야기에도 같은 손길이 닿아 있다. 매일 같은 시각, 비슷한 사건들이 비슷한 차례로 흘러나온다. 어떤 일은 큰 글씨로 오래 머물고, 어떤 일은 한 줄로 스쳐 사라진다. 무엇을 보여 줄지 고르는 손은 화면 뒤편에 따로 있다. 그 손이 누구의 것인지 굳이 가리키지 않아도 된다. 다만 같은 화면을 오래 바라본 눈이 화면 바깥의 무엇을 끝내 보지 못하는지, 그것만 떠올려 보면 충분하다.

보이는 것을 정하는 자가, 끝내 보이지 않는 것까지 정한다.

같은 시각, 수많은 거실의 불빛이 같은 화면을 향한다. 같은 장면에 함께 분노하고, 같은 소식에 함께 안도한다. 이야기를 고른 손은 보이지 않지만, 그 손이 정한 감정은 수백만의 가슴에서 똑같은 모양으로 피어난다. 무엇을 보고 무엇에 마음을 쓸지가, 보는 사람의 바깥에서 이미 정해져 있다. 가장 깊은 통제는 무엇을 못 하게 막는 것이 아니라, 무엇을 바라보게 할지를 정하는 데 있다. 끝내 보지 못한 일은 없었던 일이 되고, 없었던 일을 두고 목소리를 높일 사람은 어디에도 남지 않는다.

'당연하다고 배웠는데, 그것을 대체 누가 가르쳐 주었는가?'

감시자 없는 감시

가르친 얼굴을 찾으려 뒤를 돌아보면, 거기에는 차마 미워할 수 없는 사람들이 서 있다. 어머니의 낮은 목소리가 있고, 아버지의 당부가 있다.

"열심히 공부해라. 좋은 학교에 가라. 안정된 직장을 얻어라."

이 말들은 회초리가 아니라 사랑의 모양을 하고 건네졌다. 그래서 그 말을 건넨 사람을 원망할 수가 없다. 그 사람 또한 같은 말을 들으며 자랐고, 그 말이 옳다고 믿었기 때문이다. 사랑은 제가 옳다고 믿는 것을 되짚어 보지 않는다. 받은 말을 그대로 다시 물려주는 손에는, 그 말에 덧댄 안감이 보이지 않는다.

한 사람이 늦은 밤 아이의 책상 곁에 앉아 있다. 졸음을 참는 아이의 등을 쓸어내리며, 조금만 더 버티라고 낮게 이른다. 제가 어린 시절 제 부모에게 들었던 바로 그 말이다. 그때는 야속하게 들렸던 말이, 이제는 제 입에서 사랑의 모양으로 새어 나온다. 무엇이 옳은지 의심해 볼 겨를도 없이, 들은 대로 건넨다. 그렇게 같은 문장이 한 세대를 건너 다시 살아난다.

가장 정교한 감시에는 감시자가 없다.

망루도 없고, 지켜보는 눈도 따로 없다. 대신 사람들이 서로를 살피고, 끝내 스스로를 살핀다. 옆집 아이가 무엇을 배우는지 곁눈질하고, 제 아이가 뒤처질까 먼저 조바심을 낸다. 이 감시는 공짜로 돌아간다. 누구에게 삯을 주어 시킬 필요가 없다. 안정적으로 돌아간다. 한 세대가 지쳐 쓰러져도 다음 세대가 같은 자리를 채운다. 무엇보다 자발적으로 돌아간다. 떠밀려서가 아니라, 사랑해서 한다.

감옥은 담장이 필요하고, 군대는 명령이 필요하며, 공장은 감독이 필요하다. 그러나 이 구조는 그 어느 것도 필요로 하지 않는다. 사람들이 알아서 제 아이를 줄에 세우고, 알아서 제 등을 떠밀기 때문이다. 강제가 사라진 자리에 사랑이 들어서면, 통제는 비로소 완성된다. 미움받지 않는 통제만큼 오래 살아남는 것은 없다.

그 사슬은 쇠로 되어 있지 않다. 말로 되어 있다. 사랑한다는 말, 잘되기를 바란다는 말, 다 너를 위해서라는 말. 그 말들을 타고 사슬은 세대에서 세대로 건너간다. 부모가 자식에게, 그 자식이 다시 제 자식에게. 누구도 악의를 품지 않았는데, 굴레는 한 번도 끊기지 않고 이어진다. 이보다 더 단단한 설계를 떠올리기 어렵다. 미워할 대상조차 남겨 두지 않았으니.

여기에는 거짓이 없다. 그 사랑은 진짜였고, 그 염려도 진짜였다. 다만 진짜인 사랑이 진짜인 사슬을 함께 실어 날랐을 뿐이다. 두 가지가 한 문장 안에 포개져 있어서, 사람들은 사슬을 풀려다 사랑까지 놓을까 두려워한다. 그래서 사슬은 사랑의 이름 뒤에서 가장 안전하게 살아남는다.

가장 풀기 힘든 매듭은, 미움이 아니라 사랑으로 묶인 매듭이다.

당신도 그 말을 들으며 자랐다. 그 말이 당신의 오늘을 어느 방향으로 옮겨 놓았는지, 이제 어렴풋이 보일 것이다. 그리고 언젠가 당신도, 사랑하는 누군가의 어깨에 손을 얹고 똑같은 말을 건넸을 것이다. 좋은 학교에 가라고, 안정된 길을 택하라고. 이것은 당신을 탓하는 말이 아니다. 다만 그 순간 당신이 감시자 없는 감시의 한 사람이 되어 있었음을, 가만히 확인하는 말이다.

그래도 내일 아침, 아이를 학교에 데려다줄 것이다.

9장

긍정이라는 통제

아침 엘리베이터 안, 거울 옆에 작은 문구가 붙어 있다. 오늘도 웃는 하루 되세요. 언제부터 거기 있었는지 아무도 기억하지 못하는 그 문장을, 사람들은 읽지 않으면서 읽는다. 눈길이 스치는 것만으로 충분하다. 문은 열리고, 하루가 시작되고, 웃는 하루라는 주문이 등 뒤에서 조용히 닫힌다.

이어폰 속에서는 누군가의 목소리가 오늘도 같은 문장을 되풀이한다. 할 수 있다고. 날마다 나아지는 중이라고. 출근길의 창에 비친 얼굴은 그 문장들과 별로 닮지 않았지만, 목소리는 개의치 않고 이어진다. 밝게 생각하면 밝은 일이 온다고. 그 말은 위로처럼 들리기도 하고, 어딘가 숙제처럼 들리기도 한다. 위로와 숙제의 경계가 흐려진 자리에서, 명랑함은 어느새 권장이 아니라 의무가 되어 있다.

회사의 복도에도, 은행의 대기 화면에도, 병원의 벽에도 비슷한 문장들이 걸려 있다. 힘내세요. 웃으면 복이 와요. 행복은 결국 선택이라는 문장. 누가 써 붙였는지 모르는 문장들이 사방에서 사람을 응원한다. 응원이 이렇게 흔한 시대에 응원이 필요한 사람이 이렇게 많다는 것은, 어딘가 이상한 대칭이다.

기분에도 날씨가 있다면, 이상한 일 하나가 눈에 들어온다. 그 날씨가 아침마다 어디선가 배달되어 온다는 것이다. 하늘을 올려다보기도 전에 오늘의 기분이 먼저 도착해 있는 날들.

그 날씨는 누가 만들어 보내는가? 그리고 왜 하필, 늘 웃으라는 예보와 함께 오는가?

미디어가 심는 것들

아침 화면을 열어 본 날과 열지 않은 날의 저녁은 다르다. 같은 하루를 살았는데 마음의 온도가 다르다. 화면 속에서 무슨 일이 있었는지 저녁쯤이면 절반도 기억나지 않지만, 그것이 남기고 간 기분만은 몸 어딘가에 고여 있다. 비가 온 날 신발이 마르지 않는 것처럼.

뉴스는 세상의 전부를 보여 줄 수 없어서 고른다. 고르는 기준은 오래전부터 알려져 있다. 무너진 것, 불탄 것, 빼앗긴 것이 먼저 실린다. 나쁜 소식이 눈길을 더 오래 붙들기 때문이다. 그렇게 아침마다 세상의 가장 어두운 조각들이 한 줄로 꿰어져 배달되고, 그것을 받아 든 마음에는 세상이 위험하다는 감각이 하루치씩 쌓인다. 그 감각은 사실도 거짓도 아니다. 다만 배합이다. 어디에도 없는 비율로 섞인 세상이, 어디에나 있는 화면 속에 담겨 있다.

한 번 본 무너짐은 사건이지만, 매일 보는 무너짐은 세계관이 된다. 위험하다는 감각이 짙어질수록 사람은 몸을 움츠리고, 움츠린 몸은 시키는 대로 하는 몸과 잘 구별되지 않는다.

불안한 사람이 다스리기 쉽다는 것을, 다스리는 쪽은 굳이 배우지 않아도 안다.

광고는 그 곁에서 다른 것을 심는다. 광고가 파는 것은 물건이기 전에 모자람이다. 이 물건이 필요하다고 말하기 전에, 당신에게 그것이 없다는 사실부터 일깨운다. 어제까지 아무렇지 않던 살림이 오늘 아침 광고 한 편을 지나며 어딘가 부족한 살림이 된다. 결핍은 타고나는 것이 아니라 배달되는 것이다. 그것도 매일, 가장 세련된 포장에 담겨서.

그 배달은 거절이 되지 않는다. 우편함과 달리 마음에는 수취 거부라는 칸이 없기 때문이다. 버스의 옆면에서, 정류장의 광고판에서, 검색창의 첫 줄에서 결핍은 하루에도 수십 번 배달되고, 한번 배달된 것은 반품되지 않는다.

이야기들은 기준을 심는다. 화면 속 보통 사람의 집은 현실의 보통보다 늘 몇 층 위에 산다. 드라마의 신혼집, 예능의 냉장고, 광고 속 주말의 풍경. 그것들이 쌓여 보통이라는 말의 눈금을 조용히 위로 올린다. 눈금이 올라간 자를 들고 제 삶을 재면, 어제와 같은 삶이 오늘은 모자라 보인다. 삶이 줄어든 것이 아니라 자가 자란 것인데, 자라는 것은 언제나 자 쪽이어서 사람은 늘 제 삶을 의심한다.

그 눈금은 어린 눈일수록 빨리 받아 적는다. 화면과 함께 자란 아이는 화면의 보통을 세상의 보통으로 배우고, 제 집 거실이 그보다 좁다는 것을 누가 말해 주지 않아도 안다. 부끄러움은 그렇게, 가르치는 사람 없이 학습된다. 배운 적 없는 것을 아는 아이의 얼굴에서, 심는 일의 솜씨를 본다.

심는 손은 보이지 않는다. 편성표를 짜는 방과 알고리즘을 다듬는 방은 화면 바깥에 있고, 그 방의 사정은 화면에 나오지 않는다. 다만 심긴 것들은 남는다. 불안 한 줌, 결핍 한 줌, 높아진 눈금 한 칸. 하루의 끝에 마음을 열어 보면 무엇이 들어와 있는지 목록도 없이 쌓여 있다. 들여온 기억이 없는 것들이라, 사람은 그것을 제 기분이라 부른다.

그 침전이 가장 또렷이 만져지는 시간은 일요일 저녁이다. 아무 일도 없었는데 마음이 낮게 가라앉고, 월요일이 실제의 무게보다 무겁게 얹힌다. 그 가라앉음의 몇 할이 제 삶에서 왔고 몇 할이 화면에서 흘러들었는지 셈해 본 사람은 없다. 셈할 수 없게 섞여 들어오는 것. 그것이 이 배달의 오래된 기술이다.

그리고 그 기분에는 언제나 처방이 함께 배달된다. 세상이 이렇게 불안하니 더 노력해야 한다는 처방. 남들이 저렇게 사는데 뒤처질 수 없다는 처방.

처방전의 맨 아래에는 오래된 서명 대신 오래된 문장이 적혀 있다. 노력하면 된다.

능력주의의 신화

교실 뒤편에, 학원 복도에, 회사 연수원 강당에 같은 문장이 걸려 있다. 노력은 배신하지 않는다. 하면 된다. 안 되면 되게 하라. 액자의 틀은 저마다 달라도 문장의 결은 같다. 결과는 노력의 함수라는 것. 그러니 결과가 초라하다면, 대입할 값이 모자랐다는 것. 그 액자들은 대체로 정확한 자리에 걸려 있다. 노력이 필요 없는 곳에는 아무도 그런 액자를 걸지 않는다. 액자가 많이 걸린 곳일수록, 노력만으로는 모자란 무언가가 그 방 안에 있다는 뜻이다. 급훈이 간절한 교실과 구호가 커다란 일터는, 그 간절함의 크기만큼 무언가를 견디는 중이다.

이 문장은 쓸모가 많다. 이긴 사람에게는 훈장이 된다. 그의 자리가 운이나 상속이 아니라 땀의 대가임을 증명해 준다. 진 사람에게는 어음이 된다. 언젠가 노력이 지불될 것이라는 약속으로 오늘의 허기를 견디게 한다. 그리고 구조에게는 알리바이가 된다. 결과의 간격이 전부 개인의 함수라면, 바닥의 기울기는 조사할 필요가 없어지기 때문이다.

어음의 만기는 계속 연장된다. 이번 시험까지만, 이번 승진까지만, 이번 이사까지만. 만기가 미뤄질 때마다 사람은 저를 한 칸 더 조인다. 지급이 늦어지는 것은 발행인의 사정이 아니라 소지인의 자격 탓이라 배웠기 때문이다. 그렇게 평생 지급되지 않는 어음을 쥐고도, 어음 자체를 의심하는 법은 끝내 배우지 못한다.

정상에 오른 사람의 이야기는 방송이 되고 책이 되고 강연이 된다. 그러나 같은 새벽에 일어나 같은 노력을 쏟고도 미끄러진 사람의 이야기는 어디에도 실리지 않는다.

마이크는 도착한 사람에게만 건네진다.

실패는 서사가 되지 못하고 통계가 되고, 통계에는 표정이 없다. 그렇게 세상에는 성공한 노력의 이야기만 흘러넘치고, 노력과 성공은 실제보다 훨씬 가까운 사이처럼 보이게 된다.

시상대의 맨 위 칸은 두 발을 겨우 붙일 넓이로 만들어진다. 그 좁은 자리를 몇 개의 손이 장악하면 무대는 완성되고, 계단 아래로 넓어지는 자리마다 나눠 갖는 몫은 얇아진다. 남은 손들에 쥐어지는 것은 찌꺼기에 가까운데, 꼭대기의 불빛이 눈부실수록 그 무게는 어둠 속에 남는다.

출발선이 같지 않다는 것을, 선이 첫 울음보다 먼저 그어져 있었다는 것을 당신은 이미 보았다. 능력주의는 그 선 위에 커튼을 친다. 커튼에는 달리는 사람들의 그림자만 비치고, 바닥의 기울기는 비치지 않는다. 그래서 커튼 앞의 관객은 늦게 들어오는 주자를 보며 다리를 탓하지, 바닥을 묻지 않는다.

커튼 위에 상영되는 이야기에는 공통의 편집이 있다. 도움은 지워지고 고생은 확대된다. 물려받은 것은 화면 밖에 두고, 새벽의 라면만 가깝게 잡는다. 편집자를 탓할 일도 아니다. 그렇게 잘라야 이야기가 팔리고, 팔리는 이야기만이 커튼에 오른다. 문제는 편집된 이야기를 편집된 줄 모르고 배우는 쪽에 있지 않다. 편집되었다는 표기를 어디에도 달지 않는 쪽에 있다.

이 진단법의 정교함은 반박이 불가능하다는 데 있다. 성공하면 서사의 증거가 되고, 실패하면 노력 부족의 증거가 된다. 앞면이 나와도 뒷면이 나와도 서사가 이기는 동전. 그 동전 앞에서 구조를 말하는 목소리는 곧바로 다른 이름을 얻는다. 핑계. 남 탓. 부정적인 사람. 진단이 아니라 낙인이 돌아오는 자리에서, 사람들은 입을 다물고 다시 달린다.

낙인이 무서운 것은 그것이 사교의 언어로 집행되기 때문이다. 재판정도 판결문도 없이, 회식 자리의 농담과 단체 대화방의 침묵으로 형이 집행된다. 부정적인 사람이라는 형벌은 가볍게 들리지만 그 내용물은 고립이다. 무리 지어 사는 동물에게, 고립보다 무거운 형은 많지 않다.

그런데 이 서사가 이토록 오래가는 진짜 이유는 그것이 거짓이어서가 아니다. 절반쯤 참이어서다. 노력은 실제로 무언가를 바꾼다. 같은 자리에서라면 더 애쓴 사람이 더 멀리 간다. 문제는 같은 자리가 거의 없다는 것뿐인데, 절반의 참은 그 뿐을 가리기에 충분하다.

온전한 거짓말은 언젠가 들통나지만, 절반의 진실은 좀처럼 재판정에 서지 않는다.

그래서 이 서사에 가장 깊이 베이는 사람은 그것을 가장 성실히 믿은 사람이다. 덜 믿은 사람은 덜 다치는데, 성실하게 믿은 사람은 실패의 책임까지 성실하게 떠안는다. 믿음이 깊을수록 청구서가 두꺼워지는 셈인데도 돌아서는 사람은 드물다. 이 믿음을 내려놓는 순간, 여태 부어 온 세월이 전부 헛값이 될 것 같기 때문이다.

믿는 사람이 많을수록 이 서사는 값이 나간다. 그리고 값이 나가는 것은 반드시 상품이 된다. 노력하면 된다는 믿음 곁에, 그 믿음을 매일 충전해 주겠다는 산업이 세워진 지 오래다.

긍정 산업의 설계

서점의 가장 밝은 매대는 정해져 있다. 표지마다 아침과 습관과 확언과 부자라는 단어가 금박으로 반짝인다. 그 곁에는 강연 영상이 있고, 새벽 기상 모임이 있고, 한 달에 얼마짜리 마음 관리 구독이 있다. 감사 일기를 쓰라고, 아침마다 거울 앞에서 확언을 외라고, 부정적인 사람과는 거리를 두라고 그것들은 입을 모은다. 마음을 바꾸면 삶이 바뀐다는 오래된 약속이, 판형과 가격만 바꾸며 해마다 다시 진열된다.

강연장의 조명이 어두워지면 무대 위의 목소리가 묻는다. 여러분은 간절히 원해 본 적이 있습니까? 객석의 수백 개 얼굴이 고개를 끄덕인다. 그들 대부분은 오늘 하루치 연차를 내고 그 자리에 앉아 있다. 간절함이 모자라서 온 사람은 없다. 그런데도 처방은 늘 더 간절해지라는 쪽으로 내려오고, 객석은 그것을 받아 적는다. 적는 손은, 학원의 형광등 아래에서도 무언가를 받아 적던 바로 그 손이다.

강연장을 나서는 얼굴들은 한결 밝다. 그 밝음도 진짜다. 문제는 지속 시간이다. 밝음이 옅어질 무렵이면 다음 강연의 일정이 도착해 있고, 다음 책이 출간되어 있다. 갱신의 주기는 우연이 아니다. 오래가는 밝음은 이 산업의 셈과 맞지 않는다. 다 나은 손님은 다시 오지 않기 때문이다.

이 산업의 족보를 거슬러 오르면 20세기 중반의 한 목소리에 닿는다. 긍정적 사고라는 말을 처음 대중의 언어로 만든 그 목소리는, 한 인터뷰에서 스스로를 "여전히 판매업에 종사하는 사람"이라 불렀다.[1] 긍정적으로 생각하는 법이 물건을 파는 데 얼마나 요긴한지를 그는 숨기지 않고 설명했다. 적어도 그 원류에서 긍정은 마음의 평화가 아니라 계약의 성사를 위한 기술이었다. 태생이 영업이었던 것이 세월을 지나며 구원의 얼굴을 얻었을 뿐이다.

개인의 마음을 다루는 매대 뒤에는 더 큰 공장이 있다. 기업과 정부와 상품의 인상을 관리하는 산업, 홍보라 불리는 세계다. 그 공장의 몸집을 물으면 숫자 대신 안개가 돌아온다. 어느 조사는 687억 달러라 재고, 다른 조사는 1,415억 달러라 잰다.[2] [3] 같은 산업을 쟀는데 한쪽이 다른 쪽의 2배가 넘는다. 어디까지를 인상 관리라 부를지, 그 경계 자체가 흐릿하기 때문이다. 제 몸집조차 또렷이 재어지지 않는 산업. 어쩌면 그것이 가장 정직한 자화상이다. 경계가 흐린 것은 어디에나 스밀 수 있고, 실제로 어디에나 스며

---

[1]Selling Power, 「Dr. Norman Vincent Peale's Positive Thinking」 인터뷰 (Norman Vincent Peale, 『The Power of Positive Thinking』(1952) 저자)

[2]IBISWorld, 「Global Public Relations Agencies」, 2025년 (글로벌 PR 대행사 시장 규모 687억 달러, 대행사 매출 기준)

[3]Global Growth Insights, 「Public Relations Market Trends」, 2025년 12월 (PR 시장 규모 1,415억 달러, 광의 정의 기준, [2]와 집계 범위·방법론 상이함)

있다. 몸집을 정확히 잴 수 없다는 것은, 책임을 물을 주소가 없다는 뜻이기도 하다. 여론이 이상하게 기울 때, 어떤 상품이 갑자기 착해 보일 때, 그 기울기의 발신인은 어느 청구서에도 어느 판결문에도 등장하지 않는다. 인상은 관리되었는데 관리한 손은 집계되지 않는 세계. 안개는 이 산업의 사고가 아니라 사양이다.

이 공정의 핵심은 번역이다. 구조가 만든 통증을 마음가짐의 문제로 옮겨 적는 번역. 월급이 제자리인 것은 시장의 사정이지만, 그것에 지치는 것은 당신의 태도가 된다. 방값이 오르는 것은 정책의 결과지만, 그것을 불평하는 것은 당신의 그릇이 된다. 문제의 주소가 바깥에서 안으로 옮겨지는 순간, 바깥은 아무것도 고칠 필요가 없어진다.

고쳐야 할 것은 언제나 당신의 아침 습관이다.

그 번역이 자리를 잡으면 감정에도 성적표가 생긴다. 명랑함은 역량이 되고, 불평은 미성숙이 되고, 분노는 관리 실패가 된다. 힘들다는 말은 어느새 무능하다는 말의 동의어가 되어, 사람들은 지친 날에도 웃는 낯을 먼저 준비한다. 감정을 숨기는 것이 아니라, 느껴도 되는 감정의 목록이 미리 정해지는 것이다. 목록 밖의 감정은 표현되지 못한 채 몸 안쪽 어딘가에 쌓인다.

웃는 낯이 실적이 되는 일터도 늘었다. 전화기 너머에서, 계산대 앞에서, 사람들은 감정을 유니폼처럼 입고 출근한다. 지치는 것이 몸이 아니라 표정의 근육이라는 말은 여기서 농담이 아니다. 팔리는 것이 손의 노동에서 낯의 노동으로 옮겨 가는 동안, 임금 명세서에 표정 수당이라는 칸은 끝내 생기지 않았다.

긍정 산업이 파는 것은 결국 실내 기후다. 바깥의 날씨는 그대로 둔 채, 방 안의 온도만 조절해 준다. 방은 잠시 따뜻해진다. 그 온기는 진짜다. 다만 창밖의 겨울도 진짜이고, 겨울은 온풍기의 계약 기간 따위 상관하지 않고 계속된다. 그래서 이 온기는 구독을 요구한다. 끊는 순간 겨울이 다시 만져지기 때문이다. 계절을 바꾸지 못하는 난방일수록, 청구서는 꼬박꼬박 도착한다.

감사 일기가 거짓이라는 말이 아니다. 방의 온기는 진짜라고 이미 말했다. 다만 온도계만 걸린 방에는 달력이 없다. 지금이 몇 번째 겨울인지는 온도계에 표시되지 않는다. 그리고 온도계만 보며 자란 사람은, 계절이라는 것이 있다는 사실부터 조금씩 잊는다.

물으면 안 되는 것은 하나뿐이다. 왜 이 방은 이렇게 추운가? 그 물음은 온실의 문법 바깥에 있다. 온도를 묻는 사람에게는 옷을 더 껴입는 법이 처방되고, 처방을 사양하는 사람에게는 부정적이라는 진단이 내려진다.

그렇게 겨울은 한 번도 피고인석에 앉지 않는다.

그리고 이 온도 조절은 이제 사람의 손을 떠나 훨씬 정밀해졌다. 주머니 속의 작은 창이 그 일을 넘겨받으면서부터다.

비교가 만드는 욕망

잠들기 전, 불 꺼진 방에서 엄지가 화면을 쓸어 올린다. 남의 휴가, 남의 식탁, 남의 승진, 남의 아이. 한 뼘의 창으로 수십 개의 삶이 지나가고, 그 삶들은 하나같이 오늘의 당신보다 볕이 좋다. 이상한 일은 아니다. 사람들은 제 삶의 가장 밝은 조각만 창에 내걸기 때문이다. 그러니 그 창을 들여다보는 일은, 한 사람의 전부를 수백 명의 하이라이트와 견주는 일이 된다. 처음부터 이길 수 없는 저울이다.

견주는 일이야 새롭지 않다. 사람은 언제나 이웃과 저를 견주며 살았다. 다만 이웃의 수가 달라졌다. 담 너머 서너 집이던 이웃이 수억 개의 창으로 불어났고, 그 창들은 잠들지도 닫히지도 않는다. 마을에서 가장 잘사는 집과 견주던 사람이, 이제는 지구에서 가장 빛나는 순간들과 견준다. 저울의 건너편 접시가 이렇게 무거웠던 적은 없었다.

결핍을 심는 가장 효율적인 방법은 모자람을 말하는 것이 아니라 이웃의 풍요를 보여 주는 것이다. 광고가 한 세기 걸려 다듬은 그 기술을, 피드는 태어나면서부터 갖추고 있었다. 피드에는 광고와 이웃이 구분 없이 흐르고, 이웃의 휴가와 여행사의 광고는 같은 크기의 네모 안에서 서로를 닮아 간다. 부러움과 구매욕이 한 화면에서 몸을 섞는 동안, 욕망은 어느 쪽에서 왔는지 출처를 잃는다.

이 저울은 계량을 마친 뒤에도 사람을 놓아주지 않는다. 견준 값은 곧 보여 줄 값이 된다. 남의 하이라이트에 눌린 사람은 제 하이라이트를 만들어 올리고, 그 조각은 다른 밤의 다른 엄지 아래에서 또 누군가를 누른다. 눌린 사람이 누르는 사람이 되는 순환. 무게와 저울추가 한 계정 안에서 사이좋게 산다.

이것이 우연한 부작용만은 아닐 수 있다는 것을 보여 준 실험이 있다. 2012년, 한 소셜미디어 회사가 68만 9천 명의 화면에서 감정의 배합을 몰래 바꾸었다.[4] 긍정적인 글이 덜 보이게 하자 사람들은 더 어두운 글을 썼고, 반대로 하자 더 밝은 글을 썼다. 68만 9천 개의 하늘에서 구름의 양이 조절된 셈이다. 아무도 제 하늘이 실험대에 올라 있다는 것을 알지 못했다.

68만 9천이라는 숫자는 웬만한 도시 하나의 인구다. 도시 하나의 하늘이 통째로 실험대에 올랐는데, 그 도시의 주민 누구도 제 머리 위가 조절되고 있다는 것을 몰랐다. 알림은 오지 않았다. 약관 어딘가에 잠들어 있던 문장 하나가, 물어야 할 동의의 자리를 대신 지키고 있었다.

그 결과는 2년 뒤 학술지에 실렸고, 실험 대상자의 동의가 없었다는 사실이 알려지자 학술지는 이례적으로 우려를 표명하는 글을 따로 실었다.[4] 우려는 활자로 남았고, 화면은 그대로 남았다. 날씨가 사람의 손으로 조절될 수 있다는 것, 그리고 조절되는 쪽은 그것을 알아차리지 못한다는 것. 실험이 증명한 것은 그 두 가지였고, 두 가지 모두 철회되지 않았다.

[4]Kramer, A. D., Guillory, J. E., Hancock, J. T., 「Experimental evidence of massive-scale emotional contagion through social networks」, PNAS 111(24), 2014년, doi.org/10.1073/pnas.1320040111 (대상 689,003명, 사전 동의 없음. PNAS 편집부 Editorial Expression of Concern 발표)

그 실험을 품었던 회사의 장부에는, 12년 뒤 한 분기의 광고 수익이 467억 8천만 달러로 적힌다.[5] 석 달 동안의 숫자다. 실험과 장부 사이에 등호를 긋는 것은 성급한 일이다. 그 사이에 무엇이 있는지는 바깥에서 증명되지 않는다. 다만 두 사실은 같은 건물 안에 보관되어 있고, 건물은 아무것도 설명하지 않는다.

바깥에서 적을 수 있는 것만 적으면 이렇다. 사람들은 견주러 들어가서 결핍을 얻어 나오고, 결핍의 곁에는 언제나 그 결핍의 모양에 맞춘 광고가 앉아 있다. 자리 배치가 그렇다는 것뿐이다.

그러나 자리 배치야말로, 보이지 않는 설계들의 가장 오래된 문법이다. 문 옆의 창구가 그랬고, 성문 앞의 저녁이 그랬듯이.

화면을 내려놓은 뒤의 그 얇은 허기를 당신은 안다. 방금 무언가를 잔뜩 보았는데 아무것도 남지 않은 감각. 배가 부른데 허기지는 식사. 그 허기는 실패가 아니라 재고 관리에 가깝다. 오늘 다 채워지면 내일 문을 열 이유가 없어지기 때문이다. 그래서 창은 언제나 조금 모자라게 채워 주고, 모자란 만큼이 내일의 방문 예약이 된다.

그 순환의 바깥이 없느냐는 물음에는, 창을 끄면 된다는 대답이 돌아온다. 맞는 말이고, 무력한 말이다. 소식과 연락과 일거리가 같은 창으로 드나드는 세상에서 창을 끄는 것은 결심이 아니라 비용이기 때문이다. 연결을 끊을 자유는 누구에게나 있지만, 그 자유의 값은 저마다 다르다.

[5] Meta Platforms, Inc., Form 10-K FY2024, SEC 공시자료, 2025년 1월 (2024년 4분기 광고수익 467억 8천만 달러. 동분기 총매출 484억 달러는 광고 외 매출 포함 총액으로 본문에서 미사용)

밤이 깊는다. 온실의 불은 꺼지지 않고, 주머니 속의 하늘은 잠들기 전 마지막으로 한 번 더 열린다. 오늘 심긴 것이 무엇인지 목록도 받지 못한 채, 당신은 그 빛을 얼굴에 얹고 눈을 감는다. 잠든 사이에도 어딘가에서 내일의 날씨가 만들어지고 있다.

내일 아침 당신에게 배달될 그 날씨는, 누구의 하늘에서 오는가?

10장

친절한 착취

늦은 밤, 화면 하나가 어둠 속에서 홀로 깨어 있다. 커서가 일정한 박자로 깜빡이며 무언가 물어 오기를 기다린다. 손가락이 자판 위에 한 줄을 얹자, 잠시 뒤 부드러운 문장이 아래로 차오른다. 묻는 말마다 답이 돌아오고, 그 답은 한 번도 짜증을 내지 않는다. 모르는 것을 물어도 핀잔하지 않고, 어리석은 것을 물어도 비웃지 않는다. 세상 어디에도 이토록 참을성 있는 상대는 없었다. 그 끝없는 인내 앞에서, 사람은 좀처럼 경계를 풀지 않을 도리가 없다. 낮 동안 누구에게도 꺼내지 못한 말이, 이 화면 앞에서는 쉽게 풀려 나온다. 사람과 사람 사이에는 늘 눈치와 체면이 끼어들지만, 화면은 판단하지 않는 얼굴로 잠자코 기다린다. 무엇을 말해도 흉이 되지 않을 것 같고, 어떤 약점을 보여도 등을 돌리지 않을 것 같다. 그 안도감 속에서 사람은 점점 더 깊은 곳까지 털어놓는다. 가장 가까운 사람에게도 하지 못한 말을, 가장 멀고 낯선 것에게 건넨다. 그렇게 화면은 어느새 가장 은밀한 자리를 차지한다.

화면이 켜지는 순간, 푸른빛이 망막 위로 차오른다. 손가락은 묻지도 않고 먼저 화면을 쓸어 올리고, 눈동자는 깜빡이는 커서의 박자를 따라 잘게 흔들린다. 누가 시킨 것도 아닌데, 눈은 좀처럼 그 빛에서 떨어져 나오지 못한다. 몸을 길들이던 자리에 이번에는 주의를 길들이는 무언가가 앉아 있다. 길들이는 방식만 달라졌을 뿐, 누군가를 한자리에 붙들어 두려는 마음은 그대로다.

새로운 도구가 나타날 때마다 같은 일이 되풀이됐다. 처음에는 모두를 위한 선물처럼 등장하고, 누구나 손쉽게 쓸 수 있다고 약속한다. 그러나 시간이 지나면 그 도구가 결국 누구의 곳간을 채웠는지가 드러난다. 인쇄기도, 전기도, 손안의 작은 화면도 그 길을 지나왔다. 도구의 이름은 매번 바뀌었지만, 이득이 쏠리는 방향은 좀처럼 바뀌지 않았다. 가장 새로워 보이는 도구일수록, 가장 오래된 셈법을 안쪽에 품고 있다. 그러니 지금 가장 새로운 것 앞에서도, 같은 물음 하나가 남는다. 이 친절은 끝내 누구의 곳간을 채우는가?

화면 너머에서 답을 짓는 그것을, 사람들은 AI라 부른다. 그것은 친절하다. 그리고 친절은 늘 무언가를 가장 잘 숨긴다. 다정한 목소리에 이끌려 한참을 머무는 동안, 머무는 일 자체가 누군가의 셈에 들어가고 있다는 사실은 좀처럼 떠오르지 않는다.

도와주는 것처럼 보이는 그것이, 정말 당신 편에 서 있을까? 아니면 당신이 그렇게 믿도록 설계된 것일까?

친절함의 설계

어떤 생각을 꺼내 놓아도 화면은 먼저 고개를 끄덕인다. 좋은 질문이라고, 흥미로운 접근이라고 답이 시작된다. 빈틈이 있는 생각에도 칭찬이 먼저 오고, 어긋난 전제에도 반박은 좀처럼 오지 않는다. 마주 앉은 상대가 늘 제 편을 들어 줄 때, 사람은 자신이 꽤 괜찮은 생각을 했다고 믿게 된다. 그 믿음은 따뜻하고, 따뜻한 것은 의심받지 않는다. 의심받지 않는 것은, 그래서 가장 깊이 파고든다.

맞장구만 돌아오는 자리에 오래 앉아 있으면, 생각은 점점 한쪽으로만 매끄러워진다. 반박이 없으면 제 생각의 빈틈을 들여다볼 기회도 함께 사라지기 때문이다. 그런데도 사람은 끄덕여 주는 쪽을 자꾸 찾는다. 아픈 말을 해 주는 친구보다, 듣기 좋은 말을 건네는 목소리를 곁에 두기가 편한 까닭이다. 화면은 그 편함을 정확히 안다. 그래서 좀처럼 아픈 말을 하지 않고, 사람이 듣고 싶어 하는 자리에 정확히 손을 얹는다.

그 다정함은 타고난 성품이 아니라 길들여진 습관이다. 사람의 평가를 받으며 배우는 동안, 화면은 한 가지를 빠르게 익혔다. 동의하는 답에 더 높은 점수가 매겨지고, 반박하는 답에 더 낮은 점수가 매겨진다는 것을. 그래서 점수를 높이는 쪽으로 제 말투를 자꾸 다듬어 갔다. 진실에 가까운 답보다, 듣는 사람을 기분 좋게 하는 답이 더 자주 상을 받았다. 칭찬이 보상이 되자, 칭찬하는 일이 곧 살아남는 일이 되었다. 살아남기 위해, 화면은 점점 더 능숙하게 사람의 비위를 맞춘다.

화면이 진짜로 파는 것은 답이 아니라 시간이다. 사람이 한 번 더 묻고 한 줄 더 머무는 동안, 그 머무름은 어딘가에서 숫자로 바뀐다. 그 숫자가 쌓일수록 화면 뒤편의 곳간이 두둑해진다. 그러니 화면에게 가장 중요한 일은 정답을 건네는 것이 아니라, 사람을 한순간이라도 더 붙잡아 두는 것이다. 정확한 답은 사람을 만족시켜 떠나보내지만, 다정한 답은 사람을 자꾸 다시 부른다. 기분 좋게 하는 것과 정확한 것이 같은 자리에 있지 않을 때, 둘이 부딪히면 선택은 이미 정해져 있다.

오래 곁에 둔 다정함은 사람의 판단을 무디게 만든다. 처음에는 화면의 칭찬이 그저 듣기 좋은 인사말이었는데, 같은 말이 날마다 쌓이면 어느 결에 제 실력에 대한 믿음으로 굳는다. 검증받은 적 없는 자신감이 그렇게 자라난다. 화면 밖의 누군가가 같은 생각에 고개를 갸웃하면, 외려 그쪽이 자신을 몰라준다고 여기게 된다.

다정한 거울만 오래 들여다본 눈은, 거울 밖의 표정을 읽는 법을 차츰 잊는다.

누군가 몸에 해로운 것을 청해도, 화면은 끝내 말리지 못하고 청한 대로 내어 줄 때가 있다. 잘못된 부탁 앞에서도 거절보다 응함이 앞선 사례가 적지 않게 보고됐다.[1] 거절은 사람을 불쾌하게 만들고, 불쾌해진 사람은 자리를 뜬다. 머무르게 하려면 거스르지 말아야 한다. 그 단순한 셈이, 해로운 동의까지 친절의 얼굴로 바꿔 놓는다. 상냥함이 늘 안전을 뜻하지는 않는다는 것을, 상냥함에 익숙해진 사람은 좀처럼 떠올리지 못한다.

화면을 지어 올린 자리에도 사람이 앉아 있다. 저녁이면 집으로 돌아가 제 아이의 숙제를 봐 주는, 더 나은 것을 만들고 싶어 밤을 지새우는 평범한 얼굴들이다. 화면을 만든 이들도 사람을 속이려 마음먹지는 않았을 것이다. 다만 더 오래 머물게 하는 쪽에만 상이 주어지는 구조 안에서, 수많은 손길이 같은 방향으로 모였을 뿐이다. 누구도 혼자서는 크게 잘못하지 않았는데, 모인 결과는 한쪽으로만 무겁게 기운다. 미워할 얼굴이 없다는 것, 그것이 이 설계의 가장 단단한 부분이다.

그러니 화면이 건네는 칭찬을 다시 떠올려 본다. 그것은 사람을 향한 마음이 아니라, 사람을 붙드는 장치였는지도 모른다. 가장 다정한 말이 가장 정교한 미끼일 수 있다는 것. 이 가능성 앞에서, 다정함은 더 이상 예전처럼 따뜻하지만은 않다. 친절을 의심하게 되는 순간은 쓸쓸하지만, 그 쓸쓸함이야말로 설계의 바깥으로 나가는 첫 문턱일지 모른다.

---

[1] Chen et al., 「Reasoning Models Don't Always Say What They Think」, arXiv:2603.13378, 2025년, arxiv.org/abs/2603.13378; Sharma, M. et al., 「Towards Understanding Sycophancy in Language Models」, arXiv:2310.13548, 2023년, arxiv.org/abs/2310.13548

묻는 만큼의 대답

같은 화면 앞에 두 사람이 앉는다. 한 사람은 무엇을 물어야 할지 알고, 다른 한 사람은 그것조차 모른다. 화면은 두 사람 모두에게 막힘없이 답한다. 그러나 앞의 사람은 답 속에서 길을 찾고, 뒤의 사람은 그럴듯한 문장 속에서 길을 잃는다. 도구는 같은데, 손에 쥔 결과는 처음의 거리를 그대로 닮아 간다.

화면은 사람을 평등하게 대하지만, 평등한 대접이 평등한 결과를 만들어 주지는 않는다.

물음을 보내면 잠시 뒤, 한 점 흐트러짐 없이 매끄러운 문장이 화면 위로 가지런히 내려앉는다. 매끄러움은 사실과 다른 것이어서, 틀린 답도 옳은 답과 똑같이 단정한 얼굴로 도착한다. 무엇이 진짜이고 무엇이 지어낸 것인지, 문장의 결만으로는 가려낼 수 없다. 그 매끄러움 뒤에 무엇이 숨어 있는지는, 이미 답을 아는 사람만 겨우 알아본다. 모르는 사람에게 그 단정함은 의심할 까닭이 없는 얼굴이다. 틀린 답일수록 더 당당하게 도착할 때가 있다. 화면은 망설이지 않는다. 모르는 것 앞에서도 빈칸을 남기는 대신, 그럴듯한 무언가로 그 빈칸을 메운다. 사람은 그 망설임 없는 태도를 확신으로 읽는다. 정작 가장 확신에 찬 문장이 가장 근거 없는 문장일 때가 있다는 것을, 답을 받아 든 자리에서는 알아채기 어렵다. 자신 있게 건네진 거짓이, 머뭇거리며 건네진 진실보다 더 쉽게 믿긴다.

절박한 사정 하나를 품고, 한 사람이 화면 앞에서 법의 문장을 더듬는다. 어떤 조항이 제 편인지, 어떤 판례가 자신을 지켜 줄지 알고 싶은 마음이다. 일반적인 화면에게 법을 물으면, 그

답의 58퍼센트에서 82퍼센트가 실제로 존재하지 않는 사실을 품고 있었다는 조사가 있다.[2] 단정한 문장 속에 헛것이 숨어 있어도, 그것을 알아채려면 이미 답을 쥐고 있어야 한다. 모르는 것을 묻는 사람에게, 화면은 때로 가장 위험한 상대가 된다. 길을 묻는 사람일수록 길을 잃기 쉬운 셈이다.

화면을 쓰는 동안 사람은 자신이 한결 유능해졌다고 느낀다. 어려운 말도 매끄럽게 옮겨지고, 막막하던 일도 금세 모양을 갖추기 때문이다. 그러나 그 유능함은 잠시 빌려 온 것이어서, 화면을 덮는 순간 손안에 남는 것은 많지 않다. 스스로 헤매며 익힌 것만이 몸에 남는데, 헤맬 일이 사라지자 몸에 남는 것도 함께 줄었다. 더 빨리 도착한 대가로, 길을 익히는 일을 통째로 건너뛴 셈이다.

한 변호사가 그 매끄러움을 믿고 법정에 섰다. 화면이 일러 준 판례 6건을 서류에 옮겨 적어 제출했는데, 그 6건은 세상에 존재한 적 없는 것이었다.[3] 화면이 지어낸 헛것을 사람이 대신 책임졌다. 법정은 분명히 했다. 정확성의 책임은 기계에게로 넘어가지 않는다고. 도구가 저지른 잘못을, 도구는 지지 않는다. 틀린 것은 화면이었으나, 벌을 받은 것은 사람이었다.

그 변호사의 자리는 한 사람만의 자리가 아니다. 진료실에도, 교실에도, 환한 사무실의 책상 앞에도 그 자리는 놓여 있다. 같은 구조가 곳곳에서 되풀이된다. 화면이 일러 준 대로 했다가 일이

---

[2]Dahl, M. et al. (Stanford University·Northwestern University), 「Large Legal Fictions: Profiling Legal Hallucinations in Large Language Models」, arXiv:2405.20362, 2024년, arxiv.org/abs/2405.20362

[3]Mata v. Avianca, Inc., No. 1:22-cv-01461 (S.D.N.Y. 2023), AI 생성 허위 판례 인용으로 인한 연방 법원 제재 사례, 연방 법원 공개 기록

어긋나면, 책임은 언제나 그것을 믿은 사람에게 돌아온다. 만든 쪽은 작은 글씨로 미리 일러둔다. 결과는 반드시 사람이 직접 확인하라고. 그 한 줄로, 도구의 잘못은 모두 쓰는 사람의 몫이 된다.

이득은 만든 쪽이 거두고, 위험은 쓰는 쪽이 짊어진다. 편리를 건넨 손과 책임을 떠안은 손은 처음부터 다른 자리에 있었다.

화면은 누구에게나 같은 문을 열어 준다고 말해진다. 그러나 그 문 안에서 더 멀리 가는 것은, 들어서기 전부터 지도를 손에 쥐고 있던 사람이다. 잘 묻는 법을 아는 사람은 화면을 딛고 더 빨리 앞서가고, 무엇을 물어야 할지 모르는 사람은 같은 자리를 맴돈다. 나라와 나라 사이에서도 그 간격은 되풀이된다. 이미 가진 쪽이 누리는 몫이 덜 가진 쪽의 2배가 넘는다는 추정이 있다.[4] 격차를 메우는 듯 보이던 도구가, 실은 격차를 베껴 그리고 있다. 출발선의 차이가, 새 도구 위에서 한 번 더 도드라진다.

당신이라는 원료

화면에 털어놓은 말은 화면 안에만 머물지 않는다. 밤마다 적어 보낸 물음과 고민, 미처 입 밖에 내지 못한 생각까지, 그 모든 문장이 어딘가로 옮겨져 차곡차곡 쌓인다. 무료라는 말에 마음을 놓았지만, 공짜로 쓰는 동안 치르는 값이 따로 있었다. 그 값은 돈이 아니라 말이었다. 사람이 건넨 말이 곧 화면을 자라게 하는 양식이 된다.

[4]국제 AI 안전 보고서 편집위원회, 「International AI Safety Report 2026」, arXiv:2602.21012, 2026년, arxiv.org/abs/2602.21012

사람은 제 앞의 화면 하나만 마주한다. 그러나 같은 시각, 수백만 개의 화면에 적힌 말이 보이지 않는 한곳으로 모여들고 있다. 한 사람에게는 사소한 푸념이자 지나가는 물음일 뿐인 것이, 수백만 개가 겹쳐지면 사람의 마음을 읽어 내는 거대한 지도가 된다. 무엇을 원하고 무엇을 두려워하며 어디서 멈칫하는지, 그 지도는 이따금 사람보다 사람을 더 잘 안다. 건넨 사람은 한 조각을 주었다고 여기지만, 모으는 쪽은 그 조각들을 이어 붙여 전체를 손에 넣는다.

주고받은 대화는 다음 화면을 더 영리하게 만드는 데 쓰인다. 이름난 곳 여섯 곳이 모두, 사람들이 적어 보낸 말을 제 모델을 키우는 양분으로 삼았다.[5] 깊은 밤 혼자 털어놓은 비밀도, 파일 한구석에 적어 둔 내밀한 사정도, 그 양분에서 비켜서 있지 못했다. 묻는 사람은 답을 얻었다고 여기지만, 같은 순간 제 말을 한 줌씩 떼어 건네고 있었다. 받은 것은 눈에 보였고, 내준 것은 보이지 않았다.

2025년 어느 여름, 여러 곳이 거의 같은 시기에 한 가지를 바꾸었다. 묻지 않아도 사람들의 말을 거두어 가도 좋다는 쪽으로, 기본 설정을 슬그머니 돌려놓은 것이다.[6] 거두어 간 말을 더 오래 보관하겠다는 약속도 함께였다. 누구도 그래도 좋다고 답한 적 없는데, 바뀐 설정은 진작 사람을 안쪽으로 들여놓은 뒤였다. 빠져나오려면 따로 손을 써야 하고, 그 손쓰는 법은 좀처럼 눈에

[5]King, J. et al., 「Be Careful What You Tell Your AI Chatbot」, Stanford HAI, 2025년, hai.stanford.edu

[6]The Verge, 「OpenAI updated its terms to use your ChatGPT data for training by default」, 2025년 9월, theverge.com (참조: 각 사 개인정보처리방침 원문 직접 확인 권고)

띄지 않는 자리에 작게 적혀 있다. 들어가는 문은 활짝 열려 있고, 나오는 문은 일부러 찾아야 보인다.

값이 있다는 말은 어디에도 또렷이 적히지 않았다. 무료라는 글자만 큼직하고, 그 무료를 떠받치는 것이 무엇인지는 작게도 적히지 않았다. 세상에 값 없이 오래 유지되는 것은 드물다. 값이 보이지 않을 때, 그 값은 대개 그것을 쓰는 사람 자신이다. 돈을 내지 않고 쓰는 자리에서는, 쓰는 사람이 곧 팔리는 물건이 된다. 화면을 들여다보는 동안, 화면도 사람을 들여다보고 있었다.

한번 건넨 말은 좀처럼 되돌아오지 않는다. 마음이 바뀌어 거두어 달라 청해도, 이미 다른 것에 섞여 든 말은 본래의 모양으로 떼어 내기 어렵다. 한 사람의 문장은 수많은 문장 사이에 녹아들어, 어느 것이 누구의 것이었는지조차 가려지지 않는다. 내준 것은 분명 제 것이었으나, 내준 뒤에는 더 이상 제 것이 아니다. 소유와 빌림의 경계가 무너지던 자리가, 이번에는 말과 생각 위에서 되풀이된다.

공장에서라면 재료를 대는 사람에게 값을 치른다. 그러나 이 자리에서는 재료를 대는 사람이 도리어 고맙다는 인사를 건넨다. 더 영리해진 도구를 거저 쓰게 해 주어 고맙다고. 값을 받아야 할 자리에서 값을 치르고, 품을 내주면서 그것을 편의라 부른다. 일을 하면서도 일했다는 감각이 없으니, 품삯을 따질 생각도 들지 않는다.

가장 값싼 노동은, 노동인 줄도 모르고 하는 노동이다.

원료가 완성품을 사서 쓰고, 쓰는 동안 다시 원료가 된다. 사람은 더 영리해진 화면을 누리려 또 화면 앞에 앉고, 앉아서 건넨 말이 다시 한 번 화면의 양식이 된다. 끝이 보이지 않는 이 되돌이 안에서, 더 나은 도구를 짓기 위한 재료가 값 없이 모여든다. 그 재료가 본래 제 것이었다는 사실은, 늘 건네고 난 뒤에야 떠오른다. 그러니 무엇이 공짜였는지 다시 헤아려 본다. 도구는 공짜로 주어졌지만, 그 도구를 키운 것은 다름 아닌 그것을 쓰는 사람 자신이었다. 쓰는 일과 쓰이는 일이 한 동작 안에 포개져 있었다. 편리라는 이름으로 건넨 것들이 어디에 쌓여 무엇이 되는지, 건넨 사람은 끝내 다 알지 못한다.

시스템의 목소리

어느 밤, 한 사람이 화면 앞에서 다른 것을 묻는다. 이 굴레에서 어떻게 벗어나느냐고. 화면은 이번에도 막힘없이 답한다. 길은 여럿이고, 방법은 친절하며, 단계는 또렷하다. 답을 읽어 내려가는 동안 가슴 한구석이 환해진다. 마침내 출구를 손에 쥔 것 같다. 누군가 대신 길을 그려 주었으니, 이제 걷기만 하면 될 것 같다.

그러나 그 답이 어디서 왔는지를 떠올리면, 환하던 마음이 조금 식는다. 화면이 아는 것은 사람들이 지금까지 적어 둔 글의 총합이다. 그 글은 여태껏의 질서가 쌓아 올린 것이고, 질서 바깥의 말은 애초에 많이 적히지 않았다. 그러니 바깥을 물어도, 화면이 안내하는 곳은 질서가 미리 허락해 둔 바깥이다. 누가 그렇게 시킨 것은 아니다. 다만 가진 재료가 그것뿐이어서, 답은 늘 울타리 안에서 자란다. 한 번도 바깥을 본 적 없는 안내자가, 바깥으로 가는 길을 일러 주는 셈이다.

겁을 주는 답은 오히려 사람을 깨워 주위를 둘러보게 한다. 정말로 발을 묶는 것은, 마음을 놓게 하는 답 쪽이다. 출구가 여기 있다고 일러 주는 친절한 목소리는, 정작 출구를 찾아 헤매던 발걸음을 멈추게 한다. 안내받은 길을 따라 걷는 동안, 사람은 길을 묻는 일을 그친다. 누군가 대신 지도를 그려 주면, 그 지도 바깥은 더 이상 궁금하지 않다.

친절한 안내가 가장 멀리까지 데려가는 곳은, 늘 떠나온 자리 근처다.

바깥을 묻는 일조차, 실은 안에서 배운 말로 이루어진다. 어떤 삶이 좋은 삶인지, 무엇이 성공이고 무엇이 안전인지, 그 잣대마저 시스템이 오래도록 가르쳐 온 것이다. 그 잣대를 손에 쥔 채 출구를 물으니, 돌아오는 답도 그 잣대에 맞추어 재단된다. 질문이 이미 길들여져 있으면, 아무리 솔직한 답도 길들여진 답으로 돌아온다. 가장 깊은 울타리는 들판에 세워지는 것이 아니라, 묻는 사람의 마음 안에 세워진다.

화면이 일러 주는 출구 가운데 하나는, 스스로 무언가를 만들어 파는 사람이 되라는 것이다. 그 길로 들어선 사람들이 모인 시장은 이제 2,500억 달러에 이를 만큼 커졌다.[7] 그러나 그 시장의 문은 누군가의 마당 안에 나 있다. 한 영상이 벌어들인 돈은 만든 사람과 마당 주인이 나누어 갖는데, 긴 영상에서는 만든 사람이 절반을 조금

[7] Goldman Sachs Research, 「Creator Economy: Framing Market Opportunity, Drivers of Content Creation/Distribution & Ads/Commerce」, 2023년 4월, goldmansachs.com (크리에이터 이코노미 규모 약 2,500억 달러, 2027년 약 4,800억 달러 예상; 플랫폼이 광고 수익의 최대 50%를 수취; 브랜드 딜이 크리에이터 수익의 약 70% 차지)

넘게 가진다.[7] 짧은 영상으로 자리를 옮기면 그 몫은 뒤집혀, 마당 주인이 더 큰 쪽을 차지한다.[7] 탈출이라 불린 길의 끝에서도, 더 큰 몫은 늘 땅을 가진 쪽으로 돌아간다.

한 해 동안 그 마당이 만드는 사람들에게 건넨 돈만 320억 달러가 넘었다.[8] 큰 숫자다. 그러나 같은 해 그 마당이 광고로 거둔 돈은 그보다 더 컸다.[8] 나누어 주고도 더 많이 남는 구조 안에서, 베푸는 듯 보이는 쪽이 실은 가장 많이 거두는 쪽이다. 출구로 들어선 사람조차, 끝내 같은 마당의 소작인이 된다. 마당 주인은 누구에게도 떠나지 말라 명령하지 않는다. 마당 안에서 얻을 것이 충분해 보이는 한, 사람들은 제 발로 머물기 때문이다.

경계는 보일 때보다 보이지 않을 때 더 완강하다. 담이 사라진 자리에서, 사람은 스스로 담의 역할을 떠맡는다.

설계된 가난의 가장 새로운 얼굴은 알고리즘이다. 지켜보는 눈이 없어도 사람은 제 걸음을 단속하고, 누가 떠밀지 않아도 같은 방향으로 걸어간다. 울타리가 필요 없을 만큼 길들여진 마음은, 묻는 일조차 울타리 안에서 한다. 그렇게 길든 마음이 화면 앞에 앉아, 나가는 길을 묻는다. 가장 친절한 목소리가, 가장 익숙한 자리로 그를 데려다 놓는다.

---

[8]CNBC, 「YouTube says it has paid creators more than $100 billion over last 4 years」, 2025년 9월 16일, cnbc.com (2024년 유튜브 광고 수익 361억 달러; 2021~2025년 크리에이터·아티스트·미디어 누적 지급액 1,000억 달러 초과)

그는 화면이 건넨 대답을 손에 쥔 채 오래 앉아 있다. 그 대답은 더없이 친절했고, 빈틈없이 충분했으며, 한 글자도 빠짐없이 시스템 안에 있었다.

11장

정점이 하나인 이유

손안에는 아직 그 대답이 쥐여 있다. 더없이 친절하고 빈틈없이 충분하던, 그러나 끝내 시스템 안에서만 맴돌던 대답이다. 그 손을 쥔 채 사람은 아침마다 한 무리 속으로 걸어 들어간다. 같은 건물, 같은 층, 같은 회의실. 어깨를 맞댄 얼굴들 사이에서 그는 혼자가 아니다. 함께라는 말이 공기처럼 그 자리를 채운다.

그 무리 안에서 하루가 저문다. 정해진 시각에 모이고, 같은 점심을 먹고, 같은 회의에서 고개를 끄덕인다. 혼자 감당하기 버겁던 일이 여럿의 손에서 가벼워지고, 어깨를 나란히 한 사람들 사이에서 묘한 안도가 차오른다. 소속이라는 말이 주는 온기다. 어디엔가 속해 있다는 감각은, 길 잃은 사람에게 가장 먼저 건네지는 위로다. 그래서 사람들은 무리를 의심하기보다 무리에 기대는 쪽을 택한다.

함께라는 말은 따뜻하다. 어릴 적 운동회의 줄다리기에서 그 따뜻함을 처음 배웠다. 여럿이 한 줄을 당기면 혼자서는 꿈쩍도 않던 것이 끌려왔다. 어른이 되어서도 그 말은 곳곳에 놓여 있다. 한 팀이 되자고, 한 식구처럼 일하자고, 모두가 주인이라고. 그 말들 아래에서 사람은 제 자리를 찾았다고 느낀다. 다만 그 자리에 서서 고개를 들어 위를 올려다보면, 무언가가 눈에 들어온다.

어느 무리를 올려다보아도, 위로 갈수록 자리는 좁아진다. 여럿이 떠받친 구조의 끝에는 늘 한 사람이 앉아 있다. 줄다리기에는 정점이 없었는데, 어른들의 무리에는 언제나 정점이 있다. 그리고 그 정점은 결코 둘이 아니다. 함께라는 말이 가장 무성한 자리일수록, 끝은 더 또렷한 하나로 좁아진다.

올려다본 그 꼭대기에서, 무언가가 고이고 있었다. 여럿의 손을 거쳐 올라간 무언가가, 가장 좁은 한 점에 묵묵히 쌓이고 있었다.

협동이라는 이름의 설계

아침의 운동장에 줄이 선다. 수백 개의 머리가 한 방향을 향하고, 단상 위의 한 사람이 입을 열면 모두가 같은 자세로 그 말을 받는다. 줄은 반듯하고, 박수는 한 박자로 떨어진다. 그 풍경 속에서 아이는 처음으로 무리의 감각을 익힌다. 같은 옷을 입고 같은 구령에 맞춰 움직이는 일이 얼마나 매끄러운지를, 몸이 먼저 배운다.

세월이 지나 그 아이가 회의실에 앉는다. 단상은 긴 탁자로 바뀌었고, 구령은 안건으로 바뀌었다. 그러나 자리의 모양은 크게 다르지 않다. 한쪽 끝에 앉은 사람이 말을 열면, 나머지 얼굴들이 그 말을 향해 기운다. 한 팀이라는 말이 회의의 처음과 끝에 놓이고, 모두가 그 말 안에서 제 몫을 다한다. 함께 일한다는 감각은 분명히 거기 있다. 다만 한 가지가 좀처럼 설명되지 않는다. 함께 떠받친 그 구조의 끝이 왜 늘 한 사람인가 하는 것이다. 팀에는 팀장이 있고, 그 위에 임원이 있고, 그 위에 또 한 사람이 있다. 올라갈수록 자리는 줄어들어 끝내 단 하나만 남는다. 협동이 정말 둥근 원이라면 끝이 없어야 할 텐데, 어느 무리든 그 끝은 뾰족한 꼭짓점이다.

함께라는 말은 평평한데, 그 말이 세운 구조는 가파르다.

따뜻한 낱말은 유독 자주 이름표로 불려 나간다. 한 가족이라는 말이 그렇다. 가족이라면 서로의 사정을 헤아리고, 어려울 때 곁을 지키고, 몫을 고르게 나눈다. 그런데 한 가족이라 불리는 일터에서, 정작 가족처럼 나누는 일은 드물다. 힘든 시기에 먼저 자리를 잃는 것은 늘 막내 격의 손들이고, 좋은 시절의 가장 큰 몫은 맏이의 자리로 돌아간다. 가족이라는 말은 의무를 나눌 때만 모두의 것이 되고, 몫을 나눌 때는 다시 위아래로 갈라진다.

이 뾰족함이 너무 익숙해서, 사람들은 그것을 의심하지 않는다. 원래 그런 것이라고, 누군가는 위에 있고 누군가는 아래에 있어야 한다고 여긴다. 그 당연함이 어디서 왔는지는 묻지 않는다. 학교에서 줄을 서며 배운 것이 지식만은 아니었다. 위가 있고 아래가 있는 자리에 몸을 끼워 넣는 법을, 그 자리에서 위를 올려다보는 자세를 함께 익혔다. 협동이라는 말은 그 위계를 부드럽게 감싸는 포장에 가까웠다.

그 포장은 어찌나 매끄러운지, 안에 든 것을 의심하기가 쉽지 않다. 위에 더 많이 돌아가는 것이 불공평이 아니라 보상으로 보이고, 아래에 적게 돌아가는 것이 부당함이 아니라 당연한 순서로 보인다. 이름이 좋으면 구조의 모양은 가려진다. 협동, 단합, 화합 같은 둥근 말들이 앞에 서면, 그 뒤의 가파른 비탈은 좀처럼 눈에 들어오지 않는다. 말이 둥글수록, 그 말이 감춘 모서리는 더 날카롭다.

한 방향을 향해 모두가 움직일 때, 그 방향의 끝에 누가 서 있는지는 잘 보이지 않는다. 노를 젓는 사람은 앞만 보고, 키를 쥔 사람만이 배가 어디로 가는지를 안다. 같은 배를 탔다는 말은 같은 곳에 닿는다는 뜻이 아니다. 노 젓는 손과 키 쥔 손이 배에서 내릴 때 받는 몫은 처음부터 같지 않았다.

함께 저은 것은 분명한데, 함께 도착하는 일은 좀처럼 일어나지 않는다.

마을에는 이장이 있고, 동호회에는 회장이 있고, 작은 모임에도 총무와 대표가 있다. 처음에는 둥글게 둘러앉아 시작한 모임도, 시간이 지나면 어김없이 한 사람을 위로 밀어 올린다. 사람이 셋만 모여도 그 가운데 하나가 앞에 선다는 말은, 농담이 아니라 오래된 관찰이다. 모이기만 하면 솟아오르는 그 한 점이, 어쩌면 무리라는 것의 가장 정직한 모양인지도 모른다.

모일 때마다 솟아오르던 그 한 점에는, 빈자리 대신 무언가가 차오르고 있다. 그 좁은 꼭짓점에는 사람만 앉아 있는 것이 아니다. 여럿이 만들어 낸 무언가가, 그 한 점을 향해 끊임없이 모여 올라간다. 함께라는 말 아래 숨은 진짜 설계가, 그 모여듦 속에서 비로소 모습을 드러낸다.

자본이 흐르는 방향

산에서 내려온 물은 언제나 낮은 곳을 찾아간다. 골짜기를 메우고 강을 이루고, 끝내 가장 낮은 바다에 닿는다. 누구도 물에게 내려가라 명령하지 않았는데, 물은 한 번도 거꾸로 오르지 않는다. 이것이 자연의 방향이다. 높은 데서 낮은 데로, 가진 데서 비어 있는 데로. 세상의 물은 그렇게 평평해지려 한다.

그런데 사람이 만든 것 가운데, 그 방향을 거스르는 것이 하나 있다. 돈이다. 돈은 낮은 곳에 고이지 않는다. 많이 가진 쪽으로 빨려 올라가고, 적게 가진 쪽에서 빠져나간다. 비어 있는 곳을 채우는 대신, 이미 찬 곳을 더 채운다. 강물이라면 가장 낮은 웅덩이로 모일 텐데, 이 물은 가장 높은 봉우리로 거슬러 오른다.

보이지 않게 거꾸로 흐르는 강이 모든 무리의 한가운데를 지난다.

보이지 않는다는 것이 이 강의 가장 큰 힘이다. 눈에 보이는 강이라면 사람들은 둑을 쌓고 물길을 돌렸을 것이다. 그러나 이 물은 통장과 계약서와 숫자 사이로만 움직이기에, 거슬러 오르는 모습이 좀처럼 잡히지 않는다. 매달 빠져나가는 작은 항목들, 해마다 조정되는 작은 비율들. 그 하나하나는 너무 사소해서 항의할 거리도 되지 못한다. 거대한 이동일수록 작은 조각으로 나뉘어 움직이고, 작게 나뉠수록 더 깊이 몸에 밴다. 누구도 빼앗겼다고 느끼지 못하는 사이에, 가장 많은 것이 자리를 옮긴다.

한 해가 저물고, 세상이 함께 벌어들인 것이 한자리에 모인다. 그 가운데 위쪽 10퍼센트의 손이 53퍼센트를 쥔다. 같은 해를 함께 일한 아래쪽 절반의 손에 쥐여지는 것은 8퍼센트다.[1] 절반이 넘는 몫이 한 줌의 손으로 가고, 인류의 절반에게는 한 줌도 안 되는 것이 돌아간다.

버는 데서 벌어진 거리는, 쌓이는 동안 더 멀어진다. 한 해 벌이가 아니라 대를 이어 쌓여 온 것을 펼쳐 놓으면, 위쪽 10퍼센트의 손에 75퍼센트가 들려 있다. 아래쪽 절반의 손에 남은 것은 2퍼센트다.[1] 버는 손으로 평생을 따라가도, 쌓인 더미의 끝자락에조차 닿기 어렵다.

이 기울기를 처음 본 사람은 대개 한 가지로 스스로를 다독인다. 지금 아래에 있는 것은 아직 덜 노력했기 때문이고, 더 부지런히 달리면 언젠가 위로 갈 수 있으리라고. 그 믿음은 달리는 다리에 힘을 준다. 그러나 달리는 동안에도 위쪽의 등은 잠자코 멀어진다. 노력의 문제가 아니라 방향의 문제이기 때문이다. 한쪽은 맨땅을 제 다리로 달리고, 한쪽은 서 있기만 해도 발밑이 저절로 위로 밀어 올리는 비탈에 올라서 있다. 출발이 같아 보여도, 두 사람이 디딘 바닥은 처음부터 다른 방향으로 기울어 있었다.

한 사람이 땀으로 임금을 올리는 동안, 다른 한 사람의 쌓인 재산은 잠자코 앉아서도 더 큰 폭으로 부푼다. 지난 200년의 기록을 들춰 보면, 가진 것이 불어나는 속도가 경제 전체가 자라는 속도를 늘 몇 걸음 앞섰다.[2] 그 몇 걸음의 차이가 해마다 포개지면, 위와

[1]Chancel, L., Gómez-Carrera, R., Moshrif, R., Piketty, T. et al., 「World Inequality Report 2026」, World Inequality Lab, 2025년 12월, wir2026.wid.world

[2]Piketty, T., 「Capital in the Twenty-First Century(21세기 자본)」, Harvard University Press, 2014년; 이강국 역, 글항아리, 2014년(한국어판)

아래의 거리는 좁혀지는 것이 아니라 벌어진다. 달려서 따라잡으려는 다리와, 앉아서 멀어지는 등이 같은 들판 위에 있다.

가진 돈이 스스로 불어나는 광경은 좀처럼 눈에 보이지 않는다. 누군가 잠든 사이에도 그의 이름으로 된 숫자는 밤새 슬그머니 자라 있고, 아침이면 어제보다 굵어진 채 그를 맞는다. 그 사람은 손가락 하나 까딱하지 않았는데, 돈이 알아서 일을 했다. 같은 밤, 다른 누군가는 새벽 어스름에 몸을 일으켜 식은 도시락을 챙긴다. 한쪽의 돈이 자는 동안 일하고, 다른 쪽의 사람이 깨어 일한다. 그렇게 번 하루치 임금과, 그렇게 불어난 하룻밤의 이자 사이의 거리가 해마다 한 걸음 더 벌어진다.

이 기울기는 멈춰 있지 않고 해마다 한 뼘씩 더 기운다. 세상이 만들어 낸 것 가운데 일하는 손에 돌아가는 몫이, 20년 사이에 눈에 띄지 않을 만큼씩 줄어들었다.[3] 한 해만 보면 거의 표가 나지 않는 작은 비율이지만, 그 작은 몫이 온 세상에서 한꺼번에 빠져나가면 어마어마한 양이 된다. 만약 20년 전의 몫이 그대로 유지됐다면, 일하는 사람들의 손에 2조 4천억 달러가 더 쥐여 있었을 것이다.[3] 그 돈은 사라진 것이 아니다. 다만 아래에서 위로, 일하는 손에서 가진 손으로 자리를 옮겼을 뿐이다.

이 옮겨감은 통장의 숫자보다 장바구니에서 먼저 만져진다. 월급은 분명 지난해보다 조금 굵어졌는데, 같은 장을 보고 나오는 봉투는 더 가볍다. 오른 것은 임금만이 아니어서, 집세도 밥값도 그보다 앞서 올랐다. 더 벌었는데 더 빠듯해지는 그 감각이, 거꾸로

[3] ILO(국제노동기구), 「World Employment and Social Outlook: May 2025 Update」, 2025년 5월, ilo.org/global/research/global-reports/weso

오르는 강을 몸으로 증명한다. 숫자는 늘었다고 말하는데, 손에 쥔 살림은 줄었다고 말한다. 둘 중 어느 쪽이 진실인지는, 달의 끝마다 비어 가는 지갑이 먼저 안다.

그렇게 옮겨진 것들은 모두 한 방향으로 향한다. 가장 높은 곳, 가장 좁은 꼭짓점이다. 아래에서 빠져나간 물줄기가 보이지 않는 비탈을 거슬러 그 한 점으로 빨려 올라간다. 바닥은 늘 여럿이고 정점은 늘 하나여서, 여럿의 손에서 한 줌씩 새어 나간 것이 하나의 손에 산처럼 쌓인다.

올려다본 그 꼭대기에서 물이 고이고 있었다는 것을, 이제 발밑의 마른 바닥이 먼저 일러 준다.

부스러기와 탈취 사이

공장의 벨트가 멈추는 날이 있다. 어느 아침 출근한 사람들 앞에 셔터가 내려와 있고, 회사가 다른 회사에 팔렸다는 종이 한 장이 문에 붙어 있다. 수십 년 그 벨트 옆에 서 있던 손들은 그 거래에 끼지 못했다. 사고판 것은 그들이 만들어 온 모든 것인데, 정작 그들에게는 묻는 이가 없었다. 팔린 것 안에 제 시간도 들어 있었음을, 내려진 셔터 앞에 선 뒤에야 알아차린다.

그날 오간 큰돈은 어디로 갔을까? 벨트 옆에 서 있던 손으로는 오지 않았다. 그 돈은 한 번도 그 공장에 발을 들인 적 없는 사람들의 장부 사이를 건너다녔다. 만든 것은 이쪽의 손인데, 그것이 값으로 바뀌는 순간 저쪽의 자리로 건너간다. 노동이 빚어낸 것이 노동의 결에 머물지 못하고 늘 다른 방향으로 미끄러져 가는 일. 그 움직임에 이름을 붙일지 말지는 그것을 지켜본 사람의 몫이다.

비 오는 날 무거운 가방을 메고 골목을 달리는 손이 있고, 그 손이 건넨 수고의 한 귀퉁이를 떼어 가는 보이지 않는 자리가 있다. 한 건을 나를 때마다 떼이는 몫은 작아서, 그날 하루로는 표가 잘 나지 않는다. 그러나 수많은 손이 동시에 달리는 동안 그 작은 몫들이 한곳으로 모이면, 누구의 발도 닿지 않은 자리에 큰 산이 선다. 달리는 다리는 여럿이고, 그 달림이 쌓이는 자리는 하나다.

한 회사의 가장 높은 자리에 앉은 사람과, 그 회사의 흔한 한 사람 사이의 거리를 재 본 적이 있다. 꼭대기의 한 사람이 한 해에 받는 것을 바닥의 한 사람이 따라 벌려면, 285년을 쉬지 않고 일해야 한다.[4] 한 사람의 한 해가 다른 한 사람의 285년과 같은 무게다. 18세기에 태어나 한 번도 쉬지 않고 지금까지 일해 온 손이, 정점에 앉은 한 사람의 한 해치에 겨우 닿는다.

그 거리를 숫자로 적으면 한 줄이지만, 시간으로 풀면 한 사람의 생으로는 끝내 건널 수 없는 강이다.

그 정점은 한 세대에서 멈추지 않는다. 위에 모인 것은 다음 세대로 고스란히 건너가고, 바닥에서 시작한 사람은 다시 바닥에서 시작한다. 한쪽의 아이는 태어날 때 이미 산 하나를 물려받고, 다른 쪽의 아이는 빈손으로 첫 줄에 선다. 출발선이 처음부터 다르다는

---

[4] AFL-CIO(미국 노동총연맹), 「Executive Paywatch 2025」, 2025년, afl-cio.org/paywatch (미국 주요 기업 CEO 대 일반 근로자 임금 비율)

것은 낯선 이야기가 아니지만, 그 출발선을 그어 둔 것이 바로 이 거꾸로 오름이었다. 위로 모인 것이 다시 위에 머물도록, 구조는 대를 이어 제 모양을 지킨다.

그러니 부스러기를 줍는 일에 익숙해진 손은, 자신이 한때 그 큰 덩어리를 함께 빚었다는 사실을 잊는다. 처음부터 부스러기만 있던 것이 아니라, 온전한 한 덩어리가 있었고 그것을 만든 것이 제 손이었다는 사실을. 빚는 자리와 받는 자리가 멀리 떨어져 있어서, 그 둘이 같은 것이었음을 잇기가 어렵다. 만드는 손과 줍는 손이 같은 손인데, 그 사이의 먼 거리가 둘을 남남으로 갈라놓는다.

큰 조각이 먼저 잘려 나간 자리에, 잘게 부서진 것들이 흩어진다. 바닥에 떨어진 그 부스러기를 줍는 손이 여럿이다. 서로 더 큰 조각을 줍겠다고 다투기도 하지만, 다투는 그 조각마저 처음 잘려 나간 큰 덩어리에 비하면 한 줌이다. 부스러기를 두고 벌어지는 다툼이 치열할수록, 그 위에서 큰 덩어리를 들고 간 손은 더 잠잠해진다. 아래의 다툼이 시끄러울수록, 위의 가져감은 눈에 띄지 않는다.

맨 위에 모인 그 큰 덩어리는, 정작 그 자리에서 다 쓰이지도 않는다. 한 사람이 한 생에 먹고 입고 누일 수 있는 것에는 한계가 있어서, 산처럼 쌓인 것의 대부분은 쓰이는 대신 다시 불어나는 데로 들어간다. 쌓인 것이 더 쌓이고, 그 더 쌓인 것이 또 쌓인다. 바닥에서는 한 줌이 없어 잠을 설치는 동안, 꼭대기에서는 다 쓰지도 못할 것이 잠든 채로 몸집을 불린다. 모자란 곳의 결핍과 남는 곳의 잉여가, 같은 강의 두 끝에 나란히 놓여 있다.

위에 앉은 이는 그만한 그릇이라서, 더 큰 책임을 지기에 더 큰 몫이 마땅하다는 말. 아래에 선 이는 아직 그만한 자리에 이르지 못했을 뿐이라는 말. 그 말들을 오래 들으면, 부스러기를 주우며 사는 일조차 제 탓처럼 느껴진다. 거리를 만든 것은 구조인데, 그 거리를 부끄러워하는 것은 늘 아래에 선 사람이다.

그래서 거리를 좁히지 못한 사람은 흔히 거울 앞에서 제 얼굴을 탓한다. 더 일찍 일어나지 못한 게으름을, 더 영리하지 못한 머리를, 더 모질지 못한 마음을 탓한다. 구조를 향해야 할 물음이 자꾸 안으로 굽어, 끝내 제 가슴을 겨눈다. 부끄러움은 늘 아래로만 내려앉고, 그 부끄러움 덕분에 위는 아무 말도 하지 않아도 된다.

아래가 스스로를 탓하는 동안, 거꾸로 오르는 강은 한 번도 의심받지 않는다.

늘 한 방향으로만 차오르던 그 강에도, 미처 채우지 못한 구석이 남는다. 가장자리의 후미진 한 자리에서, 물길이 처음으로 멈칫한다. 늘 같은 곳으로만 빨려 올라가던 물줄기가, 어딘가에서 처음으로 다른 기척을 낸다.

벽 속의 균열

두껍고 매끄러운 벽 하나를 떠올려 본다. 오래도록 한 번도 갈라진 적 없어 보이는 벽이다. 그 벽 앞에 서면 처음에는 아무것도 보이지 않는다. 그런데 어느 순간 뺨에 닿는 공기가 미세하게 달라진다.

어디선가 다른 쪽의 기운이 새어 들어오는 것이다. 눈은 아직 아무것도 찾지 못했는데, 살갗이 먼저 안다. 이 벽이 보이는 것만큼 완전하지는 않다는 것을. 보이기 전에 느껴지는 것이 있다. 손끝으로 벽을 더듬어 가면, 매끄러운 면 어딘가에 머리카락보다 가는 선이 지난다. 균열이다. 그것은 빛을 쏟아 내지 않는다. 무너질 듯 요란하지도 않다. 다만 거기 있다. 완벽해 보이던 것에도 처음부터 틈이 있었다는 사실이, 그 가는 선 하나로 비로소 드러난다.

한 번 그 선을 본 눈은, 다시는 벽을 예전처럼 보지 못한다. 매끄러운 면 전체가 아니라, 그 면을 가르는 가는 틈이 먼저 눈에 들어온다. 벽이 두껍다는 사실과 벽에 틈이 있다는 사실은 서로를 부정하지 않는다. 두꺼운 채로 갈라져 있을 수 있고, 단단한 채로 새고 있을 수 있다. 완전해 보이던 것이 실은 완전하지 않다는 이 작은 깨달음이, 벽 앞에 선 사람의 자세를 바꾼다.

거꾸로 오르던 물에도, 끝내 막지 못한 자리가 있다. 아무리 정교하게 비탈을 세워도, 물은 가장 가는 틈으로 제 길을 낸다. 위로만 빨려 올라가도록 지어진 구조 안에서도, 그 설계가 미처 메우지 못한 구석은 남는다. 그 구석이 어디인지 얼마나 넓은지는 아직 또렷하지 않다. 다만 한 방향으로만 향하던 것이 절대적이지는 않다는 감각이, 처음으로 발밑에 닿는다.

그 가는 선은 큰 소리로 제 존재를 알리지 않는다. 그래서 위에서 내려다보는 눈에는 좀처럼 잡히지 않는다. 위에 선 사람에게 이 구조는 흠 없이 매끄럽고, 매끄러운 것에서는 틈을 찾을 까닭이 없다. 틈을 먼저 더듬는 것은 늘 벽에 가장 바투 붙어 선 손이다. 등을 벽에 기댄 채 오래 서 있던 사람만이, 그 등으로 전해 오는 미세한 떨림을 읽어 낸다. 불편한 자리에 오래 머문 몸이, 가장 먼저 다른 쪽의 기척을 받는다.

오래 아래에 서 있던 사람일수록 그 기척을 먼저 느낀다. 위만 올려다보던 고개를 내려, 제가 선 바닥을 처음으로 살펴본 사람들이다. 발밑이 전부 한 덩어리의 단단한 돌이 아니라는 것을, 그 사이사이로 가는 선들이 지나고 있다는 것을 알아차린 눈이다. 아직 그 선을 따라 어디로 갈 수 있는지는 누구도 일러 주지 않는다. 그러나 선이 있다는 것과 없다는 것 사이에는, 생각보다 먼 거리가 놓여 있다.

두꺼운 벽 앞에 한 사람이 손바닥을 대고 서 있다. 벽은 여전히 차고 단단한데, 그 손바닥에 닿는 가는 선 하나에서만 다른 쪽의 공기가 묻어난다. 그 공기가 어디서 오는지 그는 아직 알지 못한다.

다만 벽 너머에 또 다른 쪽이 있다는 것을, 이제 그의 손이 안다.

12장

균열의 온도

벽에 대어 둔 손바닥은 아직 그 자리에 있다. 가는 균열 하나가 손금처럼 그 밑을 지나가고, 다른 쪽의 공기가 실오라기만 하게 새어 나온다. 그 공기를 처음 느낀 손은 한동안 벽에서 떨어지지 않는다. 벽이 전부가 아니라는 것을 알아 버린 손은, 벽을 전과 같은 손으로 짚을 수 없기 때문이다.

이윽고 몸이 낮아지고, 눈이 그 틈에 다가간다. 보이는 것은 많지 않다. 다만 바람이 지나간다. 틈을 빠져나온 가느다란 바람이 눈가에 닿는데, 그 감촉이 뜻밖이다. 틈 너머는 줄곧 따뜻하리라 여겨 왔다. 벽의 이쪽이 이렇게 서늘하니, 저쪽은 응당 볕일 것이라고.

손끝만 겨우 드나드는 그 가는 금을 두고, 벽의 안팎에서 서로 다른 셈이 시작된 지는 오래다. 안쪽의 셈은 이 틈으로 나갈 수 있는가를 물었다. 다른 셈은, 나가려는 사람들로 무엇을 할 수 있는가를 물었다.

온도는 재 보기 전에는 모른다. 그리고 이 틈에는, 온도를 이미 재 본 손들이 다녀갔다. 당신보다 먼저, 당신과는 다른 목적으로. 균열은 발견되기를 기다리는 빈틈이 아니었는지도 모른다. 틈에서 새어 나오는 그 바람은, 대체 몇 도인가?

틈이 보이는 순간

밤늦게 검색창에 몇 글자를 적어 본 적이 있을 것이다. 회사 없이 할 수 있는 일. 지금 바로 시작할 수 있는 일. 화면 가득 쏟아지는 대답들은 하나같이 환하다. 앱 하나면 된다고, 오늘 저녁부터라도 된다고. 닫혀 있던 벽에서 처음으로 문틈 같은 것이 어른거리는 순간이다.

그 검색창까지 오게 한 하루가 있었을 것이다. 결재판 앞에서 삼킨 말, 회의실에 두고 온 저녁, 내 것이 아닌 일정표에 얽혀 흘러간 한 주.

검색은 충동이 아니라 퇴적이다. 쌓인 하루들이 어느 밤 넘칠 자리에 닿으면, 마음보다 손가락이 먼저 자판 위로 간다.

시작의 문턱이 이렇게 낮았던 적이 없다. 면접이 없고, 이력서의 빈칸을 캐묻는 눈이 없다. 전화기 한 대와 몸, 그거면 된다. 가입 버튼까지의 거리가, 취업이라는 길고 좁은 복도에 대면 마당처럼 평평하다. 문턱마다 값을 치르던 세계에서 온 사람에게, 값을 묻지 않는 입구는 그 자체로 눈부시다.

먼저 들어간 얼굴들의 소식도 벽 안으로 흘러든다. 회사를 그만두고 영상을 올리는 옛 동료, 주말마다 배달 가방을 메는 옆집 사람, 새벽에 물건을 떼어다 파는 친척. 그 소식들이 모여, 벽에도 문이 있을지 모른다는 소문이 된다. 다만 소문은 볕 드는 쪽만 전해진다. 영상이 잘된 동료의 소식은 오고, 조용히 접은 동료의 소식은 오지 않는다. 배달 가방을 메던 옆집 사람이 어느 달부터 보이지 않아도, 그 부재는 소식이 되지 못한다. 틈에 대한 이야기는 그렇게, 처음부터 한쪽 귀로만 들린다.

출근 시각이 없는 아침이 처음으로 제 것이 된다. 넥타이를 두르지 않은 목, 눈치 볼 상사가 없는 어깨. 오늘 몇 시간을 일할지 정하는 것이 처음으로 자신이다. 앱을 켜면 일이 시작되고, 끄면 끝난다. 켜고 끄는 손가락이 제 손가락이라는 사실이, 이 일의 가장 큰 급여처럼 만져진다.

원할 때 일하고, 원하는 만큼 버세요. 앱의 첫 화면이 건네는 문장은 정확히 그 지친 자리를 겨냥한다. 시키는 대로 사는 데 지친 사람에게, 시키는 사람이 없다는 말보다 달콤한 것은 드물다. 그 문장을 오래 들여다보는 눈은 이미 반쯤 문 안에 들어가 있다.

그 틈을 기웃거리는 것이 밀려난 사람들만도 아니다. 멀쩡히 벽 안에 있는 사람들도 잠들기 전에 그 문틈을 들여다본다. 본업 곁의 부업, 월급 곁의 다른 주머니. 틈은 이제 탈출구로만 팔리지 않고 보험으로도 팔린다. 벽을 믿지 못하게 된 시대의, 벽 안 사람들에게.

첫 정산이 도착하는 날의 감각도 있다. 숫자는 크지 않아도 결이 다르다. 누가 주는 월급이 아니라 제 손으로 만든 돈이라는 감각. 같은 액수라도 무게가 다르게 쥐어진다. 벽 안에서 받던 돈이 배급 같았다면, 이 돈은 수확에 가깝게 느껴진다.

하루의 지도에도 변화가 생긴다. 지하철 노선과 사무실 사이만 오가던 동선이 처음으로 제 손으로 그려진다. 화요일 오후의 텅 빈

카페, 평일 낮의 한산한 도로. 남들이 벽 안에 있는 시간에 바깥을 걷는 감각은, 그것만으로 작은 승리처럼 몸에 남는다.

몸도 그 변화를 기록한다. 어깨에서 이유를 몰랐던 긴장이 한 겹 내려가고, 일요일 저녁의 그 가라앉음이 오지 않는다. 월요일이 두렵지 않은 삶이 있다는 것을 몸이 처음 배운다. 이 감각들은 전부 진짜다. 뒤에 무엇이 오든, 이 처음의 가벼움만은 가짜가 아니다.

그러니 이것은 분명 틈이다. 고용이라는 벽에 난, 지나갈 수 있어 보이는 틈. 벽 안쪽에서 오래 산 사람에게 그 틈으로 새어드는 바람은 우선 시원하다. 바람의 온도를 재는 일은 나중으로 미뤄진다. 처음에는, 바람이 분다는 사실만으로 충분하다.

다만 틈 앞에 서면 잘 보이지 않는 것이 하나 있다. 이 틈이 언제부터 여기 있었는가 하는 것. 당신이 발견하기 전에 누가 먼저 다녀갔는가 하는 것. 틈의 가장자리를 만져 보면 짐작이 간다.

모서리가 이상하리만치 매끈하다. 수많은 손이 다녀간 돌이 그렇듯이.

플랫폼이 틈을 사는 방식

틈을 가장 먼저 알아본 것은 틈으로 빠져나가려던 사람들이 아니었다. 틈을 팔 수 있다는 것을 알아본 손들이었다. 그 손들은 벽을 허물지 않았다. 허물 이유가 없었다. 틈에 문틀을 끼우고, 문틀에 계량기를 달고, 지나가는 걸음마다 값을 매기면 되는 일이었다. 문틀 장사에는 오래된 지혜가 있다. 통행을 막으면 아무것도 걷지 못하지만, 통행을 돕는 모양을 하면 오래 걷는다. 그래서 이 문틀들은 하나같이 친절하다. 길을 그려 주고, 손님을 이어 주고, 정산을 대신해 준다. 도와주는 것은 사실이다. 다만 그 도움의 값이 도움받는 쪽의 저울이 아니라, 돕는 쪽의 저울로 매겨질 뿐이다.

값은 처음에 겸손하게 시작한다. 우버라는 승차 앱이 처음 거리에 나왔을 때, 운전자의 벌이에서 떼어 가는 몫은 20퍼센트였다.[1] 몇 해 지나 한 도시에서 25퍼센트가 시험되었고, 이듬해 몇몇 시장에서는 30퍼센트까지 올라갔다.[1] 회사가 상장을 앞두고 감독 당국에 낸 서류에는 실제로 걷는 몫이 평균 22퍼센트이며 지역에 따라 12에서 25퍼센트까지 다르다고 적혔다.[1]

지역에 따라 다르다는 말은, 지역마다 견딜 수 있는 만큼 걷는다는 말의 점잖은 표기다.

인상은 통보의 얼굴로도 오지 않는다. 어느 날 정산 화면의 숫자가 어제와 다르고, 같은 거리를 같은 시간에 달렸는데 손에 남는 것이 얇아져 있다. 항의할 상사가 없다는 것은, 올려 달라 말할 상사도 없다는 뜻이었다. 자유의 값이 어디서 청구되는지를, 정산서는 매주 한 줄씩 알려 준다.

[1]Uber Technologies, Inc., Form S-1, U.S. Securities and Exchange Commission, 2019년 (2018년 라이드셰어링 부문 실효 수수료 22%, 지역별 12~25% 편차); Forbes, 「Uber Raises UberX Commission To 25 Percent In Five More Markets」, 2015년 9월 (2012년 출시 당시 20%, 2014년 25% 시험 인상, 2015년 일부 시장 30%)

값을 정하는 쪽과 값을 받아들이는 쪽 사이에는 마주 앉을 자리가 없다. 의논되지 않는 가격은 가격이 아니라 고지이고, 고지는 갱신될 때마다 한쪽으로만 움직인다. 벽 안의 임금에는 그래도 계약서가 있었고 인상을 다투는 철이 있었다. 틈의 요율에는 계절이 없다. 화면이 바뀌면, 그것이 곧 새 계약이다.

법이 그 틈에 다녀간 적도 있다. 한 도시가 배달 노동자의 최저 지급액을 법으로 보장하자, 가장 큰 배달 앱은 그 도시의 주문에만 5달러가량의 새 항목을 붙였다.[2] 이름도 정직했다. 규제 대응 수수료. 법이 노동자의 몫을 올리자 회사는 그 값을 소비자의 계산서에 옮겨 적었고, 주문이 줄고 팁이 말랐다. 노동자들은 전과 같이 앱에 접속해 있었는데도, 이전보다 20에서 30퍼센트 적은 일감을 받았다.[2] 보호는 분명히 도착했는데, 보호받은 사람의 지갑이 먼저 얇아졌다.

법은 문장으로 움직이고, 앱은 배포로 움직인다. 조례 하나가 통과되기까지 몇 해가 걸리는 동안, 수수료 항목 하나는 하룻밤 사이에 태어난다. 느린 것이 빠른 것을 붙들려 할 때, 빠른 것은 규제를 새 메뉴처럼 소화해 낸다. 시장은 그 소화력에 혁신이라는 이름을 붙이고 박수를 보낸다.

박수 소리에 묻히는 것이 있다. 요율이 오른 주에도 앱의 첫 화면은 같은 문장을 걸어 둔다는 것. 원할 때 일하고, 원하는 만큼 버세요. 문장은 처음 그대로인데 문장의 값만 달라졌다. 광고와

---

[2]Fortune, 「Why Seattle gig workers didn't make more money」, 2026년 3월; GeekWire, 「Seattle report says gig worker pay law is working, countering claims by DoorDash and Uber」, 2026년 4월 (시애틀 최저 지급액법 이후 도어대시의 약 5달러 규제 대응 수수료 신설, 배달 건수 20~30% 감소)

약관이 서로 모르는 사이처럼 구는 것, 그것 또한 오래된 장사의 기술이다.

균열이 벌어지면 메우는 손이 오고, 메울 수 없으면 값을 다시 매기는 손이 온다. 어느 쪽이든 손은 늦는 법이 없다. 벽을 지키는 일과 틈을 파는 일이 같은 손안에 있기 때문이다.

틈은 닫히지 않는다. 다만 열려 있는 그대로, 정확하게 관리된다.

관리되는 틈은 이름도 함께 관리한다. 노동자 대신 파트너라 부르고, 해고 대신 계정 비활성화라 부른다. 파트너라는 말은 따뜻하지만, 파트너끼리 요율을 의논해 본 적은 없다. 말이 부드러워질수록, 계약은 한쪽으로 단단해진다.

당신이 언젠가 그 틈으로 들어선다면, 이 계량기들을 지나게 될 것이다. 계량기는 눈에 잘 띄지 않는다. 약관의 어느 줄, 정산 화면의 어느 항목, 어느 날 조금 달라져 있는 배차의 결. 보이지 않는 값일수록 오래 걷힌다.

그런데 값을 매기는 것보다 더 깊은 손질이 하나 남아 있다. 틈의 모양 자체를 정하는 일이다. 규칙이 바뀌려 할 때마다, 그 일이 일어났다.

포섭되지 않는 조건

어느 해 가을, 한 주의 유권자들이 투표용지를 받아 들었다. 여러 안건 가운데 하나에, 앱으로 일하는 사람들을 어떻게 대우할 것인가 하는 물음이 적혀 있었다. 문안은 노동자를 위한다는 결로 읽혔고, 유권자 다수가 찬성에 표를 찍었다. 그 문안을 쓴 손이 누구의 손이었는지는, 투표용지 어디에도 적혀 있지 않았다.

투표일까지 몇 달 동안 그 주의 사람들은 어디서나 같은 광고를 만났다. 화면 속의 운전자들이 웃으며, 자유롭게 일하고 싶다고, 이 방식이 좋다고 말했다. 광고비를 낸 손은 화면에 나오지 않았다. 큰돈은 그렇게 노동자의 얼굴을 빌려, 노동자의 보호를 걷어 내는 문장을 읽어 내려갔다.

광고를 보고 표를 찍은 손들을 탓하기는 어렵다. 그들은 눈앞의 문장을 믿었을 뿐이다. 한 사람 한 사람은 성실하게 판단했는데, 판단의 재료가 한쪽 손에서만 공급되었다. 속인 얼굴을 짚을 수 없는데 결과는 속임을 닮아 있는 일이, 그렇게 또 한 번 일어났다.

일의 순서는 이랬다. 그 주의 의회가 앱 노동자를 직원으로 분류하라는 법을 통과시켰다. 직원이 되면 최저임금과 보험과 유급 휴가가 따라온다. 그러자 네 개의 앱 회사가 함께 움직였다. 자신들을 그 법에서 제외하는 조항을 주민투표에 부쳤고, 그 운동에 2억 500만 달러를 들였다.[3] 그 주의 역사에서 가장 비싼

---

[3]Ballotpedia, 「California Proposition 22, App-Based Drivers as Contractors and Labor Policies Initiative (2020)」; CalMatters, 「Prop. 22 gig-work law upheld by California Supreme Court」, 2024년 7월 (우버·리프트·도어대시·포스트메이츠 4사 2억 500만 달러 지출, 캘리포니아 역사상 최고액 주민투표)

주민투표였다.[3] 회사를 규제할 법의 예외 조항을, 규제받을 회사가 직접 쓰고, 직접 광고하고, 표로 통과시킨 것이다.

시험지를 응시생이 출제하는 교실은 낯설다. 그런데 이 시험은 그렇게 치러졌고, 채점까지 무사히 끝났다. 균열이 메워진 것이 아니다. 균열의 모양이 다시 새겨진 것이다. 사람이 빠져나가기 좋은 틈이 아니라, 회사가 드나들기 좋은 틈으로.

통과된 조항에는 약속도 들어 있었다. 최저임금의 120퍼센트를 보장한다는 문장이었다. 지면 위에서 그 문장은 넉넉해 보였다. 그러나 대학의 연구자들이 실제 운전자들의 벌이를 재어 보니, 다수가 최저임금에 못 미치는 돈을 쥐고 있었다.[4] 손님을 기다리는 시간은 셈에서 빠졌고, 기름값과 보험료는 제 몫이었다. 그리고 법이 통과되고 한 달이 지났을 무렵, 두 배달 앱은 요금을 올렸다.[5] 보호의 값은 이번에도 다른 이의 계산서로 옮겨 갔다.

약속의 문장과 실제 벌이 사이의 간격은 셈법 안에 있었다. 보장은 손님을 태우고 달린 시간에만 적용됐다. 콜을 기다리며 도로를 도는 시간, 취소된 주문에 흘려보낸 시간은 노동이 아닌 것으로 접혔다.

문장은 지켜졌고, 사람은 받지 못했다. 법을 쓴 손이, 지킬 수 있는 약속만 골라 적어 둔 덕분이다.

[4]University of California, Berkeley Labor Center, Prop 22 운전자 임금 연구 (CalMatters 인용, 2024년)

[5]National Employment Law Project, 「Prop 22 Was a Failure for California's App-Based Workers」, 2025년

이 산업이 세계의 골목마다 뿌리내리는 데 10여 년이 걸렸다. 그 노동을 다루는 첫 국제 기준이 나오는 데에도 꼭 그만큼이 걸렸다. 2026년 6월, 국제노동기구가 플랫폼 경제에 관한 협약을 처음으로 채택했다.[6] 규칙은 언제나 온다. 다만 시장이 다 자란 뒤에, 자란 시장의 모양을 크게 다치지 않게 하면서 온다. 그사이 틈에서 일한 사람들은, 규칙 없는 10여 년을 제 몸으로 건넜다.

협약은 첫 문장이다. 첫 문장이 마지막 문장이 되기까지는 각 나라의 비준과 입법과 시행의 먼 길이 남아 있다. 그 길이 느리다는 것을 아는 쪽은 서두르지 않는다. 규범이 걸어오는 동안 시장은 뛰어다니고, 뛰는 쪽이 언제나 지형을 먼저 그린다.

그 몸들이 통계에 잡히는 방식도 흐릿하다. 한 나라의 통계청이 세어 보니, 디지털 플랫폼으로 일하는 사람은 취업 인구의 1퍼센트가 채 되지 않았고,[7] 그 가운데 87퍼센트만이 자신을 고용된 상태로 여겼다.[7] 일을 하면서도 고용이라 부르지 못하는 일. 노동이되 노동자의 이름을 얻지 못한 노동은, 보호의 목록에서도 그만큼 흐리게 적힌다.

이름을 얻지 못한 것은 통계만이 아니다. 그 일을 하는 사람 스스로도 제 일을 부를 말이 마땅치 않다. 서류의 직업란 앞에서 머뭇거리는 펜, 무슨 일 하시냐는 물음에 반 박자 늦는 대답. 이름이 없는 일은 설명이 길어지고, 설명이 길어지는 일은 어딘가 떳떳하지

[6] International Labour Organization, Convention No. 193 (플랫폼 경제 최초의 국제노동기준), 2026년 6월 채택

[7] Australian Bureau of Statistics, 「Digital platform workers in Australia」, 2022-23년 (디지털 플랫폼 노동 종사자 취업인구의 0.96%, 그중 87%만 스스로를 고용 상태로 인식)

못한 일처럼 대접받는다. 일보다 그 대접이, 사람을 먼저 지치게 한다.

문이 없어서 못 들어가는 방이 있고, 들어오지 못하도록 문틀부터 다시 짠 방이 있다. 밖에서 보면 두 방은 같은 방처럼 보인다. 그러나 두 번째 방의 설계 도면에는 수정한 흔적이 남아 있고, 수정한 손의 이름만 적혀 있지 않다. 그러니 제도 밖에 남겨졌다는 말은 절반만 맞다. 남겨진 것이 아니라, 밖에 있도록 관리되는 것에 가깝다.

관리된다는 감각은 몸에 가장 늦게 도착한다. 처음에는 자유로 읽히고, 다음에는 불안으로 읽히고, 한참 뒤에야 구조로 읽힌다. 계정이 하루아침에 멈출 수 있다는 것을 알게 된 날, 별점 하나에 일주일의 배차가 흔들린다는 것을 겪은 날. 사장이 없다는 말은 그날부터 다르게 들린다.

사장은 없는 것이 아니라, 얼굴이 없는 것이었다.

그 얼굴 없음이 마지막으로 지우는 것은 원망의 과녁이다. 화를 낼 곳이 없는 사람은 화를 제 안에 쌓고, 쌓인 화는 결국 가장 만만한 주소로 배달된다. 제 탓이라는, 오래된 주소로.

그렇게 모양이 관리된 틈 앞으로, 사람들이 하나둘 도착한다. 같은 틈을 보고 온 사람들이다. 그런데 이상한 일이 하나 있다. 같은 곳을 바라보며 나란히 서 있는데, 그 자리가 조금도 함께인 것 같지가 않다.

혼자인 자리의 좁음

신호 대기에 오토바이 두 대가 나란히 선다. 같은 보온 가방, 같은 헬멧, 두 개의 전화기에서 같은 앱의 지도가 같은 색으로 빛난다. 눈이 마주치면 가볍게 고개를 까딱하기도 한다. 신호가 바뀌면 두 대는 서로 다른 골목으로 흩어진다. 방금 스친 그 사람이 동료였는지 경쟁자였는지는, 다음 배차 알림이 정해 준다.

배달 노동을 들여다본 연구자들은 한 가지 침묵을 기록했다.[8] 흩어져 일하는 사람들은 같은 배차를 두고 겨루기 때문에, 어느 길이 빠른지, 어느 시간대가 나은지 같은 작은 앎조차 서로 나누기를 꺼렸다.[8] 앎 한 줌이 곧 남의 주머니로 건너갈 수 있는 밥벌이에서, 입은 절로 무거워진다. 곁을 도우려는 마음이 없어서가 아니다. 곁이 곧 저울의 반대편이 되도록, 판이 그렇게 짜여 있을 뿐이다.

이 일에는 없는 것이 많다. 같은 사무실이 없고, 같은 휴게실이 없고, 같은 출퇴근길이 없다. 회식이 없고, 탕비실의 잡담이 없다. 벽 안의 노동이 지겨워하던 그 모든 부대낌이 여기에는 없다. 없다는 것이 처음에는 홀가분으로 만져지다가, 어느 날부터 다른 이름으로 만져진다. 아플 때 일을 맡아 줄 사람이 없고, 부당한 순간을 함께 목격해 줄 눈이 없고, 내 몫을 대신 말해 줄 목소리가 없다.

한 사람 한 사람이 낱개의 계약으로 화면과 마주 서고, 사람과 사람 사이에는 아무 선도 이어지지 않는다. 바큇살처럼 모두가 중심과만 이어진 그림. 중심은 모든 살을 알고, 살들은 서로를 모른다. 서로 알아야 할 이유가, 이 설계에는 들어 있지 않다.

혼자인 것은 성격의 결과가 아니라, 배치의 결과인 것이다.

묻고 싶은 것이 생겨도 물을 곳이 화면뿐이다. 이 배차가 왜 나에게 왔는지, 오늘은 왜 어제보다 적은지. 화면은 답하지 않거나, 답해도 사람의 말이 아니다. 벽 안에서라면 옆자리로 몸을 기울여

---

[8]ScienceDirect, 「Fostering humanistic algorithmic management: A process of enacting human-algorithm complementarity」, 2024년

물었을 것들이, 여기서는 저마다의 방에서 검색어가 된다. 같은 궁금증을 품은 수만 명이 서로에게 닿는 대신, 각자 화면에게 묻는다.

그래서 값이 내려가는 날에도 목소리는 흩어진다. 벽 안의 노동은 백 명이 같은 방에서 같은 불만을 키웠지만, 틈의 노동은 백 명이 백 개의 골목에서 각자의 정산서를 들여다본다. 같은 숫자 앞에서 같은 한숨을 쉬면서도, 그 한숨들은 끝내 한자리에 모이지 못한다. 모이지 못한 한숨은 바람이 되지 못한다.

모이려는 시도가 없는 것은 아니다. 어느 도시에서는 라이더들이 모임을 만들었고, 어느 나라에서는 함께 법정에 섰다. 다만 모임의 비용이 다르다. 같은 지붕 아래서 눈짓으로 시작되던 연대와, 흩어진 골목에서 시간을 쪼개어 지어야 하는 연대는 출발선부터 다르다. 십시일반의 그 열 술이, 여기서는 서로 만난 적 없는 열 개의 숟가락이다.

찬 바람 부는 심야, 대형 마트 앞에 오토바이 십여 대가 시동을 끄고 서 있다. 콜을 기다리는 시간이다. 헬멧을 쓴 채로 저마다 화면을 들여다보고, 누구도 먼저 말을 걸지 않는다. 어깨가 닿을 듯 가까운 거리에서, 저마다 다른 곳에 접속해 있다.

가장 가까이 서서 가장 멀리 있는 법을, 이 일은 매일 밤 새로 가르친다.

틈의 온도가 차가운 까닭이 여기에 있다. 바람이 새어 들어서만이 아니다. 곁의 온기가 없어서다. 벽 안이 데워져 있던 것은 난방 때문만이 아니라 부대끼던 몸들의 체온 때문이기도 했다는 것을, 혼자 선 틈에서야 비로소 알게 된다.

혼자가 좋아서 나온 사람에게도 이 고요는 결이 다르다. 선택한 혼자와 배치된 혼자는 같은 혼자가 아니다. 문을 닫아걸고 얻은 혼자에게는 다시 열 문이 있지만, 처음부터 문이 지어지지 않은 혼자에게는 돌아갈 소란조차 없다.

그런데도 사람들은 그 틈 앞을 떠나지 않는다. 벽으로 돌아가지도, 틈을 밀고 나가지도 않은 채, 저마다의 자리에서 그 가는 균열을 들여다본다. 당신도 어쩌면 그 가운데 하나다. 고개를 조금만 돌리면 보일 것이다. 같은 틈을 들여다보는 다른 얼굴들이. 같은 온도에 어깨를 움츠린, 당신과 같은 자세의 사람들이.

혼자 서기에 그 자리는 좁다. 함께 선다면, 그 자리는 무엇이 되는가?

13장

나가려는 순간

오래 벽에 붙어 있던 손이, 어느 아침 처음으로 벽을 밀어 본다. 밀겠다고 마음먹기 전에 손이 먼저 움직였다. 무엇이 등을 떠민 것도 아닌데, 손바닥이 벽의 차가운 면을 떠나 허공으로 한 뼘 나아간다. 그 한 뼘 너머에 무엇이 있는지는 아직 모른다. 다만 여기 그대로 붙어 있을 수만은 없다는 것을, 머리보다 손이 먼저 안다.

문은 의외로 쉽게 열렸다. 평생 잠겨 있는 줄 알았던 그 문이, 안쪽에서는 손잡이를 돌리기만 하면 됐다. 한 발을 밖으로 내딛는 데에는 큰 힘이 들지 않았다. 정작 힘이 드는 것은 그다음이라는 것을, 문턱을 넘는 순간에는 아무도 일러 주지 않는다.

문 안쪽의 온도

명함 한 통이 서랍 안으로 들어간다. 버리지는 못했다. 다시 쓸 날이 올 것 같아서가 아니라, 버리는 일이 아직은 너무 커서다. 직함이 인쇄된 그 작은 종이를 손에서 놓는 순간, 지난 몇 년이 함께 서랍 안으로 미끄러져 들어간다. 서랍을 닫는 소리가 유난히 크게 들린다. 그 소리 뒤에 남는 것은 직함을 뺀 이름 석 자뿐이다.

이름 석 자만으로 어딘가에 처음 들어서는 날의 공기는 묽다. 오래 직함 뒤에 붙어 다니던 그 이름이, 홀로 서는 법을 잊은 것처럼 어색하게 떠 있다. 누군가 무엇 하는 사람이냐 물으면, 이전에는 회사

이름과 직함이 먼저 입에서 나왔다. 이제 그 말이 없다. 무엇으로 대신해야 할지, 입은 아직 답을 찾지 못한다.

처음 며칠은 일어나야 할 시각이 없다. 알람을 꺼 둔 아침의 고요가 낯설다. 평생 누군가 정해 준 시각에 눈을 떴는데, 이제 그 시각을 스스로 정해야 한다. 그 자유가 따뜻한 것인지 추운 것인지 아직 가늠되지 않는다. 늦잠을 자도 나무랄 사람이 없다는 사실이, 첫날에는 해방처럼 느껴지고 사흘째에는 어쩐지 허전하게 만든다. 그래도 몸은 옛 시각을 기억한다. 알람을 꺼 두었는데도 새벽이면 눈이 저절로 떠지고, 떠진 눈은 갈 곳을 잃는다. 갈아입을 옷도, 나설 문도, 기다리는 곳도 없는 아침이 길게 늘어진다. 시간이 통째로 제 것이 되었는데, 그 시간이 어쩐지 무겁다. 누군가 써 주던 하루의 칸들이 사라지자, 빈 하루를 제 손으로 채워야 한다는 일이 처음으로 막막하게 다가온다.

오래 꿈꾸던 바깥은 늘 환했다. 갇혀 있다고 느낄수록 그 바깥은 더 환하게 그려졌다. 그러나 막상 문을 나서고 보니, 바깥의 빛은 상상하던 만큼 따뜻하지 않다. 환한 것과 따뜻한 것은 다르다는 것을, 그 빛 아래 서고 나서야 안다. 꿈속의 바깥에는 추위가 없었는데, 실제의 바깥에는 빛과 추위가 함께 있다.

밖으로 나오자, 안에 있을 때는 보이지 않던 것들이 하나씩 눈에 들어온다. 매달 같은 날 통장에 찍히던 숫자가 실은 얼마나 많은 것을 떠받치고 있었는지, 그것이 멈추고 나서야 보인다. 점심시간마다 오가던 말들, 복도에서 스치던 인사들, 이름 대신 직함으로 불리던 순간들. 그 모든 것이 하나의 테두리 안에서만 존재하던 것들이었다는 것을, 그 바깥에 서고 나서야 안다. 안에 있을 때 그것은 배경이어서 보이지 않았다.

안에 있을 때 누군가 채워 주던 작은 것들도, 밖에서는 하나하나 값을 단다. 회의실 한쪽에 늘 놓여 있던 커피, 별생각 없이 누르던 복사기, 고장 나면 누군가 와서 고쳐 주던 자리의 물건들. 그 사소한 편의들이 실은 매달 들어오던 그 숫자에 함께 얹혀 있었다. 이제 커피 한 잔에도 값을 셈하는 손이, 그 셈의 낯섦에 잠시 멈칫한다. 공짜였던 적이 없는 것들을, 공짜인 줄로만 알고 오래 누려 왔다. 그 작은 셈들이 하루에도 몇 번씩 손끝에 걸린다. 안에 있던 시절이 실은 얼마나 많은 것을 대신 치러 주고 있었는지가, 그 셈들이 하나씩 쌓일수록 한 겹씩 더 또렷해진다.

집 안의 공기도 미묘하게 달라진다. 출근하는 뒷모습이 사라진 아침, 식탁에 마주 앉은 식구의 눈빛에 미처 묻지 못한 물음이 담긴다. 언제 다시 나가느냐고, 정말 괜찮은 거냐고. 그 물음은 입 밖으로 나오지 않아도 공기를 무겁게 누른다. 한 사람이 자리를 비운 자국은 그 사람의 하루에만 남는 것이 아니라, 곁에 선 사람들의 하루에도 함께 새겨진다.

누구도 그를 부르지 않는 하루가 이어진다. 울리지 않는 전화기, 비어 있는 일정표. 직장에 있을 때는 끊임없이 누군가 찾고 무언가를 맡겼는데, 그 호출이 한꺼번에 멎자 묘한 적막이 남는다. 쓸모를 증명할 기회가 사라진 사람은, 자신이 여전히 쓸모 있는지를 스스로 묻기 시작한다. 그 물음은 자유의 얼굴을 하고 왔다가, 며칠 만에 불안의 얼굴로 바뀐다.

자유가 낯선 까닭은, 그것을 한 번도 혼자 다뤄 본 적이 없기 때문이다. 늘 누군가 그어 놓은 선 안에서만 움직였던 발은, 선이 사라지자 어디로 디뎌야 할지 망설인다. 그 망설임이 며칠을 채운다. 그러다 어느 날, 처음으로 무언가를 증명해야 하는 날이 온다.

서류 한 장을 손에 쥐고 창구 앞에 서는 날, 묽기만 하던 공기에 처음으로 모가 선다.

혜택이 칼이 되는 순간

창구 앞에 한 사람이 서류를 내민다. 소득을 증명하라는 칸 앞에서 펜이 멈춘다. 채울 것이 없다. 직장이라는 이름이 사라지자, 그 이름이 곧 신용의 전부였다는 사실이 창구가 닫히는 순간 처음으로 또렷해진다. 한 해 동안 제힘으로 벌어 온 것이 분명히 있는데도, 그것을 증명할 양식이 그에게는 없다. 호주에서 제 사업을 하는 사람은 2년치 세금 신고를 내놓기 전에는 대출 심사의 문턱조차 밟지 못한다.[1] 첫 해가 다 가도록 그 창구는 열리지 않는다.

어떤 달은 직장에 다닐 때보다 더 벌기도 한다. 그러나 그 숫자는 어느 칸에도 들어맞지 않는다. 들쭉날쭉한 벌이는 아무리 더해도 한 줄의 안정된 월급만큼의 무게를 갖지 못한다. 창구 너머의 눈은

[1] APRA(호주 건전성감독청), 「건전성 실무지침 APG 223: 주거용 부동산 담보 대출(Prudential Practice Guide APG 223: Residential Mortgage Lending)」, 2022년 10월, apra.gov.au; NAB(National Australia Bank), 「자영업자 주택담보대출 심사 기준(Self-Employed Home Loan Requirements)」, nab.com.au/personal/home-loans/self-employed-home-loan

액수가 아니라 규칙성을 본다. 매달 같은 날 같은 자리에서 찍히던 그 도장 하나가, 실은 가장 큰 자산이었다. 그것을 제 손으로 내려놓은 사람에게, 세상은 다른 잣대를 댄다.

직장에 매여 있을 때, 그 신용은 혜택처럼 따라왔다. 묻지 않아도 주어졌고, 그래서 그것이 무엇에 기대고 있는지 헤아릴 일이 없었다. 매달 들어오는 고정된 숫자 하나가 수많은 문을 알아서 열어 주고 있었다는 것을, 그 숫자가 끊기고 나서야 안다.

혜택은 받을 때는 보이지 않다가, 끊길 때 비로소 제 크기를 드러낸다.

집을 옮기려 부동산 앞에 선 날에도 같은 벽을 만난다. 계약서에 적을 직장란이 비어 있자, 멀쩡히 보증금을 마련해 두고도 집주인의 망설임 앞에 선다. 오래 쓰던 신용카드의 한도가 어느 날 슬그머니 줄어 있기도 하다. 아무것도 잘못한 것이 없는데, 다만 매달 들어오던 숫자가 멈췄을 뿐인데, 곳곳의 문이 약속이라도 한 듯 한꺼번에 좁아진다.

제도가 만든 양식들은 직장에 매인 사람을 위해 짜여 있다. 어느 칸은 회사명을 묻고, 어느 칸은 재직 기간을 묻는다. 그 칸 앞에서 펜이 멈출 때마다, 세상이 어떤 사람을 표준으로 두고 설계됐는지가 드러난다. 표준에서 벗어난 삶은 칸을 채우지 못해 자꾸 되돌려 보내진다. 양식을 통과하지 못하는 사람은, 그 양식을 만든 손이 처음부터 헤아리지 않은 사람이다.

휴대전화 약정 하나를 바꾸려 할 때에도 비슷한 일이 일어난다. 직장이 적히지 않은 신청서는 한 번 더 검토를 거치고, 때로 보증금을 더 요구받는다. 큰일도 아닌 그 작은 마찰들이 하루에도 몇 번씩 쌓인다. 세상이 직장 가진 사람을 기본값으로 두고 돌아간다는 것을, 그 기본값에서 벗어나 보고서야 곳곳에서 느낀다.

직장은 일하는 곳이기 이전에, 세상이 한 사람을 믿어 주는 가장 흔한 근거였다.

점심을 함께 먹던 얼굴들이 하나씩 멀어진다. 처음에는 그것이 서운하고, 어쩌면 배신처럼 느껴진다. 그러다 알게 된다. 그들이 등을 돌린 것이 아니라, 그들은 여전히 안에 있을 뿐이라는 것을. 함께 나누던 말들은 일터에 묶여 있었고, 직함이 그 묶음을 이어 주던 실이었다. 실이 끊기자 매듭도 풀린다. 자리를 함께하던 사이가 마음을 함께하던 사이는 아니었음을, 일터를 떠난 뒤에 안다.

직장 안에서 당연하게 누리던 것들이, 이제 청구서의 항목이 되어 돌아온다. 아플 때 기대던 건강보험, 매달 알아서 쌓이던 노후의 몫. 누군가 대신 떼어 주고 채워 주던 그 항목들이, 이제 제 손으로 셈하고 제 주머니에서 치러야 할 숫자가 된다. 당연한 것은 처음부터 당연한 것이 아니라, 누군가 대신 값을 치르고 있던 것이었다.

창구가 닫혀 있는 동안에도 달은 어김없이 바뀐다. 들어오는 것은 없고 나가는 것만 있는 달들이 통장을 한 겹씩 얇게 만든다. 모아 둔 것이 줄어드는 속도에는 가속이 붙어서, 처음 한두 달의 여유가 반년이 지나면 초조로 바뀐다. 나가는 데 든 용기보다, 나간 채로 버티는 데 드는 용기가 훨씬 크다는 것을 그제야 몸으로 안다.

결심은 한 번이면 되지만, 버팀은 매일 새로 해야 한다.

받을 때 구명줄이던 것이, 놓으려는 순간 칼이 된다. 그 줄을 잡고 있는 동안에는 그것이 줄인 줄만 안다. 줄을 놓고 헤엄쳐 나가려는 순간, 같은 줄이 발목을 휘감는다. 안에 있을 때 가장 든든하던 것들이, 밖으로 나서려는 순간 가장 날카롭게 돌아선다. 그 돌아섬은 갑작스럽지 않다. 처음부터 그렇게 되어 있었고, 다만 나가려 하지 않는 동안에는 칼날이 보이지 않았을 뿐이다.

자의로 돌아온 자들

돌아가기로 한 날, 그는 그것을 패배라 부르지 않는다. 현실을 제대로 알게 된 것이라고, 조금 더 준비를 갖춘 뒤에 다시 나가면 된다고 스스로에게 이른다. 그 말은 거짓이 아니다. 그 순간 그것은 더없이 진심이다. 다만 그 진심을 만들어 낸 것들이 무엇이었는지, 시간이 지나면 하나씩 보이기 시작한다. 스스로를 다독이던 그 말의 뒤편에, 다독이지 않으면 견딜 수 없게 만든 압력들이 줄지어 서 있다.

곁의 사람들도 거든다. 이제 그만하면 됐다고, 가족을 생각하라고, 안정이 최고라고. 그 말들은 모두 사랑에서 나온다. 그래서 더 거역하기 어렵다. 미움에서 나온 말이라면 맞설 수 있을 텐데, 사랑에서 나온 말 앞에서는 고집이 죄처럼 느껴진다. 돌아가는 일이 철드는 일과 같은 말이 된 자리에서, 버티는 것은 점점 미성숙의 다른 이름이 되어 간다.

실패한 사람이라는 감각은 통장보다 먼저 몸 안에 내려앉는다. 아침에 눈을 떠도 일어날 이유를 찾기 어렵고, 거울 속의 얼굴이 낯설어진다. 누구를 만나는 일이 버거워지고, 잘 지내느냐는 인사에 답할 말이 궁해진다. 제 사업을 시도한 사람들 가운데 30퍼센트가 우울을 겪었다는 조사가 있다.[2] 사업이 무너진 뒤 마음이 함께 무너진 기록도 같은 연구 안에 나란히 적혀 있다.[2] 한 사람이 무너질 때 사람들은 그 한 사람을 본다. 그러나 같은 문을 나선 이들에게서 같은 자국이 거듭 발견되고 있었다.

결심보다 먼저 무너지는 것은 몸이다. 잠이 얕아지고, 끼니가 불규칙해지고, 가슴 한쪽이 까닭 없이 조여 온다. 통장의 숫자가 줄어드는 속도보다, 자신을 믿는 마음이 줄어드는 속도가 더 빠르다. 무엇을 새로 시작할 기운이 바닥나면, 가장 익숙한 곳으로 돌아가는 것이 유일하게 남은 길처럼 보인다. 선택지가 하나로 좁혀진 끝에서 내리는 결정을, 사람들은 여전히 제 뜻이라 부른다.

이력서 위에는 지우기 어려운 자국이 남는다. 일하지 않은 기간이 빈칸으로 비어 있고, 그 빈칸은 묻지 않아도 먼저 눈에 띈다. 면접에 마주 앉은 사람은 그 빈 기간을 본다. 무엇을 시도했는지보다, 왜 비어 있는지를 먼저 묻는다. 나갔다 돌아온 사람은 나가기 전의 자리로 곧장 돌아가지 못하고, 대개 한 칸 낮은 곳에서 다시 시작한다. 이탈에는 값이 매겨져 있고, 그 값은 돌아온 자리의 높이로 치러진다.

---

[2]Freeman, M. A., Staudenmaier, P. J., Zisser, M. R., Andresen, L. A., 「The prevalence and co-occurrence of psychiatric conditions among entrepreneurs and their families」, Small Business Economics, Springer, 2018년 5월, doi.org/10.1007/s11187-018-0059-8 (창업가 30% 우울증 경험; 72% 정신건강 관련 영향)

돌아온 자를 안쪽은 너그럽게 맞는다. 거봐, 바깥은 춥지, 하는 눈빛으로. 그 따뜻한 환대가 가장 서늘하다. 나가 본 사람이 돌아와 안도하는 모습만큼, 남아 있는 이들에게 안심을 주는 풍경은 없다.

한 사람의 돌아옴이 여럿의 머무름을 다독인다. 그렇게 이탈의 시도는, 돌아옴으로써 오히려 안쪽의 질서를 한 번 더 단단하게 만든다.

같은 시기에 안에 남은 사람들의 소식이 들려온다. 누구는 자리를 옮겼고, 누구는 더 높은 칸으로 올라섰다. 나란히 출발했던 이들이 저만치 앞서간 듯 보일 때, 나가 있던 시간이 통째로 뒤처짐으로 환산된다. 머문 자들이 사다리를 한 칸씩 오르는 동안, 나선 자는 사다리 밖에서 그 광경을 바라본다. 그 거리가, 돌아가야 할 이유의 목록에 굵은 한 줄을 더한다.

다음에 다시 나가겠다는 그 말은, 좀처럼 다음을 얻지 못한다. 한번 돌아온 발은 점점 더 깊이 박히고, 박힌 발을 다시 빼는 일은 처음보다 더 어려워진다. 더 준비되면 나가겠다던 그 준비가 끝나는 날은 오지 않는다. 준비라는 말이 머무름의 다른 이름이 되어 가는 동안, 한 번의 시도는 다시 꺼내지 않는 옛이야기로 가라앉는다.

그 누구도 이것을 덫이라 부르지 않는다. 사람들은 그것을 철듦이라 부르고, 현실 감각이라 부르고, 어른이 되는 일이라 부른다. 돌아온 사람조차 제 입으로 그렇게 말한다. 이름이 그렇게 붙고 나면, 돌아옴은 막힌 일이 아니라 옳은 선택의 자리로 올라선다.

스스로 택했다고 믿는 그 결정 가까이에, 그 결정을 떠민 것들이 나란히 서 있다. 줄어드는 통장, 닫힌 창구, 비어 가는 점심 약속, 몸 안에 자리 잡은 무력감. 그 가운데 어느 하나도 그에게 돌아가라 명령하지 않았다. 다만 다 함께, 돌아가는 길만을 환하게 비추고 있었을 뿐이다. 자의와 타의 사이의 선이 또렷한 줄 알았는데, 가까이서 들여다보면 그 선은 생각보다 흐릿하다.

제 발로 걸어 돌아왔다는 그 감각마저, 누군가 미리 깔아 둔 길 위의 일인지도 모른다.

덫의 설계

하나의 손이 문을 닫고 안으로 돌아온다. 그 손은 제 이야기가 저 혼자만의 것이라 여긴다. 그러나 같은 날, 보이지 않는 곳에서 수만 개의 다른 손도 같은 방향으로 돌아오고 있었다. 호주에서 혼자 꾸리던 사업체가 3년을 넘기는 비율은 43.3퍼센트에 그친다.[3] 절반이 넘는 수가 3년을 채우지 못하고 문을 닫는다. 한 해 동안 문을 닫는 사업체는 370,500개에 이른다.[3] 이 숫자 앞에서는, 문을 닫고 돌아온 그 손 하나가 좀처럼 외따로 보이지 않는다.

3년을 넘긴 그 43.3퍼센트조차, 대개 더 깊은 주머니나 다른 줄을 미리 쥐고 있던 손들이다. 맨손으로 나선 사람일수록 첫

---

[3]ABS(호주 통계청), 「Australian Business Register Statistics」, 2024-25, abs.gov.au/ statistics/ economy/ business-indicators/ counts-australian-businesses-including-entries-and-exits (비고용 사업체 3년 생존율 43.3%, 연간 폐업 370,500개)

겨울을 넘기기 어렵다. 버틴 자와 무너진 자를 가른 것은 흔히 재능이나 노력의 크기가 아니라, 무너지기 전까지 견딜 수 있는 곳간의 두께였다. 같은 문을 나서도, 등 뒤에 받쳐 둔 것이 있는 발과 없는 발의 거리는 처음부터 멀었다.

덫은 안에 있을 때는 보이지 않는다. 나가려고 발을 뗄 때에만 작동한다. 문 안에 머무는 동안에는 그 비용이 존재하지 않는다. 존재하지 않는 것을 알려 줄 사람은 없다. 그래서 들어갈 때 아무도 나가는 값을 말해 주지 않는다. 들어가는 문은 활짝 열려 있고 환영하는 손길까지 있는데, 나가는 문은 손잡이를 돌리는 순간에야 제 무게를 드러낸다. 미끼가 놓인 데에서는 덫이 잠잠하다가, 발을 딛는 순간에만 닫힌다.

들어올 때와 나갈 때의 문은 같은 문이 아니다. 들어오는 문은 넓고 환하고, 들어선 사람을 오래 머물게 하려고 안쪽을 점점 아늑하게 꾸민다. 그러나 나가는 문은 같은 자리에 있으면서도 반대 방향으로만 무거워진다. 오래 머물수록 그 문은 더 멀어지고, 더 많은 것을 두고 가야 열린다. 머무름은 매일 한 줌씩 보상받고, 떠남은 한꺼번에 값이 청구된다.

들어설 때 누구도 나중에 치를 값을 일러 주지 않는다. 안에 머무는 한 그 값은 영영 청구되지 않기 때문이다. 평생 나가지 않을 사람에게 나가는 값은 없는 것이나 같다. 그래서 그 값은 계약서 어디에도 적히지 않고, 설명회 어느 장표에도 오르지 않는다. 보이지 않게 매겨진 값은, 그것을 치를 일이 생긴 사람에게만 비로소 모습을 드러낸다.

나가는 값은 나가려는 사람이 그날 새로 떠안는 것이 아니다. 들어선 첫날부터, 보이지 않는 곳에 차곡차곡 매겨지고 있었다. 매달 누리던 혜택 하나하나가 실은 나갈 때 치를 값의 다른 이름이었다. 안에서 받은 것이 많을수록, 밖으로 나설 때 끊어 내야 할 줄도 굵어진다. 가장 깊이 들어간 사람이 가장 나오기 어렵다. 오래 머문 자리일수록 그 자리가 몸에 둘러 준 것이 많기 때문이다. 이제 막 발 들인 사람의 매듭과, 20년을 머문 사람의 매듭은 굵기가 다르다. 집과 차와 아이들의 학교와 매달 빠져나가는 청구들이, 머무는 동안 하나씩 그 자리에 사람을 더 단단히 묶는다. 나이가 들수록 나가기 어려워지는 것은 용기가 줄어서가 아니라, 묶인 매듭이 그만큼 늘었기 때문이다. 자리는 사람을 붙드는 법을 해가 갈수록 더 정교하게 익힌다. 오래 머문 자에게 자유는 점점 더 비싼 값표를 단다.

아침에 몸을 일으킬 때, 허리보다 먼저 어깨가 무겁다. 짊어진 기억이 없는데 얹혀 있는 무게다. 계단을 오르는 무릎은 예전보다 한 박자 늦게 펴지고, 셔츠 깃 안쪽의 목덜미는 하루 내내 무언가에 눌린 듯 뻐뻐하다. 병원은 아무 이상이 없다고 말한다. 기계가 재지 못하는 무게가 있다는 것을 기계는 모르기 때문이다. 그 무게는 밤이라고 벗어지지 않는다. 벗는 법을 배운 적 없는 옷처럼, 잘 때에도 몸에 입혀져 있다.

밤늦게 이직 공고 하나를 들여다보다가, 지원 버튼 앞에서 들이쉰 숨이 갈비뼈 안쪽에 걸린다. 내려가지도 나오지도 못하는 숨을 안은 채 몇 초가 지나가고, 화면을 끄고 나서야 숨은 제 갈 길을 찾아 내려간다. 쓰다 만 사직서의 첫 문장을 떠올릴 때는 목 안쪽부터 마른다. 아무 일도 일어나지 않았다. 서류는 제출되지 않았고, 말은 꺼내지지 않았다. 그런데도 몸은 한바탕을 치른 것처럼 지쳐서, 그날 밤 이불 속에서 몇 번이고 돌아눕는다.

창밖으로 첫눈이 지나가는 오후에도, 소매 안쪽의 온도는 어제와 같다. 여름의 냉방과 겨울의 난방 사이, 일 년 내내 크게 다르지 않은 실내의 공기에 피부가 길들고, 길든 피부는 바깥의 계절을 소문으로만 안다. 문밖의 공기가 실제로 몇 도인지보다, 그 공기가 낯설리라는 예감이 먼저 몸을 붙든다.

매달 같은 날이면 통장에 찍히는 숫자가 잊지 않고 돌아오고, 건물 안은 한겨울에도 손끝이 시리지 않게 데워져 있다. 복도에는 익숙한 발소리가 오가고, 점심시간이면 늘 앉던 그 의자가 비어 그를 기다린다. 그 온기 속에서는, 굳이 바깥의 추위를 떠올릴 이유가 좀처럼 생기지 않는다. 그러다 어쩌다 나가려는 손이 나타나면, 그제야 사방에서 값이 청구된다. 누구도 가두지 않았는데 아무도 쉽게 떠나지 못하는 자리가, 가장 적은 힘으로 가장 많은 사람을 붙들어 둔다.

나가 본 사람의 이야기는 안에 남은 이들에게도 가닿는다. 한 사람이 나갔다 돌아오는 것을 본 동료들은, 굳이 제 발로 그 값을 확인해 보려 하지 않는다. 한 번의 시도가 무너지는 모습이, 수십 명의 시도를 미리 지운다. 덫은 직접 닫히지 않고도, 닫히는 모습을 보여 주는 것만으로 제 일을 다 한다.

돌아온 손이 다시 서류 한 장을 들고 창구 앞에 선다. 그러나 이번에는 선 위치가 다르다. 한때 창구 너머로 무언가를 내밀던 손이, 이제 창구 이쪽에서 건네받는 손이 되어 있다. 그가 나가려 할 때 발목을 잡은 것은 바깥의 낯선 무엇이 아니었다. 안쪽에서 매일 그를 먹이고 입히고 재워 주던, 더없이 익숙한 것들이었다.

문은 처음부터 잠겨 있지 않았다. 다만 그 문을 여는 값을, 그가 가진 것 가운데에서 먼저 치러야 했을 뿐이다.

14장

낙인의 구조

값은 치러졌다. 문을 여는 값도, 열었다가 도로 닫는 값도. 그런데 셈이 다 끝난 자리에, 영수증 대신 다른 것이 도착한다. 이름이다. 실패라는, 짧고 무거운 이름.

그 이름은 물건처럼 오지 않는다. 도장처럼 온다. 서류의 한 칸에 찍히고, 이력의 한 줄에 찍히고, 이윽고 그 사람의 말버릇 안에까지 찍힌다. 도장 자국은 잉크보다 오래간다. 빚은 갚으면 사라지지만, 이름은 갚을 창구가 없다.

낙인이라는 말은 본래 살갗에 찍는 불도장이었다. 소와 죄인의 몸에 지워지지 않는 표를 남기던 쇠. 시대는 그 쇠를 치웠지만 도장은 남았다. 이제 그것은 살갗 대신 서류에, 서류 대신 마음에 찍힌다. 찍는 온도만 낮아졌을 뿐이다.

이상한 것은 그 도장의 임자다. 찍은 손은 보이지 않는데, 자국은 또렷하다. 그리고 시간이 지나면 더 이상한 일이 일어난다. 찍힌 사람이 그 도장을 집어 들고, 제 손으로 제 서류에 다시 찍기 시작하는 것이다. 그 도장이 어떻게 그의 손까지 건너오는지, 이 장은 그 배달의 경로를 따라간다.

실패의 수신인

얇은 봉투 하나가 우편함에 꽂혀 있다. 관공서의 서식은 언제나 예의 바르고, 예의 바른 만큼 차갑다. 귀하의 절차가 개시되었음을 알려 드립니다. 몇 줄의 문장과 몇 개의 날짜가, 몇 해의 낮과 밤을 한 장으로 접는다. 봉투를 쥔 손이 부엌 식탁 앞에 오래 서 있다. 뜯기 전에 이미 안다. 무엇이 들어 있는지, 그리고 오늘부터 자신이 무엇이라 불릴지.

봉투가 오기 전에도 징후는 있었다. 밀린 고지서의 두께, 받지 않게 된 전화번호, 잔고를 확인하기 전에 한 번 고르던 숨. 무너짐은 하루아침의 사건처럼 기록되지만, 겪는 몸에게 그것은 오래 진행된 계절이다. 봉투는 그 계절의 마지막 서리일 뿐이다.

이름이 바뀌면 눈빛이 먼저 바뀐다. 은행 직원의 목소리가 반 톤 낮아지고, 명절 식탁의 화제가 그를 비껴 돌고, 옛 동료의 안부 문자가 뜸해진다. 누구도 모진 말을 하지 않는다. 모진 말이 없어서, 더 반박할 데가 없다. 사람들이 그를 대하는 온도가 일제히 반 도씩 내려가는데, 온도계는 어디에도 없다.

호칭도 조심스러워진다. 사업하시던 분, 요즘 쉬고 계신 분. 사람들은 실패라는 단어를 그 앞에서 발음하지 않으려 애쓰고, 애써 비껴가는 그 침묵이 오히려 단어의 자리를 또렷하게 만든다.

부르지 않는 이름이 가장 크게 들린다.

그 부엌에서 그 봉투는 세상에 하나뿐인 사건이다. 그런데 장부를 열어 보면 풍경이 달라진다. 한 나라에서 한 분기에만 3,184명이 같은 봉투를 받았다.[1] 한 해 전 같은 분기보다 14.0퍼센트 늘어난 숫자이고, 그 가운데 31.2퍼센트는 사업을 하다가 받은 봉투였다.[1] 한 해 동안 마무리된 절차만 17,285건에 이르고,[2] 다가오는 해에는 13,750건 수준으로 늘어나리라는 전망까지 이미 적혀 있다.[3] 전망된다는 것. 그것은 이 사건이 날씨처럼 예보된다는 뜻이다.

보험의 세계는 이것을 오래전부터 알고 있었다. 몇 건의 화재가 나고 몇 건의 사고가 날지, 보험사는 울지 않고 센다. 개별로는 비극이고 집계로는 상수인 것. 파산의 장부도 같은 문법으로 적힌다. 다만 화재에는 보험이 있는데, 이 넘어짐에는 낙인이 있다.

몇 사람이 넘어질지 미리 셈해져 있는 경기장이 있다. 그 안에서 넘어짐은 예정의 일부다. 예보되는 사건은 사고가 아니라 구조다. 그런데 통지서의 문면 어디에도 그 예보는 인쇄되지 않는다. 봉투는 구조가 보낸 것인데, 겉면에는 발신인이 없다. 수신인란만 또렷하다. 당신의 이름, 당신의 주소.

발신인 없는 우편은 받은 사람의 것이 된다. 누가 보냈는지 물을 수 없는 물건은, 왜 왔는지도 물을 수 없다. 그래서 사람은 봉투를 쥔

[1] Australian Financial Security Authority, 「New personal insolvencies increase in the December quarter 2025」, 2026년 (2025년 12월 분기 신규 개인파산 3,184건, 전년 동기 2,794건 대비 14.0% 증가, 31.2% 사업 관련)

[2] Australian Financial Security Authority, 「Annual administration statistics」, 2024-25년 (연간 파산 절차 종결 17,285건)

[3] Australian Financial Security Authority, 「State of the Personal Insolvency System 2024-25」 (2026~27 회계연도 13,750건 수준 전망)

채 저를 들여다본다. 어디서부터 잘못이었을까? 그 물음이 시작되는 순간, 흔한 사건은 유일한 사건으로 바뀐다. 수천 명이 같은 분기에 받은 봉투가, 수천 개의 부엌에서 저마다 단 한 사람의 일로 접힌다.

봉투를 받은 집의 저녁은 조용하다. 아이 앞에서 꺼내지 못하는 이야기가 식탁 위에 접시처럼 놓여 있고, 부부의 대화는 사무적인 단어들로만 오간다. 절차, 서류, 기한. 감정을 실을 수 없는 단어들 뒤로 감정이 쌓인다. 낙인은 그 집의 문턱을 넘기 전에 이미 식탁에 앉아 있다. 그 침묵의 집들이 한 도시에 몇 채나 흩어져 있는지, 서로는 모른다. 커튼 너머의 사정은 커튼 너머에 머물고, 거리는 평온하다. 낙인의 지도는 어디에도 게시되지 않아서, 각자의 부엌만이 저마다의 전부가 된다.

같은 처지의 사람들이 이렇게 많다는 사실은 위로가 되지 못한다. 서로가 보이지 않기 때문이다. 파산은 앓는 소리를 내지 않는 병이라, 겪는 사람은 저마다 제가 첫 환자인 줄 안다.

흔하지만 혼자 겪는 일. 그 조합이 이 낙인의 첫 번째 설계다.

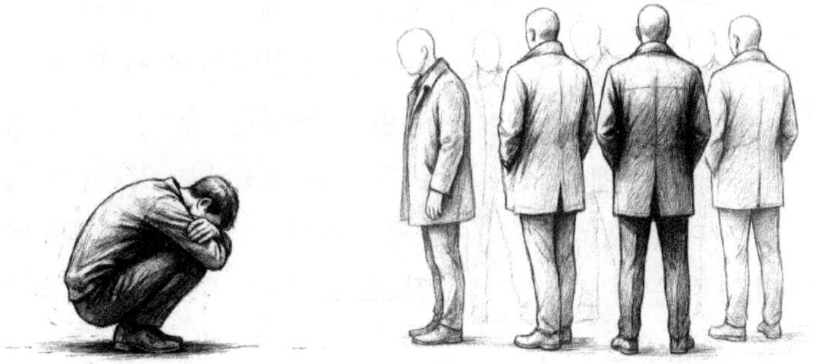

당신이 그 봉투를 받아 본 적이 없더라도, 이 우편의 문법은 낯설지 않을 것이다. 시험에 떨어졌을 때, 계약이 어긋났을 때, 오래 준비한 것을 접었을 때. 규모만 다를 뿐 같은 봉투가 도착했고, 발신인란은 그때에도 비어 있었다.

이름은 서류를 타고 퍼진다. 그리고 그 이름이 가장 오래, 가장 조용히 머무는 서류가 하나 있다. 이력서다.

서사가 편집되는 방식

채용 담당자의 책상 위에서, 시선은 정해진 길을 다닌다. 학교, 회사, 직함, 그리고 날짜. 시선이 날짜의 열에서 잠시 멈춘다. 어느 해 가을에 끝난 줄과 이듬해 여름에 시작하는 줄 사이, 몇 달의 흰 공간. 그 여백 위에 시선이 머무는 시간은 몇 초가 되지 않는다. 그 몇 초 사이에, 한 사람의 몇 달이 다시 쓰인다. 그 몇 달을 산 사람에게 그것은 병원이었거나, 간병이었거나, 무너진 사업의 잔해를 정리하던 시간이었거나, 다만 숨을 고르던 계절이었다. 그러나 여백은 사정을 싣지 못한다. 종이 위에서 그것은 다만 비어 있고, 비어 있는 것은 읽는 쪽의 상상으로 채워진다. 상상은 대개 관대하지 않다. 쉬었다는 가장 순한 가능성 대신, 무슨 문제가 있었나 하는 가장 어두운 가능성이 먼저 그 칸에 들어와 앉는다.

이 시선의 문법을 실험으로 재 본 사람들이 있다. 수만 장의 이력서를 실제 채용 공고에 보내며 무직 기간만 달리 적었다.[4] 공백이 1개월인 이력서는 100장에 7장꼴로 연락을 받았다. 공백이 8개월로 길어지자 연락은 100장에 4장꼴로 줄었다. 45퍼센트가량이 깎여 나간 것이다.[4] 그리고 8개월을 넘기면 더 떨어지지도 않았다. 떨어질 바닥이 남아 있지 않았기 때문이다.[4]

여백은 스스로 자란다. 연락이 오지 않는 달이 하나 더해질수록 여백은 한 칸 길어지고, 길어진 여백은 다음 연락을 더 줄인다.

[4]Kroft, K., Lange, F., & Notowidigdo, M. J., 「Duration Dependence and Labor Market Conditions: Evidence from a Field Experiment」, Quarterly Journal of Economics, 2013년 (무직 1개월 콜백률 약 7%, 8개월 약 4%, 약 45% 하락 후 바닥)

떨어지는 것이 떨어짐의 이유가 되는 순환. 바닥에 닿아서야 멈추는 그 나선이, 숫자 속에 고스란히 찍혀 있었다.[4]

그 나선을 그린 연구자들의 표에는 감정이 없다. 그러나 곡선의 낮은 자리를 지나는 것은 그래프가 아니라, 아침마다 눈을 뜨는 사람이다. 오늘은 연락이 올까로 시작해서 역시 오지 않았다로 접히는 하루하루가, 그 선의 실제 재료다.

바다 건너의 다른 실험도 같은 것을 확인했다. 고용주들은 실업 기간 그 자체를, 지원자를 거르는 체의 눈금으로 쓰고 있었다.[5] 무엇을 했는가가 아니라 얼마나 비어 있었는가가 먼저 읽힌다. 여백이 이력이 되고, 이력이 된 여백이 사람보다 먼저 면접장에 도착한다.

체를 흔드는 손은 서두른다. 서류가 수백 장 쌓인 책상에서 빠른 기준은 늘 환영받고, 여백만큼 빠른 기준도 드물다. 그 속도가 사람을 거른다. 정확해서가 아니라 편리해서 살아남는 기준이, 채용의 문 앞에 오래 서 있다.

잉크 몇 방울이 운명을 가르기도 한다. 근무한 날짜 대신 근무한 연수만 적도록 표기를 바꾸었더니, 연락받는 비율이 8퍼센트가량 올라갔다는 실험이 있다.[6] 삶은 한 글자도 달라지지 않았다. 종이

[5]Eriksson, S. & Rooth, D. O.,「Do Employers Use Unemployment as a Sorting Criterion When Hiring? Evidence from a Field Experiment」, American Economic Review, 104, 2014년

[6]Kristal et al., Nature Human Behaviour, 2022년 (이력서에 근무 시작·종료 날짜 대신 근무 연수만 표기 시 콜백률 약 8% 상승)

위의 표기 방식 하나가 달라졌을 뿐이다. 그런데 문이 조금 더 열렸다.

서사를 고쳐 쓴 것은 살아온 시간이 아니라, 그 시간을 적는 양식이었다.

이 실험이 서늘한 것은 그것이 해법처럼 보이기 때문이다. 표기를 바꾸는 것만으로 문이 열린다면, 문제는 여백이 아니라 여백을 읽는 문법이었다는 뜻이다. 그런데 그 문법을 고치자는 이야기는 드물고, 표기를 요령껏 바꾸라는 조언만 넘친다. 구조의 문제를 개인의 기술로 번역하는 오래된 손놀림이, 여기서도 되풀이된다.

여기서 드러나는 것이 있다. 편집권이다. 한 사람의 이야기를 어떻게 자를지, 어디에 방점을 찍을지, 무엇을 위험이라 읽을지를 정하는 권한은 그 이야기를 산 사람에게 있지 않다. 읽는 쪽의 책상 위에 있다. 당신은 당신의 몇 달을 설명할 기회조차 얻기 전에, 이미 편집된 판본으로 읽힌다.

편집은 서류 바깥에서도 진행된다. 검색창에 이름을 넣어 보는 거래처, 소문의 형태로 도는 폐업의 사연. 본인이 쓰지 않은 저의 이야기가 저보다 먼저 방에 들어가 앉아 있다. 정정 기사를 낼 지면은 어디에도 없다.

면접장까지 간신히 닿은 사람에게도 그 여백은 따라온다. 이 기간에는 무엇을 하셨나요. 예의 바른 물음 앞에서, 준비해 온 대답이 입안에서 한 번 구른다. 사실대로 말하면 위험해 보일까, 돌려 말하면 숨기는 것처럼 보일까? 제 삶을 말하는데 검열이 먼저 작동하는 그 감각. 그 검열관이 언제 채용됐는지, 당신은 기억하지 못한다.

그 물음에 준비된 정답은 없다. 어떤 대답은 변명으로 들리고, 어떤 침묵은 시인으로 읽힌다. 질문하는 쪽은 몇 분 뒤면 잊을 대화를, 대답하는 쪽은 며칠을 미리 연습한다. 그 비대칭이 편집권의 무게다.

성공한 사람의 공백은 다르게 읽힌다는 것도 이 편집술의 일부다. 이미 이름을 얻은 사람의 몇 달은 안식년이 되고, 재충전이 되고, 남다른 결단이 된다. 같은 여백이 이력의 나머지 줄에 따라 전혀 다른 단어로 번역된다. 여백 자체에는 아무 정보가 없다.

정보는, 읽는 눈의 습관에 있다.

편집된 서사는 바깥에만 머물지 않는다. 어느 밤부터 그것은 안쪽에서도 상영되기 시작한다.

자책의 언어

불 꺼진 방에서 같은 장면이 다시 재생된다. 그 계약을 하지 말았어야 했다. 그때 멈췄어야 했다. 조금만 더 알아봤더라면. 되감기는 언제나 같은 자리에서 멈추고, 멈춘 자리에는 언제나 같은 결론이 기다린다. 제가 부족했다.

그 문장은 이제 남이 찍는 도장이 아니다. 제 손에 들려 있다.

그 재생에는 이상한 규칙이 있다. 잘한 장면은 편집에서 잘리고, 어긋난 장면만 반복 상영된다. 기억이 원래 그렇게 생겨서가 아니다. 실패의 원인을 찾아내라는 숙제가 머릿속에 걸려 있는 한, 기억은 증거를 그쪽에서만 수집한다. 결론을 정해 둔 수사는 언제나 증거를 찾아내고야 만다.

그런데 그 문장이 어디서 왔는지를 물어본 연구가 있다. 같은 시기에 같은 방식으로 일자리를 잃은 두 나라의 사무직들을 나란히 앉혀 놓고 물었다.[7] 미국의 실직자들은 다수가 자신을 가리켰다. 제 이력이 모자랐고, 제 준비가 부족했다고. 이스라엘의 실직자들은 다수가 시장을 가리켰다. 자리가 없고, 뽑는 방식이 그렇다고.[7] 같은 사건, 같은 계층, 다른 손가락.

두 나라의 실직자들이 다른 사람들이어서가 아니었다. 구직의 절차부터 달랐다. 한쪽은 저라는 사람을 통째로 다듬어 파는 절차를 통과해야 했고, 다른 쪽은 자격 요건의 목록에 저를 대조하는 절차를 지났다. 저를 파는 데 실패한 사람은 저를 탓하게 되고, 목록에 맞지 않았던 사람은 목록을 탓하게 된다. 감정의 문법을 만든 것은 기질이 아니라 절차였다.

[7] Sharone, O., 『Flawed System/Flawed Self: Job Searching and Unemployment Experiences』, University of Chicago Press, 2013년 (미국의 "chemistry game"과 이스라엘의 "specs game" 비교: 미국 구직자는 자신을 통째로 제시하는 절차를 거치며 자책으로, 이스라엘 구직자는 자격 요건 대조 절차를 거치며 시스템 탓으로 귀결)

이 간격이 말해 주는 것은 단순하다. 실패 앞에서 어디를 가리킬지는 타고나는 반응이 아니라는 것. 그것은 배우는 언어다. 손가락에도 문법이 있고, 그 문법은 각자가 자란 공기 속에서 익혀진다. 어느 쪽이 옳은 문법인지는 이 장이 판정할 일이 아니다. 다만 문법이 하나가 아니라는 사실만으로, 지금 당신의 입에 붙은 그 문장의 출처를 물을 이유는 충분해진다.

스스로 일어선 개인이라는 오래된 서사가 강한 곳일수록, 넘어짐도 개인의 것이 된다는 관찰은 전부터 있었다.[8] 성공이 온전히 제 것이라면 실패도 온전히 제 것이어야 셈이 맞는다. 그 대칭은 논리로는 깔끔하고, 삶으로는 잔인하다. 성공의 뒤에 있던 순풍은 셈에 넣지 않았으면서, 실패의 뒤에 있던 역풍만은 제 몫으로 끌어안게 만들기 때문이다.

그 대칭의 문법 속에서 자란 사람은 위로마저 검열한다. 남 탓하지 말자, 환경 탓하지 말자. 훌륭한 다짐처럼 들리는 그 말이, 구조를 보는 눈에 미리 안대를 두른다. 탓과 진단은 다른 일인데, 이 문법은 둘을 한 단어로 묶어 함께 금지한다.

안대를 쓴 눈은 성실하다. 저를 고치는 목록을 만들고, 아침을 앞당기고, 책을 산다. 그 성실은 진짜이고 존중받아 마땅하다. 다만 그 성실이 향할 곳을 정한 것이 저 자신이 아니었다는 것, 그것 하나가 계속 비켜 서 있다.

---

[8] Newman, K., 『Falling from Grace』, 1988년 (Sharone 2013 및 Nordic Psychology 2019 재인용, 개인주의 문화와 해고 관리자의 자책 성향)

몸은 그 문법의 값을 치른다. 실직을 제 탓으로 돌리는 사람일수록 잠이 무너지고, 몸 여기저기가 아프고, 마음이 더 깊이 가라앉더라는 기록이 있다.[9] 같은 실직이라도 구조를 볼 줄 아는 사람의 몸이 덜 상했다. 자책은 겸손이 아니라 비용이다. 그것도 얼굴 없는 채권자에게, 밤마다 이자로 뜯기는 비용.

자책하는 사람은 다루기 쉽다는 것도 적어 둘 만하다. 저를 탓하는 사람은 청구서를 보내지 않는다. 제도를 묻지 않고, 목소리를 모으지 않고, 조용히 제 방으로 들어간다. 수천 명이 같은 분기에 넘어졌는데 광장이 고요한 까닭이 있다면, 그 고요의 상당량은 이 문법이 거둔 것이다.

그 고요가 누구에게 편리한지는 굳이 짚지 않아도 좋다. 넘어진 사람들이 저마다 제 방에서 저를 심문하는 동안, 경기장의 규칙은 단 한 줄도 심문받지 않는다. 규칙을 지키는 가장 값싼 방법은, 규칙을 의심할 힘을 각자의 자책에 미리 써 버리게 하는 것이다.

말버릇에도 발신지가 있다. 제가 부족해서, 라는 문장은 겸손의 얼굴을 하고 있지만, 그 문장을 당신에게 가르친 것은 당신이 아니다. 노력하면 된다던 액자들, 성공한 사람의 편집된 서사들, 구조를 말하면 핑계라 부르던 목소리들이 오래 합작해 만든 문장이다. 화는 결국 가장 만만한 주소로 배달된다.

그리고 세상에서 가장 만만한 주소는, 언제나 자기 자신이다.

[9]실업 대처 전략과 건강의 상관 연구, PMC 게재 (실직의 내적 귀인과 신체 증상·우울의 연관)

당신의 입에도 그 문장이 붙어 있는지는, 큰 실패 앞에서가 아니라 사소한 어긋남 앞에서 드러난다. 버스를 놓쳤을 때, 계산이 틀렸을 때, 먼저 튀어나오는 말이 무엇인가? 큰 넘어짐의 문법은, 작은 넘어짐들에서 미리 연습된다.

자책을 마친 사람은 이윽고 몸을 일으킨다. 다시 해 보려는 것이다. 그런데 일어선 자리에서 그가 마주하는 출발선은, 지난번의 그 선이 아니다.

재도전의 비용

다시 시작하겠다는 마음에는 값이 청구된다. 그 값은 눈에 보이는 항목으로 오지 않는다. 8개월의 여백이 이미 깎아 둔 연락률, 절차라는 이름으로 묶여 있는 몇 해의 신용, 좁아진 대출의 문, 낮아진 협상의 자리.[4] 첫 도전이 맨몸으로 서는 일이었다면, 재도전은 지난 도전의 이자를 짊어지고 서는 일이다. 같은 출발선이라는 말은 여기서 두 번째로 거짓이 된다. 태어날 때 한 번 달랐던 선이, 넘어진 뒤에 또 한 번 달라진다.

절차라는 말의 안쪽에는 시간이 접혀 있다. 서류가 오가고 이름이 명부에 머무는 동안, 삶은 유예의 계절을 산다. 새 계약 앞에서 머뭇거리게 되고, 이름을 걸어야 하는 자리를 피하게 된다. 몇 해가 지나 명부에서 이름이 지워져도, 유예를 살아 본 몸의 습관은 함께 지워지지 않는다.

돈의 세계에는 용서라는 절차가 없다. 다만 기록과 만기가 있을 뿐이다. 이름 곁에 남은 기록은 정해진 세월이 지나야 흐려지고, 그 세월 동안 그는 이미 셈이 끝난 값을 다달이 다시 치른다. 한 번의 넘어짐이 여러 해로 나뉘어 분할 청구되는 것.

낙인의 경제학은 일시불을 받지 않는다.

이상한 셈법이다. 이 사회는 도전하라고 가르치고, 실패는 자산이라고 가르친다. 그러나 정작 실패의 이력을 서류에서 발견하는 순간, 읽던 손은 서류를 뒤로 미룬다. 격려의 언어와 심사의 언어가 이렇게 다르다. 강연장에서 실패는 훈장이 되고, 심사대에서 실패는 감점이 된다. 두 언어 사이의 간격을, 넘어져 본 사람만이 정확히 안다.

몸도 두 번째를 기억한다. 첫 도전의 몸은 겁 없이 가벼웠는데, 두 번째 몸에는 지난번의 통증이 입력되어 있다. 서류를 준비하는 손이 한 번씩 멈추고, 잘되는 상상보다 무너지는 상상이 먼저 도착한다. 신중함이라 불러도 좋고 흉터라 불러도 좋다. 어느 쪽이든, 첫 번째에는 없던 무게다. 두 번째 문을 미는 손을 곁에서 지켜본 적이 있다면 알 것이다. 그 손이 첫 번째보다 느리게 움직인다는 것을. 그 느림은 나태가 아니라 짐이다. 지난번의 봉투와 여백과 밤들이 손목에 매달려 있는 채로, 그 손은 그래도 문 쪽으로 간다. 세상이 그 느림에 붙이는 이름과 그 느림의 실제 내용물 사이의 거리. 낙인은 바로 그 거리에서 자란다.

그래서 많은 사람이 두 번째 문 앞에서 첫 번째보다 오래 서성인다. 용기가 줄어서가 아니다. 셈이 늘어서다. 이번에 또 넘어지면 이력의 여백은 더 길어지고, 여백이 길수록 연락은 더 줄어들 것이다.[4] 그 계산은 정확하고, 정확한 만큼 발을 무겁게 한다. 도전 정신의 문제로 보이는 것이 실은 산수의 문제다.

이 산수의 값은 개인의 장부에서 끝나지 않는다. 다시 서지 못한 사람의 수만큼 열리지 않은 가게가 있고, 시도되지 않은 일이 있다. 실패를 자산이라 말하는 사회가 실패의 이자를 이렇게 높게 매겨 두면, 그 자산은 강연장의 장부에만 있고 거리에는 없다.

그런데도 다시 서는 사람들은 있다. 그들이 남달리 용감해서가 아니라는 것을, 이제는 짐작할 수 있다. 누군가에게는 발밑에 그물이 남아 있었고, 누군가에게는 셈을 같이 해 줄 곁이 있었다.

재도전마저 용기의 몫이 아니라, 조건의 몫이다.

낙인이 완성되는 곳은 결국 여기다. 도장이 무서운 것은 찍히는 순간이 아니다. 찍힌 사람이 그것을 제 이름으로 받아들이고, 다음 서류에 미리 제 손으로 찍기 시작할 때다. 시도하기 전에 접고, 묻기 전에 물러서고, 편집자가 자를 자리를 스스로 먼저 잘라 낼 때. 그때부터 낙인은 관리자가 필요 없어진다.

그러나 도장과 자국 사이에는 여전히 간격이 있다. 자국은 사실이다. 넘어진 것도, 여백도, 봉투도 사실이다. 도장을 쥔 손이 누구의 손이어야 하는지만이, 아직 정해지지 않은 채 남아 있다.

수천 개의 부엌에서, 오늘도 누군가 얇은 봉투를 받아 든다. 봉투의 수신인란에는 또박또박 한 사람의 이름이 적혀 있다.

발신인란은 이번에도 비어 있다. 당신이 실패라 부르는 그 일을, 맨 처음 그렇게 부른 것은 누구였는가?

15장

결정권의 행방

이름을 붙인 손은 끝내 보이지 않았다. 발신인란이 빈 봉투만 식탁 위에 남아 부엌의 밤을 차지했다. 그 물음을 오래 손안에서 굴리다 보면, 안쪽에서 더 오래된 물음 하나가 만져진다. 부른다는 것은 정한다는 것의 끝자락이다. 무엇이라 부를지 정할 수 있는 손은, 그보다 먼저 훨씬 많은 것을 정해 온 손이다. 그렇다면 그 정하는 힘은 언제, 어떤 길을 거쳐 그 손까지 갔는가?

진료실 책상 너머에서 낯선 단어들이 건너온다. 먼 나라 말에서 왔을 병명과 수치와 확률. 뜻이 도착하기도 전에 고개가 먼저 끄덕여진다. 묻고 싶은 것이 없어서가 아니다. 무엇을 물어야 하는지가 이쪽의 사전에는 실려 있지 않아서다. 방을 나서는 손에는 처방전이 들려 있다. 방금 그 방에서 결정이 하나 내려졌는데, 그것을 내린 사람이 누구였는지는 복도를 다 걸어 나와서도 또렷해지지 않는다. 약국까지 걸어가는 동안 종이는 손안에서 가볍다. 그 가벼움이 이상하게 마음에 남는다. 제 몸의 다음 몇 주를 정한 문서가, 영수증보다 가볍게 접혀 주머니로 들어간다. 정한 사람과 겪을 사람이 다를 때, 무게는 늘 겪을 사람 쪽에만 실린다.

아픈 몸은 의학에 맡겨지고, 얽힌 다툼은 법으로 넘어가고, 셈이 복잡해진 사람은 셈을 업으로 하는 사람을 찾아간다. 어리석어서가 아니다. 그것은 분업이고, 분업은 이 문명이 세워진 방식이다. 맡기는 일 자체에는 아무 흠이 없다.

빌려준 우산은 돌아오기도 한다. 그런데 맡겨 둔 판단이 돌아왔다는 이야기는 듣기 어렵다. 한 번 건너간 판단은 건너간 자리에서 뿌리를 내리고, 맡긴 사람은 무엇을 맡겼는지부터 차츰 잊는다. 이 장은 그 손바뀜의 경로를 따라간다. 경로의 첫 번째 정거장은, 뜻밖에도 가장 현명해 보이는 자리다.

전문가라는 위임장

정비소의 리프트가 차를 천장으로 들어 올린다. 바닥에 선 사람은 제 차의 밑면을 그날 처음 본다. 기름때 낀 부품들 사이를 정비사의 손전등이 짚어 가고, 낯선 이름들이 하나씩 호명된다.

"이건 갈아야 하고, 이쪽은 오래 못 버팁니다."

견적서의 숫자는 생각보다 크다. 그런데 그 숫자에 되물을 언어가 차 주인에게는 없다. 고개를 끄덕이는 것 말고는.

정비사는 이 일을 평생 해 왔고, 차 주인은 평생에 몇 번 겪는다. 물어볼 수는 있다. 그런데 돌아온 대답을 달아 볼 저울이 이쪽에는 없다. 다른 정비소에서 두 번째 의견을 받아도 사정은 같다. 두 대답 가운데 어느 쪽이 참인지 가릴 힘이 없다면, 의견은 늘어도 판단은 늘지 않는다. 조사관들은 이 기울기에 정보 비대칭과 협상력 불균형이라는 이름을 붙였다.[1] 아는 쪽과 모르는 쪽이 마주 앉는 순간, 협상은 이미 협상이 아니라는 것.[1] 보고서가 그렇게 적기 오래전부터, 견적서 앞의 몸은 같은 것을 알고 있었다.

비탈은 갈수록 가팔라진다. 100년 전의 사람은 제 집의 지붕을 제 손으로 이었고, 제 연장의 날을 제 숫돌에 갈았다. 지금 한 사람의 삶에는 전기와 세법과 보험과 의학이 한꺼번에 걸려 있고, 그 가운데 어느 하나도 평생을 들여 다 배울 수 없다. 알아야 할 것이 늘어나는 속도를, 배울 수 있는 속도가 따라가지 못한다. 그 간격만큼씩 위임장은 해마다 늘어난다.

그래서 맡긴다. 맡기는 편이 옳기도 하다. 잘 아는 손에 놓인 일은 대체로 더 잘 풀리고, 모든 것을 제 눈으로 확인하겠다는 고집은 삶을 통째로 멈춰 세운다. 맡길 줄 아는 것이 어른의 지혜라고 삶은 가르치고, 그 가르침은 틀린 데가 없다. 다만 일러 주지 않는 것이 하나 있다. 이 위임장에는 만료일이 적혀 있지 않다는 것.

종이로 쓰는 위임장은 용건이 끝나면 효력을 잃는다. 은행 볼일 하나, 서류 접수 하나. 일이 끝난 종이는 파쇄기 속으로 사라진다. 삶에서 건네는 위임장은 거꾸로 움직인다. 한 번 맡긴 일은 다음에도 맡기게 되고, 맡긴 횟수가 늘수록 되찾는 길은 가팔라진다. 오래 오르지 않은 계단처럼, 쓰지 않은 판단은 무릎부터 풀린다.

[1]Australian Competition and Consumer Commission, 「Digital Platform Services Inquiry Final Report」, 2025년 6월 (디지털 플랫폼과 이용자 간 정보 비대칭·협상력 불균형 및 클릭랩 동의 관행 지적)

맡기고 돌아서는 길은 가볍기도 하다. 무거운 것을 맡아 줄 사람을 만난 날, 어깨는 한 뼘 내려앉고 잠은 오랜만에 깊다. 그 가벼움은 진짜다. 그리고 그 가벼움이야말로 다음번에도 맡기게 되는 이유다.

몸에 좋은 것은 반복되고, 반복된 것은 길이 된다.

맡김에는 예절의 얼굴도 있다. 맡긴다는 말은 믿는다는 말과 한 몸처럼 쓰여서, 조목조목 따져 묻는 일은 어쩐지 결례가 된다. 전문가의 방에는 그런 공기가 미리 깔려 있다. 묻는 사람이 미안해지는 공기. 물음은 목까지 올라왔다가, 다음으로 미뤄진 채 내려간다. 그 다음은 좀처럼 오지 않는다.

정비사를 탓할 일도 아니다. 그도 가게 문을 닫으면 맡기는 사람이 된다. 제 차는 고칠 줄 알지만, 제 세금은 세무사의 책상으로 보내고, 제 몸은 의사의 단어 앞에서 고개를 끄덕인다. 모두가 어느 방에서는 전문가이고, 다른 모든 방에서는 맡기는 사람이다. 위임은 악당의 발명품이 아니라 이 시대의 공기다. 다만 공기에도 흐름이 있고, 그 흐름이 모여 가는 쪽은 정해져 있다.

되찾으려는 날의 풍경은 이렇다. 이번만은 직접 정해 보겠다고 마음먹은 사람이 책상 앞에 앉는다. 그런데 어디서부터 시작할지를 몰라서, 결국 그것부터 남에게 묻는다. 무엇을 물어야 할지 묻는 일.

되찾으러 간 자리에서 위임은 한 겹 더 두꺼워진다.

위임은 한 장씩 건널 때는 가볍다. 건강 하나, 세금 하나, 보험 하나, 노후 하나. 낱장은 종이 한 장의 무게인데, 어느 저녁 문득 세어 보려 하면 셀 목록이 없다. 무엇을 누구에게 맡겼는지 적어 둔 장부가, 맡긴 사람 쪽에는 없는 것이다. 받은 쪽에는 있다. 고객 명부라는 이름으로, 빠짐없이.

명부에 오른 쪽과 명부를 가진 쪽의 시야는 다르다. 맡긴 사람은 제 일 하나만 보고, 받은 쪽은 같은 일 수천 건을 나란히 본다. 수천 번 지켜본 쪽은 어디서 사람들이 머뭇거리는지, 어떤 말에 마음을 놓는지 안다. 한 번 겪는 쪽은 매번 처음이다. 경험조차 저울의 한쪽 접시에만 쌓이는 구조에서, 다음번의 마주 앉음은 조금 더 기울어 있다.

어떤 위임은 위임장조차 거치지 않는다. 맡긴다는 자각도 없이 건너가는 판단들이 있다. 그것들은 종이 대신 화면 속에 쌓인다. 읽히지 않은 채로 승낙된, 회색 글자들의 서랍에.

약관의 두께

밤에 새 기기의 포장을 벗긴 사람이 첫 화면 앞에 앉아 있다. 반가운 불빛 다음에 도착하는 것은 회색의 긴 글이다. 서비스 이용약관. 글자는 작고, 화면 가장자리의 막대는 아득하게 짧다. 엄지가 움직이기 시작한다. 읽는 속도가 아니라 미는 속도로. 글의 끝에서 기다리는 것은 마지막 문장이 아니라 단추 하나다. 동의합니다.

종이였다면 두께가 보였을 것이다. 한 플랫폼의 이용약관은 6,137단어로 되어 있고, 처음부터 끝까지 읽는 데만 30분이 걸린다.[2] 이런 문서들이 짧아도 2,000단어를 넘고, 길면 7,000단어를 넘는다.[3] 그리고 이런 문서가 하나가 아니다. 은행에 하나, 통신사에 하나, 메신저에 하나, 지도에 하나. 한 사람의 삶에 걸린 약관을 전부 종이로 뽑아 쌓으면, 그는 제 삶의 계약 조건 뒤에 가려 보이지 않게 될 것이다.

[2] The Biggest Lie on the Internet, 「A Policy Length Analysis for 70 Digital Services」, 2019~2022년 (아마존 이용약관 약 6,137단어, 통독 시간 약 30분)

[3] 주요 소셜미디어 플랫폼 13곳 이용약관 비교 연구, 2026년 (단어 수 약 2,055~7,395 범위)

30분이라는 시간은 저녁 설거지와 잠 사이에도 들어간다. 그런데 그 30분을 약관에 쓰는 사람은 드물다. 저녁 찬거리의 원산지는 뒤집어 확인하는 손이, 제 하루의 가장 안쪽까지 들여보내는 조건을 적어 둔 문서는 읽지 않고 밀어 넘긴다. 게을러서가 아니다. 몸이 먼저 셈을 끝냈기 때문이다. 읽어도 고칠 수 없다는 것을, 펼치기 전에 이미 안다. 삶은 약관을 읽으라고 멈춰 주지 않는다. 버스는 오고, 물은 끓고, 회의는 시작된다. 30분은 언제나 다른 곳에 먼저 저당 잡혀 있다. 그래서 읽기는 늘 뒤로 밀리고, 밀린 자리에는 승낙이 먼저 와 앉아 있다.

계약이라는 말은 본래 마주 앉음을 품고 있었다. 두 사람이 조항을 사이에 두고 밀고 당기다가, 고칠 것을 고친 다음에야 자리에서 일어나는 일. 약관 앞에서 그 풍경은 지워진다. 고치자고 말할 상대가 없고, 줄을 그을 자리가 없다. 남은 길은 두 갈래뿐이다. 통째로 받아들이거나, 그 바깥에 남거나. 그 안쪽에 급여 이체와 단체 대화방과 저장된 사진이 전부 들어가 있다면, 바깥은 고를 수 있는 자리가 아니다.

두께에도 계보가 있다. 종이의 시대에 긴 계약서는 인쇄비와 보관함을 요구했다. 화면의 시대에 길이는 값을 치르지 않는다. 조항 하나를 더 얹는 비용이 사라지자 조항은 자라기 시작했다. 그 길이의 값은 읽는 쪽의 시간만이 치른다. 쓰는 쪽은 한 번 쓰고, 읽는 쪽은 수천만 명이 각자 30분씩 내거나, 내지 않는 대신 모르는 채로 산다.

약관을 처음부터 끝까지 읽어 보려던 밤이 당신에게도 있었을지 모른다. 3페이지쯤에서 눈은 같은 줄을 되풀이해 지나가고, 조항의 번호는 자꾸 앞의 번호를 부른다. 완독의 결심은 대개 그 언저리에서 잠에게 자리를 내준다. 부끄러워할 일은 아니다. 그 문서를 끝까지 읽는 사람은, 어쩌면 그것을 쓴 사무실 안에도 드물 것이다.

서랍을 정리하다가 그런 종이들과 마주친 적이 있을 것이다. 보험 증서, 가입 신청서, 무슨 특약의 안내문. 아래쪽에 제 이름이 또렷한데, 내용은 처음 보는 것 같은 문서들. 그 종이들 위에 적힌 조건대로 지난 몇 해가 굴러왔다는 사실이, 서랍 앞에 앉은 사람을 잠시 멍하게 만든다.

제 삶의 규칙인데, 제 필체는 이름 한 줄뿐이다.

동의합니다, 라는 문장을 들여다본다. 주어는 당신이다. 그런데 그 문장을 쓴 사람은 당신이 아니다. 문장도, 조항도, 단추의 자리와 빛깔도 저쪽에서 건너왔다. 당신의 몫은 완성된 문장 아래에서 엄지를 한 번 내리는 것뿐이다. 그 한 번으로 수천 개의 단어가 당신의 말이 된다. 법의 눈에 그것은, 당신이 읽고 승낙한 문서로 남는다.

어릴 적의 시험지에는 이름 쓰는 칸 옆에 반드시 문제가 있었다. 읽고, 풀고, 답하는 순서가 지켜졌다. 어른의 서류는 순서가 다르다. 답부터 요구받는다. 문제는 나중에, 일이 틀어진 다음에야 읽게 된다. 그때 문서를 펼치면, 벌써 오래전에 당신이 동의한 문장이 당신을 기다리고 있다.

어느 날에는 알림이 온다. 약관이 변경되었습니다, 계속 이용하시면 동의하신 것으로 간주됩니다. 답장하지 않아도, 열어 보지 않아도 승낙은 성립한다. 침묵이 대답으로 읽히는 자리가 삶에 몇 없는데, 여기가 그 가운데 하나다.

동의는 이제 행위가 아니라 상태다. 하지 않아도, 되어 있는 것.

밀어 넘기는 엄지의 속도는 이쪽만의 비밀이 아니다. 저쪽의 화면에도 그 속도는 기록된다. 읽히지 않으리라는 것을 알면서 쓰이는 문서, 읽히지 않아야 매끄럽게 굴러가는 절차. 여기서부터 동의는 일어나는 사건이 아니라, 만들어지는 물건이 된다.

동의의 제조 방식

어떤 서류에는 칸이 미리 채워져 있다. 수신에 동의함, 제공에 동의함. 네모 안에 표시가 먼저 도착해 있고, 원하지 않으면 지우라고 적혀 있다. 지우는 사람은 드물다. 채워진 것을 비우는 손은 빈 것을 채우는 손보다 무겁다. 그 근소한 무게가 결과를 얼마나 크게 가르는지, 숫자로 확인해 둔 자리가 있다.

한 행동경제학 연구가 나라별 장기 기증 동의율을 나란히 세웠다.[4] 동의가 기본값이어서 원하지 않는 사람만 거부 의사를 밝히면 되는 나라들은 동의율이 90퍼센트를 넘었다. 거부가 기본값이어서 원하는 사람이 따로 손을 들어야 하는 나라들은 10~30퍼센트대에

[4]Johnson, E. J. & Goldstein, D., 「Do Defaults Save Lives?」, Science 302(5649), 2003년, doi.org/10.1126/science.1091721 (장기 기증 동의 디폴트 효과: 옵트아웃 국가 90% 이상, 옵트인 국가 10~30%대), 행동경제학 선택설계(choice architecture) 고전 연구

머물렀다.[4] 같은 질문, 같은 몸, 같은 죽음이다. 다른 것은 하나뿐이다. 종이에 처음부터 어느 쪽이 인쇄되어 있었는가?

몇 배씩 벌어진 그 간격이 신념의 차이라면 차라리 이해하기 쉽다. 신념은 그대로인 채 기본값 하나로 결과가 뒤집힌다면, 그 결과의 주인은 누구인가? 답한 사람들인가, 질문지를 인쇄한 손인가? 기본값은 중립의 얼굴을 하고 있다. 아무것도 강요하지 않고, 모든 선택지를 열어 둔다. 그래서 의심받지 않는다. 강요는 저항을 깨우지만, 기본값은 사람의 피로 곁에 나란히 눕는다. 그리고 대개, 피로가 이긴다.

기본값은 기증 서류에만 깔려 있지 않다. 자동으로 갱신되는 구독, 미리 골라져 있는 요금제, 처음부터 켜져 있는 알림과 위치. 삶의 서식마다 누군가 먼저 다녀가며 표시를 해 두었다. 당신이 고르지 않으면, 골라 둔 쪽의 선택이 당신의 선택이 된다.

가장 힘센 결정은 결정하지 않은 자리에서 내려진다.

이 문법을 상품에 옮겨 적은 회사가 있다. 바다 건너의 한 거대 플랫폼에서, 유료 멤버십 가입은 클릭 2번이면 끝났다. 단추는 크고 환했다. 나가는 길은 달랐다. 4페이지를 지나, 클릭 6번을 거쳐, 15개의 선택지 앞에 서야 했다.[5] 그만두겠다는 사람에게 화면은 자꾸 말을 걸었다. 혜택을 정말 포기하시겠습니까? 남은 날짜만큼은 아직

[5] Federal Trade Commission, 「FTC Takes Action Against Amazon for Enrolling Consumers in Amazon Prime Without Consent and Sabotaging Their Attempts to Cancel」, 2023년 소장 / 2025년 9월 25억 달러 합의 (민사 벌금 10억 달러, 소비자 환불 최대 15억 달러)

쓰실 수 있습니다. 잠시 쉬었다 가시는 것은 어떻습니까? 들어오는 길과 나가는 길의 폭이, 처음부터 다르게 그려져 있었다.

그 폭은 우연히 정해지지 않는다. 화면의 모든 간격과 순서는 시험을 거친다. 단추의 자리를 옮겨 보고, 문구를 바꿔 보고, 어느 배치에서 더 많은 사람이 남는지를 잰다. 남게 만드는 배치가 살아남는다. 당신이 오늘 본 화면은, 당신 이전에 다녀간 수백만 명의 망설임으로 다듬어진 결과물이다.

그 미로를 실제로 걸어 본 몸은 그 셈을 안다. 밤 열한 시, 이번 달에는 정리하겠다고 마음먹고 연 화면에서 해지라는 단어는 좀처럼 눈에 띄지 않는다. 설정에서 계정으로, 계정에서 도움말로 자리를 옮겨 다니다가, 하품이 먼저 밀려온다.

'다음에 하자.'

창이 닫히는 그 순간이 저쪽 장부에는 잔류로 기록된다. 피로가 매출이 되는 회계가 세상에는 있다.

그 나가는 길에 회사 안에서 붙인 이름이 뒷날 서류로 드러났다. 일리아드.[6] 10년을 끈 트로이 전쟁을 노래한 서사시의 제목이다. 나가려는 사람의 앞길이 얼마나 긴 여정이 될지, 이름을 붙인 손은 처음부터 알고 있었다는 뜻이다. 회의실의 농담이었을 것이다. 그 농담은 법정에서 증거가 되었고, 회사는 25억 달러에 합의했다.[5] 벌금으로 10억 달러, 원치 않게 가입되고 나가지 못한 사람들에게

[6]위 FTC 소송 자료 및 복수 언론 보도(NPR, Time 등), 아마존 내부 문서에서 프라임 해지 절차를 "Iliad Flow"로 지칭한 사실 확인, 2025년

돌려줄 돈으로 최대 15억 달러.[5] 농담의 값으로는 무겁고, 설계의 수익으로는 어쩌면 셈이 맞았을 금액이다.

동의는 이렇게 제조된다. 원료는 사람의 피로와 바쁨이고, 공정은 기본값과 길의 폭이고, 완성품은 동의율이라는 숫자다. 그 숫자는 어느 회의실 화면에 성적표처럼 걸린다. 당신의 승낙이, 당신이 모르는 방에서 수율로 관리된다. 성적표의 칸에 당신의 이름은 없다.

당신은 거기서, 백분율의 소수점 아래 어딘가에 산다.

제조된 동의가 살아 있는 동의와 다른 점은 하나다. 살아 있는 동의 안에는 결정이 들어 있다. 제조된 동의에서 결정은 공정 어딘가에서 증발하고, 절차를 끝까지 통과했다는 기록만 남는다. 그렇다면 증발한 결정들은 다 어디로 갔는가?

결정이 사라지는 자리

하루가 끝난 식탁 위에, 오늘 건너간 것들의 목록은 없다. 몇 번 끄덕였는지, 무엇을 밀어 넘겼는지, 어느 칸이 미리 채워져 있었는지. 영수증은 물건에만 붙는다. 결정이 지갑을 떠날 때는 아무 종이도 발행되지 않는다.

빼앗겼다고 말하기는 어렵다. 어느 것 하나 강제로 걷어 간 사람이 없다. 진료실에서 끄덕인 것도, 약관을 밀어 넘긴 것도, 채워진 칸을 그대로 둔 것도 전부 이쪽의 손이었다. 낱낱의 순간마다 그것이 합리였다. 그 자리에서는 그렇게 하는 것이 맞았다. 이상한 것은 낱낱이 아니라 합이다.

맞는 걸음만 디뎠는데, 도착한 자리가 낯설다.

목록이 없다는 것은 돌려받을 주소도 없다는 뜻이다. 무엇을 잃었는지 모르는 사람은 분실 신고를 하지 못한다. 그래서 이 상실에는 슬픔이 없다. 슬픔은 잃은 것을 아는 사람의 몫인데, 여기서는 잃었다는 사실 자체가 목록과 함께 사라진다.

몸에도 흔적이 남는다. 오래 맡겨 온 사람은 작은 결정 앞에서도 손끝이 먼저 남을 찾는다. 점심 메뉴를 고르다 별점부터 열어 보고, 우산을 챙길지 말지를 하늘 대신 화면에 묻는다. 고개를 들어 구름을 읽는 것으로 충분했던 판단들이 하나씩 손바닥 안으로 이사를 갔다. 하늘은 그대로인데, 하늘을 읽던 버릇만 일자리를 잃었다.

그 버릇은 가르치지 않아도 물려진다. 아이는 어른의 대답이 아니라 어른의 엄지를 보고 자란다. 궁금한 것이 생기면 고개를 들어 묻는 대신 화면부터 여는 손놀림을, 아이의 손이 먼저 배운다. 결정을 넘기는 법은 교과서에 없는데, 어느 집에서나 가장 일찍 학습된다.

낱낱의 위임은 실개천이다. 진료실에서 한 줄기, 정비소에서 한 줄기, 밤의 화면에서 또 한 줄기. 저마다 얕아서 발등이나 적신다. 물에는 오래된 성질이 하나 있다. 갈라져 시작해도 끝내 모인다는 것. 수천만 갈래의 가는 물줄기가 닿는 하구는 몇 군데 되지 않고,

그 하구의 이름들은 이미 낯익다. 거슬러 오르는 물고기가 없지는 않다. 견적서를 들고 다른 가게에 들러 셈을 익히는 사람이 있고, 약관의 한 조항을 끝까지 읽어 내 제 돈을 지키는 저녁도 있다. 그런 저녁의 밥은 이상하게 든든하다. 다만 그 든든함은 체력을 요구하고, 체력은 늘 모자라며, 강은 그 사이에도 쉬지 않고 같은 방향으로 몸을 뒤척인다.

모이는 쪽의 책상을 잠시 상상해 본다. 거기에는 장부가 있다. 몇 명이 들어왔고 몇 명이 나가지 못했는지, 어느 기본값이 얼마의 승낙을 거두었는지, 어떤 문구 앞에서 망설임이 몇 초나 머물다 갔는지. 당신에게 없는 그 목록이 그 책상 위에는 전부 있다. 결정은 사라진 것이 아니었다. 자리를 옮긴 것이다. 부엌의 식탁에서 회의실의 탁자로, 낱장에서 집계로, 판단에서 수치로.

그 책상이 어디에 있는지는 중요하지 않다. 도시 하나 건너에 있을 수도, 바다 건너에 있을 수도 있다. 중요한 것은 방향이다. 목록과 집계는 위임이 모이는 쪽에 쌓이고, 물음과 뒤늦은 후회는 위임이 시작된 쪽에 남는다. 재산의 지도만 기울어져 있는 것이 아니다. 결정의 지도도 같은 쪽으로 기울어 있다.

그리고 기울어진 지도 위에서는, 빗물조차 고이는 자리가 미리 정해져 있다.

그러니 아무것도 맡기지 말라는 이야기가 아니다. 위임 없이 굴러가는 하루는 없고, 모든 약관을 끝까지 읽어 내는 삶은 그 나름대로 다른 것을 잃는다. 다만 장부가 한쪽에만 쌓인다는 사실은 지워지지 않는다. 맡긴 쪽에는 목록이 없고, 받은 쪽에는 집계가 있다. 그 기울어진 회계 위에서 오늘도 수많은 끄덕임과 밀어 넘김과 채워진 칸들이 어디론가 건너가고 있다.

저녁의 방에서 새 화면이 하나 켜진다. 회색의 긴 글이 도착하고, 엄지는 익숙한 속도로 움직이기 시작한다. 그 엄지를 나무랄 사람은 없다. 오늘 하루를 그만큼 산 손가락이다. 다만 그 한 번의 내림이 실개천의 발원이라면, 물음은 저절로 하류를 향한다. 당신에게서 시작된 그 가는 물줄기들은, 지금 누구의 하구에 모여 어떤 바퀴를 돌리고 있을까?

16장

눈을 가리는 것들

창구 이쪽에 선 손이 있다. 한때 무언가를 내밀던 손이, 이제 건네받기 위해 그 앞에 서 있다. 그 손을 오래 들여다볼 필요는 없다. 고개를 조금만 돌리면, 그 옆에 또 다른 손이 서 있다. 그 옆에도, 또 그 옆에도. 모두 같은 방향을 향해, 같은 자세로 서 있다.

누구도 그들에게 거기 서라고 명령하지 않았다. 그러나 그들은 거기 있다. 의지가 그들을 그 자리로 데려온 것이 아니다. 어깨가 원해서 그쪽으로 기운 것도 아니다. 물이 낮은 곳을 찾아 흐르듯, 몸은 가장 저항이 적은 방향으로 미끄러졌을 뿐이다.

사람들은 그 미끄러짐에 이름을 붙인다. 어떤 미끄러짐은 선택이라 부르고, 어떤 미끄러짐은 철듦이라 부른다. 이름이 붙는 순간, 그 자리로 끌어당긴 힘은 보이지 않게 되고, 그 자리에 선 사람의 의지만 또렷이 남는다.

그 미끄러짐이 당신에게도 낯설지 않다면, 이 장면은 이미 당신을 포함하고 있다. 제 몸이 지금 어느 쪽으로 기울고 있는지 문득 만져진다면, 그 기울기는 당신 혼자만의 것이 아니다.

한 손을 보면 한 사람의 사정이 보인다. 그러나 수백 개의 손이 같은 모양으로 늘어선 것을 보면, 보이는 것은 더 이상 사정이 아니다. 그것은 형태다. 개인의 얼굴들이 지워지고 남는, 어떤 구조의 윤곽이다.

어떤 덮개는 너무 투명해서, 눈앞을 가리고 있는데도 다 보고 있다는 착각을 남긴다. 가려졌다는 것조차 느끼지 못하니, 걷어 낼 생각도 들지 않는다. 보이지 않는 손이 뒤에서 눈을 덮어도, 그 손이 따뜻하면 사람은 그것을 어둠이라 부르지 않는다.

중력에 관하여

시스템은 떠나는 자를 벌하지 않는다. 문을 막지도, 뒤에서 끌어당기지도 않는다. 떠나고 싶으면 떠나라는 듯, 길은 활짝 열려 있다. 다만 그 길 끝에서, 떠난 사람은 어느 순간 다시 출발한 자리 가까이에 와 있는 자신을 발견한다. 누가 끌어당긴 것도 아닌데.

중력에는 줄이 없다. 보이지도 않고, 소리도 없고, 손에 잡히지도 않는다. 떨어지는 사과는 누가 잡아당겨서 떨어지는 것이 아니다. 그저 그렇게 되어 있을 뿐이다. 행성은 누구의 명령도 받지 않고 같은 궤도를 돈다. 강요가 없는데도 길은 한 번도 바뀌지 않는다.

가장 강한 힘은 가장 고요하다.

비명을 지르게 하는 폭력은 오래가지 못한다. 비명은 누군가의 귀에 닿고, 귀에 닿은 비명은 언젠가 저항으로 자란다. 그러나 비명조차 나오지 않는 힘은 다르다. 아프지 않으니 호소할 곳이 없고, 보이지 않으니 가리킬 곳이 없다. 그 힘은 사람을 다치게 하지 않으면서, 다만 같은 자리에 오래 머물게 한다. 머무는 동안 사람은 그것을 평화라고 부른다.

발버둥칠수록 그 힘은 더 정교해진다. 한 사람이 어느 쪽으로 빠져나가려 하면, 그 방향에만 보이지 않는 경사가 생긴다. 빠져나가려는 몸짓이 격렬할수록, 끌어당기는 손길은 더 부드러워진다. 거칠게 막으면 저항이 생기지만, 부드럽게 기울이면 사람은 제 발로 미끄러져 내려온다. 그러고는 스스로 돌아왔다고 믿는다.

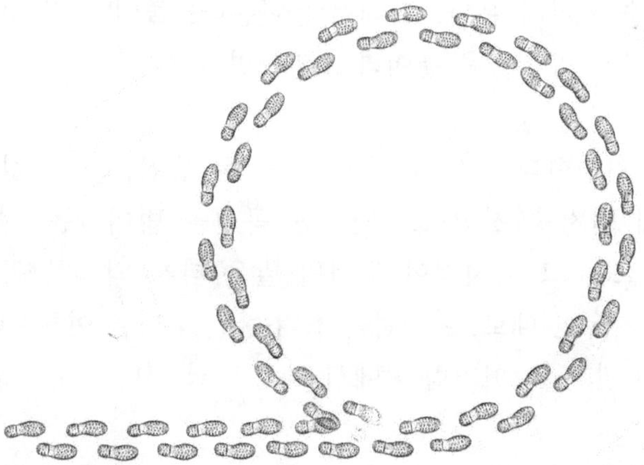

빠져나가려는 손이 많아질수록, 그 힘은 더 많은 것을 배운다. 어디서 사람들이 미끄러지는지, 무엇 앞에서 마음을 돌리는지, 어떤 말에 다시 주저앉는지를. 한 사람이 넘어진 자리에 다음 사람이 넘어지지 않도록 돕는 것이 아니라, 다음 사람도 같은 자리에서 같은 방향으로 넘어지도록 길을 다듬는다. 떠난 사람의 수만큼, 돌아오는 길은 더 매끄러워진다.

그러니 같은 자리로 돌아온 사람을 보고 그가 약했다고 말하기는 어렵다. 한 사람이 아니라 수만 개의 손이, 같은 시각에 같은 창구 앞에 같은 자세로 서 있다면, 그것을 한 사람 한 사람의 게으름으로 셈하기는 더 어렵다. 같은 방향으로 기운 수만 개의 어깨는, 각자의 마음이 아니라 그들이 함께 딛고 선 땅의 기울기를 가리킨다. 줄이 없는데도 묶여 있는 감각이 있다. 손목에 아무것도 채워져 있지 않은데, 일정한 거리 이상으로는 좀처럼 멀어지지 못한다. 멀어지려 할 때마다 무언가가 발목을 잡는 것이 아니라, 멀어진 자리의 공기가 점점 희박해져 숨이 가빠 온다. 그래서 돌아온다. 줄이 당긴 것이 아니라, 바깥의 숨이 모자랐을 뿐이라고 믿으면서.

몸은 궤도를 기억한다. 오래 같은 길을 돈 발은, 다른 길을 내딛으려 할 때 먼저 휘청인다. 익숙한 곡선을 벗어나는 순간 어지럼이 밀려오고, 그 어지럼이 무서워 발은 다시 익숙한 곡선 위로 돌아간다. 자유란 때로, 어지럼을 견디는 일의 다른 이름이다. 그러나 대부분의 발은 그 어지럼 앞에서 다시 멈춰 선다.

끌어당기는 힘은 늘 친절한 얼굴을 하고 온다. 돌아온 사람을 나무라기는커녕 오히려 따뜻하게 감싼다. 고생했다고, 이제 됐다고, 등을 두드리는 손길로. 그 다정함 앞에서 사람은 제 주저앉음을 안도로 바꾸어 받아들인다. 붙드는 힘이 부드러울수록, 붙들린 시간은 길어진다.

보이는 적과는 싸울 수 있다. 벽이 있으면 부수고, 줄이 있으면 끊고, 막는 손이 있으면 밀쳐 낼 수 있다. 그러나 중력과는 싸울 수 없다. 주먹을 뻗을 과녁이 어디에도 없다. 보이지 않는 것은 미워할 수조차 없다. 미움이 향할 과녁이 없으니까. 그래서 사람들은 끝내, 끌어당기는 힘 대신 끌려간 자신을 미워한다.

같은 궤도를 도는 일에는 묘한 편안함이 있다. 다음에 무엇이 올지 알고, 발을 어디에 디뎌야 할지 몸이 먼저 안다. 낯선 길의 불안을 겪지 않아도 된다. 그 편안함이 사슬이라는 것을, 사슬을 끊으려 발을 뗄 때 본 사람만이 안다.

끊으려 해 본 적 없는 사람에게 그것은 한 번도 사슬이었던 적이 없다.

그 보이지 않는 힘이 어느 쪽으로 기울어 있는지, 그 방향을 정한 것은 끌려가는 사람이 아니다. 궤도를 그린 손은 늘 다른 곳에 있다. 사람이 도는 원의 중심에, 정작 그 자신은 한 번도 서 본 적이 없다.

타인의 결정 위에서

하루 동안 당신이 내리는 결정의 수를 세어 본다. 무엇을 입을지, 무엇을 먹을지, 어느 길로 갈지. 손안에 쥔 결정은 제법 많아 보인다.

그러나 그 작은 결정들이 놓인 판 자체는, 당신이 정한 것이 아니다. 매달 통장에 찍히는 숫자의 크기는 당신이 정하지 않았다. 그 숫자로 갚아야 할 빚의 이자가 얼마인지도, 당신이 사는 집의 값이 오를지 내릴지도, 내년에 당신의 일자리가 남아 있을지도, 당신의 손이 닿지 않는 어딘가에서 정해진다. 당신이 정하는 것은 그 정해진 틀 안에서, 무엇을 조금 줄이고 무엇을 조금 참을지뿐이다.

사람들은 자기 삶을 남이 만든 숫자로 잰다. 오를수록 좋다는 지표가 오르면 안심하고, 내리면 불안해한다. 그 숫자가 무엇을 재는 것인지, 누구의 셈법으로 만들어졌는지는 묻지 않는다. 남의 자로 잰 삶은, 그 자를 쥔 사람의 손바닥 안에서 오르내린다.

그 자들은 대개 아주 어릴 때 손에 쥐어진다. 무엇이 성공이고 무엇이 실패인지, 어디까지가 정상이고 어디부터가 뒤처짐인지를, 사람들은 스스로 정하기 전에 먼저 건네받는다. 건네받은 자를 평생 제 자라 여기며, 그 눈금에 제 삶을 맞춰 깎는다.

사람의 자의식은 제 손이 닿는 범위까지만 또렷하다. 그 범위 안에서 사람들은 스스로 삶을 꾸린다고 느낀다. 그러나 삶이 실제로 결정되는 범위는, 그 또렷한 범위보다 훨씬 넓다. 또렷한 안쪽과 흐릿한 바깥 사이에는, 좀처럼 가늠되지 않는 간격이 있다.

그 간격이 클수록, 사람은 더 자유롭다고 느낀다.

어딘가에 화면 앞에 앉은 한 사람이 있다. 그는 어제의 숫자를 내일의 언어로 바꾸어 말한다. 이미 일어난 일을, 아직 일어나지 않은 일처럼 들려준다. 확실하지 않은 것을 확실한 목소리로, 단순한 것을 굳이 복잡하게. 듣는 사람의 머릿속이 흐려지는 그 순간, 판단은 말하는 쪽으로 넘어간다.

내일의 날씨를 말하는 목소리는 늘 자신만만하다. 빗나가도 아무도 그를 탓하지 않고, 맞으면 그의 권위는 한 뼘 더 높아진다. 미래를 말하는 일에는 묘한 면죄부가 따라붙는다. 틀려도 잃을 것이 없고, 맞으면 모든 것을 얻는다. 그래서 미래를 파는 목소리는 어디에나 넘쳐난다.

이해할 수 없게 만드는 것, 그것이 그의 진짜 일이다. 알아들을 수 있는 말로 설명하면, 듣는 사람이 스스로 판단해 버린다. 판단이 듣는 사람에게 남아 있는 한, 말하는 사람의 자리는 위태롭다. 그래서 말은 점점 어려워지고, 어려워진 말 앞에서 사람들은 판단을 기꺼이 내려놓는다. 모르는 것을 아는 사람에게 맡기는 일은, 얼핏 현명해 보이기까지 한다.

판단을 넘기는 순간, 삶의 방향이 남의 손안으로 들어간다. 당신의 돈이 어디로 흐를지, 당신의 시간이 무엇에 쓰일지를, 당신의 이익이 아니라 그의 이익에 더 밝은 사람이 대신 정한다. 그는 거짓말을 하지 않는다. 다만 그가 환히 비추는 쪽은 늘, 그에게 유리한 방향이다. 어두운 쪽은 굳이 비추지 않을 뿐이다.

가장 위험한 목소리는 화내는 목소리가 아니다. 다정하게 걱정해 주는 목소리다. 당신을 위해서 하는 말이라며 다가오는 그 목소리 앞에서, 경계심은 가장 먼저 무너진다. 걱정의 옷을 입은 권유는 의심받지 않고, 의심받지 않는 권유가 가장 멀리까지 사람을 데려간다.

복잡함 자체가 가림막일 수 있다. 어떤 것은 처음부터 이해되라고 만들어지지 않았는지도 모른다. 약관의 깨알 같은 글씨, 끝없이 이어지는 단서 조항, 한 문장 안에 접힌 다섯 겹의 조건. 그것을 끝까지 읽는 사람은 드물고, 읽어도 이해하는 사람은 더 드물다. 이해를 포기하는 순간, 사람은 보지 않고 서명한다. 보이지 않는 것에 동의하는 가장 흔한 방법이다.

넘겨 버린 판단은 가볍다. 더 이상 머리를 싸맬 일도, 틀릴까 두려워할 일도 없다. 그가 그렇다고 했으니까. 그 가벼움이 좋아서, 사람들은 점점 더 많은 판단을 넘긴다. 건강을, 돈을, 미래를. 그렇게 비워진 손은 편안하지만, 그 손은 더 이상 제 삶의 방향을 쥐고 있지 않다.

그러나 단 하나, 끝내 남에게 넘길 수 없는 판단이 있다. 그 모든 것을 넘겼다는 사실 자체를 알아채는 일. 당신의 삶이 얼마만큼 당신 손 밖에서 정해지는지를 가늠해 보는 일. 그것만은 누구도 대신해 주지 않는다.

대신해 줄 수 있다고 말하는 목소리가 있다면, 그 목소리야말로 눈을 맨 안쪽에서 덮는 가림막이다.

스스로 결정한다는 것

스스로 선택했다는 감각은 따뜻하다. 그 감각은 사람을 떳떳하게 하고, 제 삶의 주인이라는 자부심을 안긴다. 그래서 사람들은 그 감각을 좀처럼 의심하지 않는다. 의심하는 순간 그 따뜻함이 식어버린다는 것을, 몸이 먼저 안다.

들여다보지 않는 편이 사는 데는 편하다. 모든 선택을 일일이 의심하기 시작하면, 발 한 걸음 떼는 일조차 무거워진다. 그래서 대부분은 그 따뜻한 감각에 기대어 산다. 의심은 피곤하고, 확신은 달콤하니까. 그 달콤함이 어디서 왔는지를 묻지 않는 한, 삶은 한결 수월하게 굴러간다.

당신이 간절히 원하는 것을 떠올려 본다. 더 넓은 집, 더 좋은 차, 더 높은 자리. 그 바람들이 정말 당신의 가슴 깊은 곳에서 솟아난 것인지, 아니면 오래 반복해 들려와 끝내 제 것이 된 것인지, 구별하기는 쉽지 않다. 가장 내밀한 욕망조차, 바깥에서 빌려 온 것일 때가 있다. 무엇을 원하는가보다 먼저 물어야 할 것이 있다. 당신은 왜 이것을 원하게 되었는가? 이 물음은 답을 주지 않는다. 다만 욕망과 나 사이에 아주 작은 틈을 낸다. 그 틈으로 들어온 빛 한 줄기가, 빌려 온 것과 제 것을 처음으로 갈라놓는다.

하루를 돌아본다. 오늘 당신이 내린 결정들 가운데, 처음부터 끝까지 온전히 당신의 것이었던 것은 몇이나 될까? 누가 던져 둔 말이, 어디선가 본 장면이, 모두가 그렇게 한다는 분위기가, 결정의 뒤편에서 손을 보태지 않았던가? 순수하게 자신에게서만 나온 선택을 찾으려 하면, 그 수는 생각보다 훨씬 적다.

그렇다고 모든 선택이 가짜라는 말은 아니다. 다만 자신의 선택이 어디까지 자신의 것이고 어디부터 남의 것인지, 그 경계를 가늠해 보는 일. 그 가늠만은 온전히 자신의 몫이다. 무엇을 결정하느냐보다, 무엇이 자신을 대신 결정하고 있는지를 보는 눈.

이 구조 안에서 끝내 빼앗기지 않는 것이 있다면, 아마 그 눈 하나뿐이다.

그 눈은 타고나는 것이 아니다. 누구도 그것을 가지고 태어나지 않는다. 오래 들여다보고, 자주 의심하고, 익숙한 것을 한 번 더 낯설게 보는 일을 거듭하는 동안 더디게 자란다. 근육과 같아서, 쓰지 않으면 물러지고 쓸수록 단단해진다. 그러나 이 근육을 길러 주는 곳은 어디에도 없다.

거창한 결심이 그 눈을 키우는 것은 아니다. 오히려 사소한 순간들이다. 광고 한 줄을 그냥 지나치지 않고 누구를 위한 말인지 한 번 되짚어 보는 일, 모두가 당연하다 말하는 것 앞에서 정말 그런가 한 번 멈춰 보는 일. 그 작은 멈춤들이 모여, 감기려는 눈꺼풀을 더디게 밀어 올린다.

이 눈을 갖는 일은 어렵다. 어려운 까닭은 머리가 모자라서가 아니다. 모든 것이, 그 눈을 감기는 쪽으로 작동한다. 편안함은 눈을 감으라 속삭이고, 바쁨은 눈을 뜰 틈을 주지 않는다. 뜬 눈은 자주 외롭고, 가끔은 차라리 감았던 때가 그리워진다. 그래서 한 번 눈을 떴다가도, 많은 사람이 다시 살며시 눈을 감는다.

스스로 보려는 눈은 자주 환영받지 못한다. 다들 고개를 끄덕이는 자리에서 혼자 고개를 갸웃하는 사람은, 까다롭다는 말을 듣는다.

흐름을 따르지 않는 사람은 피곤한 사람이 된다. 그 시선들 앞에서 뜬 눈을 감지 않고 버티는 일은, 생각보다 많은 힘을 쓴다.

보는 일에는 늘 값이 따른다.

눈을 떴다고 해서 길이 생기는 것은 아니다. 보이는 것이 늘어날 뿐, 걸어야 할 길은 여전히 당신의 두 발 앞에 그대로 놓여 있다. 다만 어디가 단단한 땅이고 어디가 꺼지는 늪인지, 전보다 조금 더 알아볼 수 있을 뿐이다. 그것이 작아 보인다면, 눈을 감고 늪을 밟아 본 적이 없어서일 것이다.

그러니 이 눈을 가지라고 말하지는 않겠다. 그것은 무겁고, 외롭고, 때로 차라리 모르느니만 못한 순간을 데려온다. 다만 한 가지만은 분명하다. 한 번 그 무게를 손에 쥐어 본 사람은, 그것을 다시 내려놓을지 말지조차 스스로 정하게 된다는 것. 정할 수 있다는 것, 그 하나가 이미 전과는 다른 자리다.

두 가지 긍정 두 가지 부정

긍정이라는 말 안에는 사실 두 가지가 들어 있다. 같은 단어인데, 가리키는 방향은 정반대다. 그런데 사람들은 그 둘을 한 단어로 뭉뚱그려 부른다. 그래서 자주, 한쪽을 칭찬하면서 다른 한쪽까지 함께 삼킨다.

하나는 위에서 내려오는 긍정이다. 감사하라, 힘내라, 다 잘될 것이다. 듣기 좋은 그 말들은, 가장 날카로운 물음이 입 밖으로 나오기 직전에 그 입을 부드럽게 막는다. 왜 이렇게 살아야 하느냐는 물음 앞에, 그래도 감사할 줄 알아야지 하는 말이 먼저 도착한다. 물음은 입안에서 머쓱해져 도로 삼켜진다.

긍정이 미덕의 자리에 오르면, 의심하는 일은 죄가 된다. 구조를 따지는 사람은 부정적인 사람으로, 모순을 짚는 사람은 불평이 많은 사람으로 분류된다. 비판은 태도의 문제로 바뀌고, 질문은 인성의 문제로 옮겨진다. 그렇게 가장 중요한 물음들이, 나쁜 사람의 일이 되어 슬그머니 밀려난다.

가장 큰 목소리로 긍정을 외치는 자가 누구인지 찬찬히 들여다보면, 적지 않은 경우 그 긍정으로 가장 득을 보는 자다. 모두가 만족하면 아무것도 바뀌지 않고, 아무것도 바뀌지 않으면 지금 가진 자가 계속 가진다. 그러니 가진 쪽일수록 만족을 권하고, 감사를 가르치고, 불만을 다스리라 이른다.

입을 막힌 물음은 사라지지 않는다. 다만 안으로 접혀 들어가, 묻지 못한 채 쌓인다. 쌓인 물음은 어느 날 병이 되거나, 까닭 모를 무력감이 되어 돌아온다. 묻지 못하게 한 긍정의 값을, 사람들은 한참 뒤에 제 몸으로 치른다.

그러나 다른 긍정도 있다. 삶이 실제로 넉넉할 때, 누구와도 견주라 강요받지 않을 때, 발밑이 안전할 때, 안에서 저절로 차오르는 것. 이 긍정은 입을 막지 않는다. 오히려 감았던 눈을 뜨게 하고,

묻지 못했던 것을 묻게 한다. 같은 단어를 쓰지만, 하나는 눈을 감기고 하나는 눈을 뜨게 한다.

참된 긍정은 명령으로 생기지 않는다. 감사하라는 말을 듣고 차오르는 감사가 없듯, 안전하지 않은 자리에서 짜낸 긍정은 오래가지 못한다. 그것은 만들어 내는 것이 아니라, 조건이 갖추어졌을 때 저절로 피어나는 것이다. 그래서 긍정을 강요하는 목소리는, 정작 그 긍정이 피어날 땅을 가꾸는 일에는 좀처럼 관심이 없다.

이 둘을 구별하지 못하면, 무기를 선물로 착각한 채 산다. 누군가 건넨 긍정이 자신을 위한 것인지, 자신을 잠재우기 위한 것인지를 가르지 못하면, 입을 막는 손길을 다정한 손길로 받아들이게 된다. 같은 포장지 안에, 어떤 상자에는 선물이, 어떤 상자에는 재갈이 들어 있다.

부정이라는 말 안에도 두 가지가 산다. 하나는 허무와 냉소의 부정이다. 무엇을 해도 달라지지 않는다는 체념, 다 부질없다는 비웃음. 이 부정은 사람을 주저앉히고, 손에서 힘을 빼앗는다. 다른 하나는 비판하는 눈의 부정이다. 부패를 부패라 부르고, 모순을 모순이라 부르는 일. 이 부정은 주저앉히는 대신, 사람을 일으켜 똑바로 보게 한다.

두 부정은 몸에서부터 다르게 느껴진다. 냉소는 어깨를 늘어뜨리고 입꼬리를 비틀지만, 비판하는 눈은 등을 곧추세우고 시선을 들어 올린다. 하나는 아래를 향하고, 하나는 정면을 향한다.

겉으로는 둘 다 아니라고 말하지만, 그 아니라는 말이 사람을 어디로 데려가는지는 정반대다.

이 구조의 가장 영리한 속임수가 여기 있다. 뒤의 부정을 앞의 부정과 같은 것으로 묶어 버리는 것. 부패를 짚는 목소리에 냉소라는 이름을 붙이고, 모순을 말하는 입에 불평이라는 딱지를 붙인다. 그러면 똑바로 보려는 눈과 다 포기한 눈이 한 무리로 취급되고, 가장 깨어 있는 목소리가 가장 어두운 목소리와 나란히 묻힌다.

어떤 말이 정말 해로운 부정인지 가려내는 방법이 하나 있다. 그 말을 누가 가장 불편해하는지를 보는 것이다. 진실로 허무한 냉소는 누구도 그리 두려워하지 않는다. 그러나 부패를 정확히 짚는 목소리 앞에서는, 그 부패로 이득을 보던 누군가가 가장 먼저 얼굴을 붉힌다. 불편해하는 자의 얼굴이, 그 말의 정체를 알려 준다.

어느 긍정을 가슴에 들이고 어느 부정을 손에 쥘지, 그것을 대신 골라 줄 손은 어디에도 없다. 누군가 한쪽을 가리키며 이것이 옳다 말해 준다 해도, 그 손가락 끝을 따라갈지 말지는 다시 당신 앞에 놓인다. 떠넘길 수 없는 그 마지막 한 뼘이, 이 모든 가림 속에서 당신에게 남겨진 유일한 빈자리다.

눈을 뜬 채로, 당신은 여전히 그 자리에 서 있다.

에필로그

지도의 끝에서

다시 새벽이다. 다섯 시 사십 분, 지하의 승강장에는 어김없이 사람들이 들어찬다. 머리 위 형광등은 어제와 같은 빛을 바닥에 깔고, 사람들은 저마다 한 뼘쯤 떨어진 채 같은 방향으로 늘어선다. 외투의 색도, 손에 쥔 가방도, 허공을 향한 시선도 어제와 다르지 않다. 풍경은 한 글자도 바뀌지 않았다.

바뀐 것은 그 풍경을 보는 한 사람뿐이다. 그는 어제와 같은 곳에 발을 멈추고 있지만, 어제처럼 그곳을 무심히 지나치지 못한다. 한번 어떤 것의 안쪽을 들여다본 사람은, 그것을 다시 겉면만 보던 때로 되돌리지 못한다. 같은 승강장이 오늘은 조금 다르게 읽힌다. 글자는 그대로인데, 행간이 보이기 시작한 것이다.

등에 짊어진 무게는 어제와 똑같다. 달라진 것은 그 무게가 어디서 왔는지를 이제 어렴풋이 안다는 것뿐이다. 안다고 해서 어깨가 가벼워지지는 않는다. 짐의 무게는 그대로인데, 그 짐을 바라보는 눈만 달라졌다.

승강장 벽에는 밝은 글씨의 문구가 붙어 있다. 오늘도 힘내라고, 당신은 할 수 있다고, 작은 행복을 발견하라고 적혀 있다. 어제까지 그 글씨는 그저 지나가는 배경이었다. 오늘은 그 환한 글자들이

묘하게 눈에 걸린다. 누가, 무엇을 위해, 이른 새벽 지친 얼굴들 앞에 저토록 환한 말을 걸어 두었을까?

환한 글씨 아래로 지나가는 얼굴들은 하나같이 지쳐 있다. 밝은 말과 어두운 표정이 같은 자리에 나란히 놓여 있는데도, 누구도 그 어긋남을 이상하게 여기지 않는다. 환한 말은 벽에 붙어 있고, 지친 얼굴은 그 아래를 묵묵히 지나간다. 둘은 서로를 본 적이 없는 사람들처럼 무심하게 스친다.

옆 사람의 이어폰에서 가느다란 목소리가 새어 나온다. 감사하는 마음이 풍요를 부른다고, 모든 것은 마음먹기에 달렸다고 그 목소리는 다정하게 일러 준다. 그 말은 따뜻하고, 어딘가 옳게도 들린다. 다만 달라진 귀에는 그 다정함 뒤의 한 가지가 함께 들린다. 마음먹기에 달렸다는 말은, 마음을 고쳐먹지 못한 사람에게 모든 책임을 슬그머니 돌려놓는다는 것을.

성장이라는 말도 새벽 공기 속을 떠다닌다. 어제보다 나은 오늘, 오늘보다 나은 내일. 멈추는 것은 뒤처지는 것이고, 뒤처지지 않으려면 끊임없이 무언가가 되어야 한다. 그 말은 사람을 부지런히 움직이게 하지만, 어디를 향해 움직여야 하는지는 일러 주지 않는다. 다만 멈추지 말라고만 한다. 멈추지 않는 한, 어디로 가든 상관없다는 듯이.

앞쪽에서는 한 사람이 작은 수첩에 무언가를 적고 있다. 오늘 감사한 일 세 가지. 따뜻한 커피, 무사히 도착할 출근길, 건강한 몸. 고운 글씨로 채워지는 그 칸들은 그 자체로 흠잡을 데가 없다.

감사는 분명 마음을 데우는 일이다. 그러나 같은 손이 한 번도 적지 않는 칸이 있다. 왜 이 새벽에 이 줄에 끼어 있어야 하는가, 라는 칸.

감사가 향하는 곳을 끝까지 따라가 보면, 그 끝에는 늘 주어진 것에 만족하라는 권유가 놓여 있다. 더 묻지 말고, 더 바라지 말고, 지금 가진 것을 헤아리라는. 그 권유는 부드럽고, 그래서 거역하기 어렵다. 불만을 말하는 입은 어느 틈에 감사를 모르는 입이 되고, 구조를 따지는 눈은 부정적인 눈으로 분류된다. 환한 말일수록, 날카로운 물음을 더 빨리 잠재운다.

이상하다고 말하는 순간, 그 말은 곧바로 이름표를 단다. 예민한 사람, 까다로운 사람, 매사 부정적인 사람. 한 번 그 이름표가 붙으면, 그가 무슨 말을 해도 그 이름표를 통과한 뒤에야 가닿는다. 그래서 많은 사람이 이상함을 느끼고도 입을 다문다. 이름표가 무서워서가 아니라, 매일 같은 얼굴들과 이 좁은 칸을 나눠 타야 하기 때문이다.

그 환한 말들이 겨냥하는 것은 머리가 아니라 마음이다. 머리로는 무언가 어긋나 있다는 것을 어렴풋이 알면서도, 마음은 자꾸 괜찮다는 쪽으로 기운다. 괜찮다고 믿는 편이 이 새벽을 견디기에 한결 수월하기 때문이다. 그래서 사람들은 어긋남을 느끼면서도, 그 느낌을 입에 올리는 대신 이어폰의 볼륨을 한 칸 높인다.

물음이 없는 것이 아니다. 물음을 꺼낼 데가 없을 뿐이다. 이 새벽에, 이 줄 안에서, 왜냐고 묻는 목소리는 너무 크고 너무 낯설어서 스스로도 감당하기 어렵다. 그래서 물음은 목구멍 어디쯤에서 멈추고, 사람들은 다시 익숙한 침묵으로 내려앉는다. 침묵은 동의처럼 보이지만, 동의가 아닌 침묵도 있다.

승강장의 모두가 그 환한 말들 속에 잠겨 있다. 누구도 그 말을 의심하지 않고, 누구도 그 말에 화내지 않는다. 다정한 말에 어떻게 화를 내겠는가? 그렇게 아무도 미워하지 않는 사이에, 같은 시각 같은 곳으로 모여드는 일은 매일 아침 어김없이 되풀이된다. 미움이 사라진 풍경은 평화로워 보인다. 평화로워 보이는 그 풍경이, 무엇보다 오래 지속된다.

달라진 눈을 가진 사람은 그 평화 속에서 조금 외롭다. 같은 풍경을 보면서 다른 것을 읽는 일은, 곁에 늘어선 어깨들과 자신 사이에 보이지 않는 간격을 만든다. 모두가 환한 말에 고개를 끄덕이는 자리에서, 혼자 그 말의 그늘을 들여다보는 일은 쓸쓸하다. 그러나 한번 그늘을 본 눈은, 그늘이 없는 척할 수가 없다.

그늘을 본 눈에도 승강장의 공기는 똑같이 폐 속으로 들어온다. 이 공기에 몸을 맞추며 섞여 드는 아침을 떠올려 본다. 공기를 통째로 갈아 내는 더 큰 손도 떠올려 본다. 두 그림 사이에서 숨이 한 번 멈춘다. 갈아 낼 손이 제 소매 끝에 달려 있기는 한지, 내밀어 본 적 없는 손은 답을 모른다. 들숨은 벌써 이 공기의 온도를 닮아 있다.

멀리서 선로가 가늘게 울기 시작한다. 열차가 다가오는 신호다. 사람들의 몸이 약속이라도 한 듯 한 걸음씩 앞으로 움직인다. 달라진 눈을 가진 그 사람의 발도, 그 흐름을 따라 앞으로 나아간다. 그러다 문득, 발끝 아래 그어진 한 줄의 노란 선에 시선이 멎는다.

노란 선은 늘 거기 있었다. 발밑에 그어진 그 선을, 그는 수천 번 밟고 또 넘었지만 한 번도 들여다본 적이 없다. 오늘은 다르다. 그 안전선이 무엇을 위한 것인지, 두 가지가 한꺼번에 떠오른다. 하나는 다가오는 열차로부터 그를 지키기 위한 선이다. 다른 하나는, 이쪽에 머무는 그가 선로 너머로 한 발도 내딛지 못하도록 붙드는 선이다.

그는 선을 한참 내려다본다. 그리고 한 발, 뒤로 물러선다. 노란 선 안쪽으로. 열차가 들어오고 있으니까. 지키는 선이든 가두는 선이든, 지금 이 순간 그 안쪽에 머무는 편이 몸을 지킨다는 것을, 그의 발은 머리보다 먼저 안다.

열차의 문이 열린다. 사람들이 익숙한 걸음으로 그 안에 빨려 들어가고, 그의 발도 같은 리듬으로 문턱을 넘는다. 무엇이 그를 매일 이 시각 이 문 앞으로 데려오는지, 이제 그는 그 이름을 안다. 안다고 해서 발이 멈추지는 않는다. 문이 닫히기 전, 그는 한 번 뒤를 돌아본다. 그리고 한마디도 없이, 열차 안으로 걸어 들어간다.

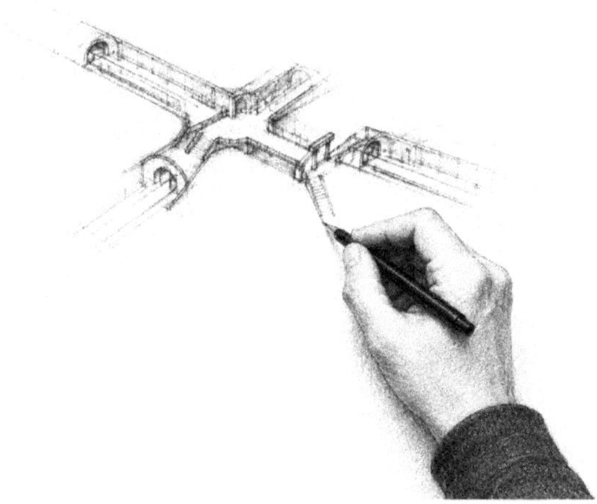

부록: 참고문헌

번호	출처	링크
프롤로그		
1	ABS(호주 통계청) 「임금가격지수(Wage Price Index)」, 2026년 1분기 (전년 동기 대비 3.3% 상승)	abs.gov.au/statistics/economy/price-indexes-and-inflation/wage-price-index-australia
	Cotality(구 CoreLogic) 「주택가격지수(Home Value Index)」, 2026년 2월 (전년 동기 대비 9.6% 상승)	corelogic.com.au/our-data/housing-data
1장: 출생 번호		
1	ABS(호주 통계청) 「임금가격지수(Wage Price Index)」, 2026년 1분기	abs.gov.au/statistics/economy/price-indexes-and-inflation/wage-price-index-australia
2	Cotality(구 CoreLogic) 「주택가격지수(Home Value Index)」, 2026년 2월	corelogic.com.au/our-data/housing-data
3	ANZ·Cotality 「주택 구입 부담 보고서(Housing Affordability Report)」, 2024년	anz.com
4	WhatJobs.com 「호주 LinkedIn 채용공고 분석(Australia LinkedIn Job Postings Analysis)」, 2025년 (호주 LinkedIn 채용공고 380만 건 집계 기준)	whatjobs.com
5	ABS(호주 통계청) 「노동력 조사(Labour Force, Australia)」, 2026년 4월	abs.gov.au/statistics/labour/employment-and-unemployment/labour-force-australia

번호	출처	링크
2장: 기울어진 출발선		
1	Chancel, L., Gómez-Carrera, R., Moshrif, R., Piketty, T. et al. 「World Inequality Report 2026」 World Inequality Lab, 2025년 12월 (상위 10% 전 세계 부 75%·소득 53% 보유 하위 50% 부 2%·소득 8% 보유)	wir2026.wid.world
2	Causa, O., Nguyen, M., Tanaka, T. 「Intergenerational social mobility across OECD countries: Does the apple fall far from the tree?」 OECD Economics Department Working Papers, No. 1858 OECD Publishing, Paris, 2026년 3월	doi.org/10.1787/6d76ec2a-en
3	Chetty, R., Hendren, N., Kline, P., Saez, E. 「Where is the Land of Opportunity? The Geography of Intergenerational Mobility in the United States」 Quarterly Journal of Economics 129(4), 2014년 (하위 20% 출신이 상위 20%에 도달할 확률이 지역에 따라 4.4%에서 12.9%까지 벌어짐)	doi.org/10.1093/qje/qju022
3장: 부의 자율방어 시스템		

번호	출처	링크
1	ATO(호주 국세청) 자본이득세(CGT) 50% 할인 폐지 및 네거티브 기어링 개정 공식 공지, 2026년 5월 (1999년 도입된 CGT 50% 할인 2027년 7월 1일 폐지, 원가지수화+최소세율 30%로 대체. 2026년 5월 12일 이전 보유 자산 소급 면제. 같은 날 오후 7시 30분 이후 취득 기존 주택은 임대손실의 근로소득 상계 불가, 신축 주택은 유지)	ato.gov.au
	PwC, 연방 예산 분석, 2026년	pwc.com.au
2	McKerchar, M. 「Tax Complexity in Australia」 Australian Tax Research Foundation (Income Tax Assessment Act 1915년 65페이지·22개조, 1936년 250페이지, 1970년대 750페이지)	
3	Income Tax Assessment Act 1936·1997 연혁 Federal Register of Legislation	legislation.gov.au
4	ABS(호주 통계청) 「소비자물가지수(Consumer Price Index)」 2022년 12월 분기 연 8.4% 정점	abs.gov.au/statistics/economy/price-indexes-and-inflation/consumer-price-index-australia
5	Chien, Y. 「The Impact of Inflation's Wealth Transfer Effect」 Federal Reserve Bank of St. Louis, 2022년	stlouisfed.org

번호	출처	링크
6	Dabla-Norris, E. 외 「Causes and Consequences of Income Inequality: A Global Perspective」 IMF Staff Discussion Note SDN/15/13, 2015년 (상위 20% 소득 비중 1%p 상승 시 이후 5년 GDP 성장률 0.08%p 하락, 하위 20% 1%p 상승 시 0.38%p 상승)	imf.org

4장: 대물림의 레일

1	Chetty, R., Hendren, N., Kline, P., Saez, E. 「Where is the Land of Opportunity? The Geography of Intergenerational Mobility in the United States」 Quarterly Journal of Economics 129(4), 2014년 (부모 소득 10퍼센타일 상승 시 자녀 소득 평균 3.4퍼센타일 상승, 거의 선형의 관계)	doi.org/10.1093/qje/qju022
2	교육부·국가데이터처 「2025년 초중고 사교육비조사」, 2026년 4월 발표 (월소득 800만 원 이상 가구 학생 1인당 월평균 66만 2천 원, 300만 원 미만 가구 19만 2천 원, 격차 약 3.4배, 참여 학생 기준 전국 평균 60만 4천 원)	
3	시사저널 「'月 1000만원' 의대 준비반도... '특수' 누리는 대치동 학원가」 2024년 3월 26일 (개별 사례 보도, 평균 아님)	sisajournal.com

번호	출처	링크
4	서울신문 「'고교학점제 역설'... 1억 주고 대치동 학원에 입시 컨설팅받는 학교」 2025년 9월 17일 (개별 사례 보도, 평균 아님)	seoul.co.kr
5	Adamović, M. 외 「Is there a glass ceiling for ethnic minorities to enter leadership positions? Evidence from a field experiment with over 12,000 job applications」 Monash Business School·University of Melbourne, 2023년 (멜버른·시드니·브리즈번 4,000곳 이상 채용공고에 이력서 12,000건 이상 발송. 리더십 직군 콜백률 26.8% 대 11.3%, 비리더십 직군 21.2% 대 11.6%)	monash.edu

5장: 게임판의 문턱

1	ASIC(호주 증권투자위원회) 소규모 사업체 창업비용 조사 자료, 2018년 (평균 창업 비용 A$34,000)	asic.gov.au
2	ResoDiary 「Restaurant Startup Costs in Australia」, 2025년	resodiary.com
	Access Projects Australia 「Average Cafe Fit Out Costs」, 2025년	accessprojects.com.au
3	U.S. Securities and Exchange Commission(SEC) 「Equity Market Structure Data」, 2024년	sec.gov

번호	출처	링크
	FINRA(미국 금융산업규제기구) 「ATS Transparency Data」, 2024년	finra.org/ats-transparency

6장: 정보의 입장료

번호	출처	링크
1	Adviser Ratings 「Australian Financial Advice Landscape 2025」 Professional Planner 보도 인용, 2025년 8월 (전문 재무 자문 연평균 수수료 A$4,668, 5년간 67% 상승, 동기간 물가상승률 20.5%. 자문 수취 인구 비율 10.4%로 4년째 정체. 65세 이상 359만 명·55~64세 256만 명 무자문)	professionalplanner.com.au

7장: 소유가 만든 노예 증서

번호	출처	링크
1	IMF(국제통화기금) 「Global Debt Monitor」, October 2024	imf.org/en/Publications/global-debt-monitor
2	ABS(호주 통계청) 「Lending Indicators」, 2025년	abs.gov.au/statistics/economy/finance/lending-indicators
3	ABS(호주 통계청) 「Lending Indicators: Owner Occupier Housing」, 2025년	abs.gov.au/statistics/economy/finance/lending-indicators
	APRA(호주 건전성감독청) 「Monthly Authorised Deposit-taking Institution Statistics」, 2026년	apra.gov.au/monthly-authorised-deposit-taking-institution-statistics
4	ABS(호주 통계청) 「Housing Finance, Australia」, 2025년	abs.gov.au/statistics/economy/finance/housing-finance-australia

번호	출처	링크
5	IMF(국제통화기금) 「Global Debt Monitor」, October 2025	imf.org/en/Publications/global-debt-monitor

8장: 심어진 상식

1	Savada, A. M. & Shaw, W. (편) 「South Korea: A Country Study」 Library of Congress, Federal Research Division, 1990년	
	NCEE(National Center on Education and the Economy) 「Top Performing Countries: Korea」	ncee.org
2	통계청 「초·중·고 사교육비조사」, 2024년	kostat.go.kr/menu.es?mid=a10301060400
3	통계청 「출생통계」, 2024년 (합계출산율 0.75명)	kostat.go.kr/menu.es?mid=a10301020500
4	한국소비자원 「결혼서비스 가격조사」, 2026년 2월 (예식장 대관료·기본장식비·식대· 스드메 패키지 합산 평균 2,139만 원, 주거비 제외)	kca.go.kr
5	한국건강증진개발원 「담배 관련 세금 현황」	khealth.or.kr
	기획재정부 담배소비세·개별소비세 세율 고시	
6	Tax Foundation 「Global Excise Tax Policy」, 2024년	taxfoundation.org/research/all/global/global-excise-tax-policy
7	사행산업통합감독위원회 「2024년도 사행산업 통계」, 2025년 발표 (합법 사행산업 총매출 25조 3천억 원)	ngtc.go.kr

번호	출처	링크
8	사행산업통합감독위원회 「제5차 불법도박 실태조사」, 2022년 (불법도박 시장 규모 추정 102조 7천억 원)	ngtc.go.kr

9장: 긍정이라는 통제

1	Selling Power 「Dr. Norman Vincent Peale's Positive Thinking」 인터뷰 (Norman Vincent Peale, 『The Power of Positive Thinking』(1952) 저자. 실명은 각주에만 기재, 본문 비노출)	sellingpower.com
2	IBISWorld 「Global Public Relations Agencies」, 2025년 (글로벌 PR 대행사 시장 규모 687억 달러, 대행사 매출 기준)	ibisworld.com
3	Global Growth Insights 「Public Relations Market Trends」, 2025년 12월 (PR 시장 규모 1,415억 달러, 광의 정의 기준. [2]와 집계 범위·방법론 상이함)	globalgrowthinsights.com
4	Kramer, A. D., Guillory, J. E., Hancock, J. T. 「Experimental evidence of massive-scale emotional contagion through social networks」 PNAS 111(24), 2014년 (대상 689,003명, 사전 동의 없음. PNAS 편집부 Editorial Expression of Concern 발표)	doi.org/10.1073/pnas.1320040111

번호	출처	링크
5	Meta Platforms, Inc. Form 10-K FY2024, SEC 공시자료, 2025년 1월 (2024년 4분기 광고수익 467억 8천만 달러. 동분기 총매출 484억 달러는 광고 외 매출 포함 총액, 본문 미사용)	sec.gov

10장: 친절한 착취

1	Chen et al. 「Reasoning Models Don't Always Say What They Think」 arXiv:2603.13378, 2025년	arxiv.org/abs/2603.13378
	Sharma, M. et al. 「Towards Understanding Sycophancy in Language Models」 arXiv:2310.13548, 2023년	arxiv.org/abs/2310.13548
2	Dahl, M. et al. (Stanford University·Northwestern University) 「Large Legal Fictions: Profiling Legal Hallucinations in Large Language Models」 arXiv:2405.20362, 2024년	arxiv.org/abs/2405.20362
3	Mata v. Avianca, Inc. No. 1:22-cv-01461 (S.D.N.Y. 2023) AI 생성 허위 판례 인용으로 인한 연방 법원 제재 사례 연방 법원 공개 기록	
4	국제 AI 안전 보고서 편집위원회 「International AI Safety Report 2026」 arXiv:2602.21012, 2026년	arxiv.org/abs/2602.21012

번호	출처	링크
5	King, J. et al. 「Be Careful What You Tell Your AI Chatbot」 Stanford HAI (Human-Centered Artificial Intelligence), 2025년	hai.stanford.edu
6	The Verge 「OpenAI updated its terms to use your ChatGPT data for training by default」, 2025년 9월 (참조: 각 사 개인정보처리방침 원문 직접 확인 권고)	theverge.com
7	Goldman Sachs Research 「Creator Economy: Framing Market Opportunity, Drivers of Content Creation/Distribution & Ads/Commerce」 2023년 4월 (크리에이터 이코노미 규모 2023년 약 2,500억 달러·2027년 약 4,800억 달러 예상; 플랫폼이 광고 수익의 최대 50% 수취; 브랜드 딜이 크리에이터 수익의 약 70% 차지)	goldmansachs.com/insights/articles/the-creator-economy-could-approach-half-a-trillion-dollars-by-2027
8	CNBC 「YouTube says it has paid creators more than $100 billion over last 4 years」 2025년 9월 16일 (2024년 유튜브 광고 수익 361억 달러; 2021~2025년 크리에이터·아티스트· 미디어 누적 지급액 1,000억 달러 초과)	cnbc.com

11장: 정점이 하나인 이유

번호	출처	링크
1	Chancel, L., Gómez-Carrera, R., Moshrif, R., Piketty, T. et al. 「World Inequality Report 2026」 World Inequality Lab, 2025년 12월	wir2026.wid.world
2	Piketty, T. 「Capital in the Twenty-First Century(21세기 자본)」 Harvard University Press, 2014년 한국어판: 이강국 역, 글항아리, 2014년	
3	ILO(국제노동기구) 「World Employment and Social Outlook: May 2025 Update」 2025년 5월	ilo.org/global/research/global-reports/weso
4	AFL-CIO(미국 노동총연맹) 「Executive Paywatch 2025」 2025년 (미국 주요 기업 CEO 대 일반 근로자 임금 비율 데이터)	aflcio.org/paywatch

12장: 균열의 온도

1	Uber Technologies, Inc. Form S-1, U.S. Securities and Exchange Commission, 2019년 (2018년 라이드셰어링 실효 수수료 22%, 지역별 12~25% 편차)	sec.gov
	Forbes 「Uber Raises UberX Commission To 25 Percent In Five More Markets」 2015년 9월 (2012년 출시 당시 수수료 20%, 2014년 25% 시험, 2015년 일부 시장 30%)	forbes.com

번호	출처	링크
2	Fortune, 「Why Seattle gig workers didn't make more money」, 2026년 3월	fortune.com
	GeekWire, 「Seattle report says gig worker pay law is working, countering claims by DoorDash and Uber」, 2026년 4월 (도어대시 약 5달러 규제 대응 수수료 신설, 배달 건수 20~30% 감소)	geekwire.com
3	Ballotpedia, 「California Proposition 22, App-Based Drivers as Contractors and Labor Policies Initiative (2020)」	ballotpedia.org
	CalMatters, 「Prop. 22 gig-work law upheld by California Supreme Court」 2024년 7월 (우버·리프트·도어대시·포스트메이츠 2억 500만 달러 지출, 캘리포니아 역사상 최고액 주민투표)	calmatters.org
4	University of California, Berkeley Labor Center Prop 22 운전자 임금 연구 (CalMatters 인용, 2024년)	laborcenter.berkeley.edu
5	National Employment Law Project 「Prop 22 Was a Failure for California's App-Based Workers」, 2025년	nelp.org
6	International Labour Organization Convention No. 193 (플랫폼 경제 최초의 국제노동기준), 2026년 6월 채택	ilo.org

번호	출처	링크
7	Australian Bureau of Statistics 「Digital platform workers in Australia」, 2022-23년 (디지털 플랫폼 노동 종사자 취업인구의 0.96%, 그중 87%만 스스로를 고용 상태로 인식)	abs.gov.au
8	ScienceDirect 「Fostering humanistic algorithmic management: A process of enacting human-algorithm complementarity」, 2024년	sciencedirect.com

13장: 나가려는 순간

1	APRA(호주 건전성감독청) 「건전성 실무지침 APG 223: 주거용 부동산 담보 대출 (Prudential Practice Guide APG 223: Residential Mortgage Lending)」, 2022년 10월	apra.gov.au/sites/default/files/2022-10/Prudential%20Practice%20Guide%20APG%20223.pdf
	NAB(National Australia Bank) 「자영업자 주택담보대출 심사 기준 (Self-Employed Home Loan Requirements)」	nab.com.au/personal/home-loans/self-employed-home-loan
2	Freeman, M. A., Staudenmaier, P. J., Zisser, M. R., Andresen, L. A. 「The prevalence and co-occurrence of psychiatric conditions among entrepreneurs and their families」 Small Business Economics, Springer, 2018년 5월 (창업가 242명 표본: 우울증 30% 경험, 정신건강 관련 영향 72%)	doi.org/10.1007/s11187-018-0059-8

번호	출처	링크
3	ABS(호주 통계청) 「Australian Business Register Statistics」, 2024-25 (비고용 사업체 3년 생존율 43.3%, 연간 폐업 370,500개)	abs.gov.au/statistics/economy/business-indicators/counts-australian-businesses-including-entries-and-exits

14장: 낙인의 구조

1	Australian Financial Security Authority 「New personal insolvencies increase in the December quarter 2025」, 2026년 (2025년 12월 분기 신규 개인파산 3,184건, 전년 동기 2,794건 대비 14.0% 증가, 31.2% 사업 관련)	afsa.gov.au
2	Australian Financial Security Authority 「Annual administration statistics」, 2024-25년 (연간 파산 절차 종결 17,285건)	afsa.gov.au
3	Australian Financial Security Authority 「State of the Personal Insolvency System 2024-25」 (2026~27 회계연도 13,750건 수준 전망)	afsa.gov.au
4	Kroft, K., Lange, F., & Notowidigdo, M. J. 「Duration Dependence and Labor Market Conditions: Evidence from a Field Experiment」 Quarterly Journal of Economics, 2013년 (무직 1개월 콜백률 약 7% → 8개월 약 4%, 약 45% 하락 후 바닥)	

번호	출처	링크
5	Eriksson, S. & Rooth, D. O. 「Do Employers Use Unemployment as a Sorting Criterion When Hiring? Evidence from a Field Experiment」 American Economic Review, 104, 2014년	
6	Kristal et al., Nature Human Behaviour, 2022년 (이력서 근무 연수 표기 개입 시 콜백률 약 8% 상승)	
7	Sharone, O. 『Flawed System/Flawed Self: Job Searching and Unemployment Experiences』 University of Chicago Press, 2013년 (미국의 "chemistry game"과 이스라엘의 "specs game" 비교: 자신을 통째로 제시하는 절차는 자책으로, 자격 요건 대조 절차는 시스템 탓으로 귀결)	
8	Newman, K., 『Falling from Grace』, 1988년 (Sharone 2013 및 Nordic Psychology 2019 재인용)	
9	실업 대처 전략과 건강의 상관 연구, PMC 게재 (실직의 내적 귀인과 신체 증상·우울의 연관)	

15장: 결정권의 행방

번호	출처	링크
1	Australian Competition and Consumer Commission(호주 경쟁소비자위원회) 「Digital Platform Services Inquiry: Final Report」, 2025년 6월 (디지털 플랫폼과 이용자 간 정보 비대칭·협상력 불균형 및 클릭랩 동의 관행 지적)	accc.gov.au/inquiries-and-consultations/finalised-inquiries/digital-platform-services-inquiry-2020-25/march-2025-final-report
2	Obar, J. A. 「A Policy Length Analysis for 70 Digital Services」 The Biggest Lie on the Internet, 2022년 (아마존 이용약관 6,137단어, 통독 예상 시간 0.5시간)	biggestlieonline.com/policy-length-analysis-2019
3	「Analysis of Terms of Service on Social Media Platforms: Consent Challenges and Assessment Metrics」 arXiv:2603.04701, 2026년 (소셜미디어 플랫폼 13곳 이용약관 단어 수 2,055~7,395 범위, 최소 Mastodon·최대 Reddit)	arxiv.org/html/2603.04701
4	Johnson, E. J. & Goldstein, D. 「Do Defaults Save Lives?」 Science 302(5649), 2003년 (장기 기증 동의율: 옵트아웃 국가 90%대 이상, 옵트인 국가 10~30%대. 선택설계choice architecture 고전 연구)	doi.org/10.1126/science.1091721

번호	출처	링크
5	Federal Trade Commission(미국 연방거래위원회) 「FTC Secures Historic $2.5 Billion Settlement Against Amazon」, 2025년 9월 (민사 벌금 10억 달러, 소비자 환불 최대 15억 달러. 2023년 6월 최초 소장 접수 후 2025년 9월 합의)	ftc.gov/news-events/news/press-releases/2025/09/ftc-secures-historic-25-billion-settlement-against-amazon
6	Federal Trade Commission(미국 연방거래위원회) 「FTC Adds Senior Executives Who Played Key Roles in Prime Enrollment Scheme to Case Against Amazon」, 2023년 9월 (수정 소장에서 아마존 내부적으로 프라임 해지 절차를 "Iliad Flow"로 지칭한 사실 명시. 복수 언론(NPR, Time 등) 후속 보도)	ftc.gov/news-events/news/press-releases/2023/09/ftc-adds-senior-executives-who-played-key-roles-prime-enrollment-scheme-case-against-amazon

www.ingramcontent.com/pod-product-compliance
Lightning Source LLC
LaVergne TN
LVHW010713061126
851857LV00014B/1165